大展好書　好書大展
品嘗好書　冠群可期

大展好書　好書大展
品嘗好書・冠群可期

武術特輯
126

武醫心要

（附 VCD）

郭揚 著

大展出版社有限公司

作者應北京中醫藥大學邀請演講照

作者與恩師陳照瑞先生照

與《中醫外治雜誌》特約編輯
張述文教授照

李青山老師舞劍照

陳照瑞老師與李青山老師對槍照

作 者 簡 介

　　郭揚　原名郭保龍。祖籍河南，1950 年生於太
原。少時在武漢求學，師從心意六合拳傳人陳照瑞老
師學習《十大眞形》，由武入醫，癡心武醫四十餘
年。發表醫學論文四篇，其中《簡易外固定治療新生
兒先天性足畸形》獲「1998 中華醫學文選」二等獎；
《股骨頭無菌壞死治驗》獲「1999 中華醫學文選」優
秀論文獎。

　　現爲註冊執業醫師，山西省中醫藥學會外治專業
委員會委員，中國保健科學技術學會，中國醫療保健
信息網會員。

武醫心要

序

　　我和郭揚先生的認識是在 20 世紀 80 年代中期。爲完成省武術挖掘、整理工作，時在忻州地區體委工作的我與靜樂縣體委的黃海宏、原平縣體委的曹玉萍，並邀請在省原平汽車修配廠工作的郭揚先生組成原平地區武術挖掘、整理工作組。

　　在武術挖掘、整理工作的那些日子裡，郭揚同志以他對傳統武術的熱愛和細緻認眞的工作態度，贏得了大家的肯定，最終被山西省體委授予武術挖掘、整理工作全省先進個人二等獎。由於工作關係，我與郭揚先生自武術挖掘、整理工作結束後，再未謀面。但從 1998 年原平電視台拍攝的《弘揚武醫濟眾生》的專題片中知道，他鑽研、實踐傳統武術和傳統中醫學的腳步仍在行進。

　　近日，郭揚先生以他撰寫的《武醫心要》書稿示我，並邀我爲之作序，我才知道，郭揚先生用 20 年時間完成了對其師承心意六合拳的挖掘和整理。書中以科學的筆觸揭開了原傳心意六合拳神秘的面紗，並以豐富的臨床醫案，證實著傳統中醫骨傷科速效、廉價的優勢。

　　爲挖掘、整理厚重的中華傳統文化和做大做強傳統文化產業，我願有更多的人像郭揚先生一樣做出如此紮實的努力。

　　是爲序。

忻州市副市長　諶長瑞

序

关心武学动态的朋友们，一定有一个体会，那就是每当有新的传人、传系、文献和拳技等被发现，都会令人感到兴奋！获知郭扬先生出山及其著作将要出版，自然也不例外，足令同行同喜同贺！更有甚者，真实的来历必然带来许多新的历史信息，为我们解决以往存在的一些难题提供答案，并引出更深入的一些课题。略观郭扬先生著作就有几个明显的特点和贡献，与各位分享。

从历史人物方面讲，郭先生著作中为同行们一直对著名心意拳家李青山先生的来历、师承等疑问，提供了一个明确的结论和证据，包括交往历史、证人、物证和拳照等。

从技术方面讲，郭先生著作中对大家熟悉而难解的《十法摘要》自然而然、结合实际的解说，十分难得，更是令人耳目一新！而且都是来自陈照瑞先生的师传。众所周知，尽管多数心意传人虽然十分重视珍藏此《十法摘要》，但日久天长，已多照本宣科，当成经咏，一直缺乏有深入浅出，符合实际功效、功用的解释者。因此，其贡献出众。

从历史文献方面看，郭先生著作中披露的来自师传的《十法摘要·原序》中，比各家的传本多出三个字「义缘府」，令人不禁想起：心意门中对误交无义人的后果的古训！两者有什么联系，他本为何缺此？乃至于其来历，都将引我们去进行深入细致的取证和研究！

从内功秘传方面看，郭先生著作中对心意门内部功法的解释——马派丹田功的传授和盘托出，为我们研究心意原传

內功和馬、戴兩系技術的關聯，提供了資料和證據。此前，心意同門多以爲丹田功是戴家自己的發揮和特長。雖然20世紀90年代，自《守洞塵技》以魚目混珠的方式被披露以後，各家各戶多有丹田功的介紹，一時使人難以辨別其究竟來歷如何。今日郭先生的著作揭示丹田功法來自師傳，且有郭先生個人在20世紀六七十年代，對學習胡耀貞先生功法實踐的對比等，可爲一證。至於爲什麼洛陽心意傳人未見此法，何時出現於馬派？都是更值得深入研究的歷史課題。

對真傳一句話的披露：「五行合一處，放膽即成功」這個令人神往的高深難達的說法，到郭先生口中是如此簡單易行，一語道破！蓋與其四十年潛心求真，治病救人，出手成章，修養高德一脈相承。

此外，曾聞同道提起洛陽心意門內部有一個傳說：當今聞名世界的洛陽市東郊平樂鎮郭氏正骨的祖先之絕技，就是得自馬學禮先生的那位心意拳的恩師之手！查正骨郭氏本家源流，雖然確爲異人傳授，但傳說多種，無法確認。對心意門內部的說法，郭家後人未必知情是完全可能的，但讓郭氏正骨去認可，絕非易事！然而十分有趣的是，郭揚先生在此書中，無意之中引用的一個例證，卻與該事件有一個意想不到的巧合：其師陳先生所傳的療效非常的藥方——通臍湯，竟然與正骨郭氏的家傳秘方——血腫解湯一致而外表有別！藥同而湯名不同，令人遐想不已！

20世紀90年代，余隨恩師赴河北深縣參加形意拳比賽大會，其間徐州心意傳人馬文星老師欲給大家表演拍打樹功，余當時與另外的同門傳人交流未能如約一觀，頗爲遺憾。學術中，余常有恨不能三頭六臂分身而行之感，今郭老

師和盤托出，甚幸！又與上海心意各家脫皮之樹，光顧回映。

從武醫方面看，余嘗搜尋心意大地，若大中華，也僅見有心意金家功夫張義尚先生，買壯圖心意吉良晨先生、形意李少波先生，形意常維楨先生，形意張寶揚先生，意拳大成拳于永年先生等前輩，以及歷史上的心意胡耀貞諸位前輩，以心意、形意、意拳爲功底背景而從事醫術，縱然救人無數，即便精算從事者也是有限可數。

隨著時代的變遷，中醫本身在歷史上是否一直有假冒，今後是否應該存在；武術能否打人？武醫結合是否屬於江湖之流的過去？本末倒置的問題，都已是公開常常爭鳴的問題。假做眞時，眞也假。多少救傷秘籍對白眼？春秋再度誰人識？也常聞江西心意傳人唐先生語：「打要打的死，救要救的活。」肺腑之言，急如流！

當今如郭先生，以心意傳承的純功夫及師傳各傳統藥方跌打等爲主而行，運用自如，偏居一偶，幾十年風雨實踐無阻，少有五彩繽紛的外部感擾，實踐而求眞，金錢退其次，再由民間修煉入京師高等中醫學府，對同行學者及學子們糾偏而講學者，更是少之又少，寶中之寶！當下英雄在於接斷層！

喜聞李洛能家鄉河北形意傳人崔杰利先生也在尋訪學醫，欲由武入醫，確是火眼與金睛！傳統武醫之間的空缺急待補！

從橫向來看，郭先生的著作完成的時間非常及時。其意義和價值都已超出武學範疇，對質疑中醫者更是一個響亮的回答！此書無疑將在武學、醫學、史學等各個方面都有重要

的地位與價值！

　　筆者匆忙中拜讀，即看到郭先生書中上述值得稱道的特色和貢獻，可想郭先生幾十年實踐的日日夜夜付出及其去偽與存眞！倘若各位細細品味，其間更多奧妙不需他人說，若能身體力行，不難黃金萬兩自纏身！

　　　　衣鉢代傳有其人，武醫相參今亦能
　　　　救人護已說手法，書醒迷茫心要眞

　　　　　　　　　　胡剛序　於加拿大首府
　　　　　　　　　　　　　　　渥太華探微齋

序

期盼中，終於見到郭揚先生的《武醫心要》初稿，能先睹爲快，實爲幸事。讀後，受益匪淺。

我與郭揚先生首次相識於 1996 年 10 月在太原召開的「全國中醫外治學術研討會」，當時他留給我的印象是眞摯、謙虛、可信。我非常佩服他勤奮好學、治學嚴謹的態度；在醫技上精益求精的精神。因此，我們相敍話多，相見恨晚。

呼和浩特市距原平千里之遙，十幾年來，我們雖少謀面，卻聯繫不斷。在診治骨傷科疾病方面，我經常打電話向郭先生求教。臨證中，我按他介紹的辦法治療，無不收效。例如，他介紹的八仙逍遙湯，不僅治癒我的親人、親屬的疾病（見《中醫外治雜誌》10 卷 4 期），而且又治癒不少其他患者。該方早已成爲我得心應手的經效良方。所以，我去法國講學幾次，每向聽者（來自法國及其周邊國家）介紹該方及應用，均受歡迎。再如，我有一個侄兒，在內蒙古大興安嶺林區伐木時慘遭意外，致脊椎多處壓縮性骨折後，出現許多症狀，其中有二便不利。它藥不效，唯用郭先生介紹的通腑湯獲效。

我還介紹一些在內蒙古久治不癒的骨、傷等患者到原平，請郭先生診治。前往求治者，均滿意而歸。

因此，在骨傷科方面，郭揚先生堪稱我的良師益友。我更希望他把寶貴經驗整理成書，刊行濟世，授人以「漁」，讓更多的人受益。

　　本書中，郭揚先生所用的方藥均具有簡、便、廉、效等特點。效方「秘不外傳」、「傳媳不傳女」的做法，在中國自古即有，可謂「根深蒂固」。因此，許多寶貴驗方失傳，非常可惜。當今，強調知識產權，效方更加自秘，故一些圖書、雜誌登載的「有效方藥」，自詡療效如何好，別人用之卻不靈。而郭先生在本書中把自己的效方無私獻出，唯恐讀者不詳，又詳盡說明之，足見其濟世救人之心，毫無保守之意。武林高手亦有秘不外傳之處，郭先生亦必有自秘之處，但是他在書中毫無保留地獻出，這種做法、這種精神實在是難能可貴，值得學習，令人敬佩！

　　本書為郭揚先生幾十年辛苦結晶，無抄寫它作之嫌；透過驗案說明醫法、方藥，翔實可靠，值得一讀。

　　武術，只要是實用，不是練花架子，必然面臨損傷，故歷代武術家多精於骨傷之診治。現在，像郭揚先生這樣既有武藝又精於骨傷者實在是太少，像本書能把武術和中醫骨傷科緊密聯繫的書籍就更少了，其可謂獨樹一幟。但願它為弘揚中國武術、中國醫學，為提高人們的本質，保障健康，解除傷痛作出貢獻。

　　全國高等醫藥院校新世界規劃教材、中西醫結合《皮膚病學》第一版編委

　　全國中醫外科學會第一、二屆委員

　　全國首屆中醫內病外治專業委員會委員

　　內蒙古中醫學會委員首屆內蒙古中醫外科專業委員會主任委員

　　　　　　張述文　於呼和浩特市國醫堂

序

「武要打得人倒，醫要救得人起。」這是本書作者郭揚大夫四十多年前從師時的師訓。如今救得活人的醫生多的是，打得倒人的習武者也多的是，但同時既能打得倒人、又能救得活人的武醫可不算太多，我認識的郭揚大夫就是這樣一位武醫。

我生於中醫世家，幼年生活在山東鄉村，那裡民風尚武，家父亦因年幼時體弱而習武強身多年，只是後來他耽於世事而漸荒廢。受鄉風和家教影響，我很早就對武術與中醫各有一些特殊的感情，因此認識郭揚大夫之後，對他這樣集武術與醫道於一身的人備感親近。

我與郭揚大夫相識於 1996 年 10 月太原舉辦的一個全國中醫外治學術會，我作爲會議籌辦者，在這樣的醫學會議上遇到一位武林高手，交流自然就多一些。交談中我知其多年習武行醫，常用師傳手法與驗方爲群眾治療跌打損傷，特別是在診療脊椎病方面頗有建樹，醫德醫風在晉蒙民間廣有醫聲，由是很敬重他的武醫成就，約他方便時可將研究成果交《中醫外治雜誌》發表。一年多以後，郭揚大夫的《簡易外固定治療新生兒先天性足畸形》、《股骨頭無菌壞死治驗》兩篇文章先後在《中醫外治雜誌》發表。兩篇文章雖不長，病例也並不多，但從中可見郭揚大夫行醫時勤於思考、武醫結合的影子。其後於 2000 年，編輯部收到郭揚大夫《點穴救治遇時遇穴淺說》的稿子，對高等中醫藥院校教材「六宮穴定位」提出質疑，我囑編輯部將稿子轉雜誌編委山

東中醫藥大學高樹中教授審閱，高教授審後對此文評價很高，撰寫七百多字的評閱意見，建議同原文一起發表。如此規格發表文章是《中醫外治雜誌》創刊 16 年僅有的一次，此文也引起業界關注於他。

2003 年，在山西省中醫藥學會外治專業委員會工作會議上，郭揚大夫當選爲外治專業委員會委員。會間休息時，雜誌工作人員前來請教平時久坐後保健之法，郭揚大夫不吝將心意門秘不外傳之心意六合拳丹田功傾囊相授，談笑間還傳授幾招防身之術，至今《中醫外治雜誌》的工作人員仍是此功的受益者。

2006 年，在北京中醫藥大學建校 50 年之際，由世界中醫藥學會聯合會和北京中醫藥大學聯合舉辦的「國際傳統醫藥創新與發展態勢論壇」在北京召開，來自十餘個國家和地區的代表與會，我作爲會議組織者之一，見證了郭揚大夫爲論壇作的《傳統中華武術與養生》精彩演講，他首次公開了師傳秘笈之一「心意拳・丹田功」，得到國內外友人廣泛好評。

如今，郭揚大夫將多年習武從醫的心得毫無保留地奉獻出來，在系統總結其四十多年心意六合拳的經驗基礎，成《武醫心要》一書，令人欣慰。全書內容從養生到技擊再到療傷，可爲讀者強身健體、療傷救人之借鑒。我作爲其中養生功法的受益者，也是文中多篇文章的編輯者，對郭揚大夫傳授大眾強身健體療疾之法，光大我中華傳統文化，表示欽佩。這十多年來，我深知郭揚大夫習武從醫之辛苦，以及在簡陋的條件下爲寫《武醫心要》所付出的諸多努力。時值 2008 奧運之年，武術已列爲北京奧運會的特設項目，此時

郭揚大夫《武醫心要》一書的出版確是一件令人高興的事情，應郭揚大夫之約，不揣簡陋，爲之作序，幸甚！

中華中醫藥學會外治分會副秘書長

《中醫外治雜誌》常務副主編　醫學博士

朱慶文

療傷治驗醫法說・二十八：肩關節前脫位伴有肱骨大結節撕脫性骨折照

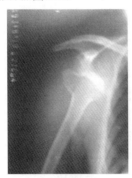 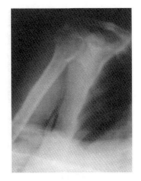

治療前　　　　　　　　　　治療後

療傷治驗醫法說・三十二：肱骨髁上骨折照

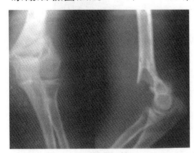 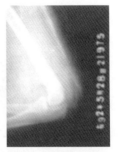

治療前　　　　　　　　　　治療後

療傷治驗醫法說・三十七：尺骨內收型骨折伴有橈骨頭脫位照

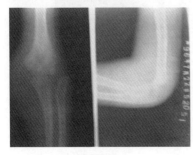 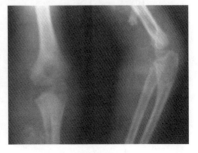

治療前　　　　　　　　　　治療後

療傷治驗醫法說・三十八：尺橈骨雙骨折照

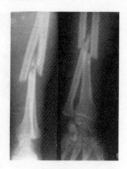 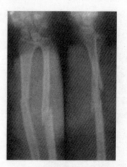

治療前　　　　　　　　治療後

療傷治驗醫法說・四十九：髕骨骨折照

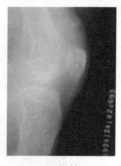 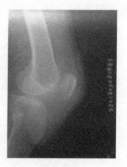

治療前　　　　　　　　治療後

療傷治驗醫法說・五十四：手法重斷陳舊性脛腓骨骨折畸形癒連結照

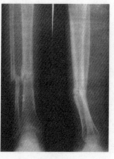 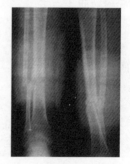

治療前　　　　　　　　治療後

目　錄

武醫心要

附錄

後記

第 一 章

《心意六合拳譜》淺說

何為術，通常有兩種解釋：（1）技藝；（2）方法。漢・許慎在他撰著的《說文解字》中，術字解釋為：「邑中道也。」清・段玉裁為其作注云：「邑，國也。引申為技術。」余以為，術是方法和實踐這些方法而積累的經驗。二者渾然天成，方稱之為術。有道是：「挾技走天涯。」至此，術方能稱之為：「邑中道也。」武術然，醫術亦然。無規矩不成方圓，拳譜就是練拳的規矩，學武的準則。陳照瑞老師曾說：「依譜學捶，捶捶合規矩。」又說：「真教一句話，假傳萬卷經。」該譜淺說，盡是當年陳老師對余耳提面命之古規家法。繼承已屬不易，何敢信口臆斷，誤人誤己。縱有引證，亦必考其出處，力求深入淺出，言簡意賅。盡在如何做，不詡為什麼。尤避：「古人功夫好，今人理論高」之嫌也。

第一節

《心意六合拳譜・十法摘要》淺說

《十法摘要・序》原文

聞子之不語力者，蓋因尚德不尚力之意也。然夾谷之

會，必用師馬，且曰武門。有由惡言不入語耳，則力亦誠少可少哉。於是顧其身家性命，有拳尚焉。

拳之類不同也，他端亦不知造自何人，唯此六合拳者，則出於山西隆豐姬老先生義緣府。先生生於明末，精於槍法，人見之皆以為神。而先生猶有慮焉：吾處亂世，操執槍以自衛可矣。若太平之日，刀槍入鞘，倘遇不測，將何以禦之？於是將槍法改作拳法，而會其理於一本，通其形於萬殊，稱其名謂《六合拳》。世之演藝者多惑於異端之說，而以善走為奇，豈知此拳有追法乎？以能閃為妙者，豈知此拳有截法乎？以左右封閉為法者，豈知此拳有動之不見形，一動即靈，而不及封閉乎？且即云：能走、能閃、能封、能閉，亦必目見而能然也。故白晝間猶可取勝，若黑夜之間，偶遇盜賊，猝逢仇敵，吾未見其形，將何以閃而走之？吾未見其動，將何以封而閉之？豈不反誤自身乎！惟我六合者：心與意合、意與氣合、氣與力合；手與足合、肘與膝合、肩與胯合。練上法與進法為一貫，雖黑夜風吹草動，有觸即應，其機自靈，其動自捷，亦不知其何所以然也。惟精於是法者，能自然得姬老師之真傳也。其徒南山鄭氏，於拳、刀、槍、棍無取不精。會其意，究其理，因述為論。可知一切武藝俱出拳內。彼世之習六合拳者，亦各不同，豈始藝之不類不耶，諒是業未得其真傳也。故差之毫釐，謬之千里。況乎愈傳愈訛，且不僅差毫釐耳。

余幸得學於鄭師之門，以接姬老師之真傳者也。傳之覺其法最真，而予得之亦頗詳。願就其論而釋之，著述《十法摘要》，非敢妄行世也，聊訓吾子弟耳。以為序

河南新安縣長理溝人氏進士　王自誠　氏男　王益愷校

雍正十三年正月

　　淺說　心意六合拳（亦稱：六合拳、心意拳）素以氣勢雄渾、內功精湛、拳架古樸、出招老辣稱著。三百多年以來，經門下歷代精英的不斷錘煉，除傳承古法的河南派心意拳外，尚悟生出形意拳、大成拳（意拳）、太氣拳，業已走出國門，傳播海外。

　　心意六合拳和中國的其他拳種一樣，都是中國古代先民們為了生存和繁衍的需要，逐漸發展起來的一種技能。見於史籍者，首先名謂「技擊」。《荀子・議兵篇》注：「技，材力也。有人以勇力擊斬者號為『技擊』。」又名「手搏」。居延漢簡第 1304 號簡有六個字，釋文是：「相錯畜，相散手。」據陳邦懷、馬賢達、馬明達等先生考證，1304 號簡確是漢代有關「手搏」的技術術語。「錯畜」即摔，「散手」謂打；摔並非狹意指摔跤，而是「打中寓跌，跌打相為兼用」；打，除手外還有肘、肩、足、膝、胯、頭，「指廣搏以擊之」。可惜的是《漢書・藝文志》中的手搏六篇之內容均已亡佚，只存目錄。因此對漢代之拳術內容不得而知，特別是漢武帝劉徹罷黜百家獨尊儒術後，《論語》列入官學，被視為「五經之管轄，六藝之喉衿（趙岐《孟子題辭》）」，地位日益尊顯。《心意六合拳譜・十法摘要・序》中開篇第一句：「聞子之不語力者，蓋因尚德不尚力之意也。」足見儒術滲透之深之廣。試觀《論語》，篇不過二十，字不過萬餘，其中所映儒家思想核心內涵之「仁」字，竟出現 109 次。元延祐年

間，以《四書》開科取士。《論語》之文句，更是「自學子束髮誦讀，至於天下推施奉行」（康有為《論語注》）的金科玉律。而手搏技擊，只能在民間口傳心授，在家族中遞繼承並漸次完善著。一直到明·嘉靖年間（西元1522—1566年），唐順之撰寫的武學專著《武編》出版後，才結束了從漢武帝（西元前140—87年）以降，長達一千七百年武學著作的空白。

《武編》中關於當時的拳法門派這樣寫道：「溫家長打七十二行著、二十四尋腿、三十六合鎖。趙太祖長拳多用腿。山西劉短打，用頭、肘六套；長短打六套，用手、用低腿；呂短打六套。」故《心意六合拳譜·十法摘要·序》中有「拳之類不同也」之說。

姬際可或師承手搏，或脫槍為拳，有文字記載作為心意六合拳的初祖或集大成者，已成不爭的事實。據徐州黃新銘先生撰文：姬際可，字龍峰（本譜傳抄作隆豐），山西蒲州諸馮里尊村人（現屬山西永濟市張營鄉尊村），生於明·萬曆年間，卒於清·康熙初年，享年約八十歲，為尊村姬氏第九世。姬際可父姬訓，字學古，生有二子。清·乾隆五十五年手抄本《姬氏族譜·卷二》載：訓次子際可，「技勇絕倫，老年破流寇於村西，手殲巨魁，人號神槍。傳藝河南，至今人以夫子事之。」（《形意拳研究》第1輯）

姬際可一生正處明末清初，兵燹匪患連年。這對心意六合拳的功法構建，實戰驗證和授徒傳承，賦予了得天獨厚的條件。姬際可精通槍術，「人號神槍」。槍為十八般兵器之主，據明·萬曆十二年（西元1584年）初版，由抗倭名將戚繼光（西元1528—1587年）撰著的《紀效新書》

記載：「槍法之傳，始於楊氏，謂之曰梨花，天下咸尚之。妙在手熟，熟則心能忘手，手能忘槍。圓神而不滯，又莫貴於靜，靜則心不忘動，而處之裕如，變幻莫測，神化無窮，後世鮮有得其奧者。蓋有之矣，或秘焉而不傳，傳之而失其真。」

為了練兵和抗倭實戰的需要，戚繼光斥棄花假虛套，使諸家槍法精華進入軍隊，爾後又從軍隊到民間得以流傳。

然而，自明・崇禎十七年（西元 1644 年），李自成進北京，明亡。同年五月底，清兵入關。一直到清・康熙三年（西元 1664 年），滿清用了 20 年的時間，才征服了中國全部的大陸地區。滿清為了鞏固自身的統治地位，採取了極端殘忍的血腥政策。據《中國歷史綱要》闡述：1648 年……大同姜瓖亦反正，聲援東南勝利之師。山西、陝西明遺臣宿將及廣大人民群眾多紛起響應：雁門、代州、五台、延安、榆林、潼關等地一時俱為反正軍及義軍所光復。……因無統一指揮，即不能互相應援，又無接濟，亦為滿清和漢奸集中兵力各個擊破……當時的山西，經清兵七八年的「搜殺」，「百姓殺戮過半，財物焚掠殆盡，盧舍丘墟，田園荒蕪。」

《禮記・雜記》云：「張而不弛，文武弗能也；弛而不張，文武弗為也。一張一弛，文武之道也。」克己之「仁」何以面對兵匪之屠刀。子曰：「非其鬼而祭之，諂也。見義不為，無勇也。」（《論語・為政篇第二》）這也許是老夫「子不語：怪、力、亂、神。」（《論語・述而篇第七》）的真實原因。

治以修文，亂以尚武。在滿清殘酷鎮壓並搜繳民間私家兵器的逆境中，姬際可為「顧其身家性命」，立志「脫槍為拳」。根據「中平槍，槍中王，拉法閃法人難防。指人頭，搊人面，紮人腳還看不見。你槍紮，我槍拉，你槍收回我槍發。他法行，隨法中，中平上下不留情」等用槍經典，或吸取「山西劉短打，用頭、肘六套；長短打六套，用手、用低腿；呂短打六套」之部分技術內容，創編《六合拳》十二式，教授子弟族人，易學速成，藉以自保。

十二式取虎形一式、鷹形一式、雞形二式、猴形二式、馬形一式、燕形一式、龍形一式、蛇形一式、鼉形一式及熊形一式組成。

十二式，有掌法、拳法、步法、腿法、摔法、拿法、撞法、跌法、套藝連擊法、敗中取勝法、內壯洗髓法、外強易筋法、分筋錯骨法，還有循時穴道重創法。

十二式，下合十二地支，上應十大天干（十大真形）。拳法陰陽，勁出五行。能粘能靈，能進能讓，能追能截，能柔能剛。執簡馭繁，變化莫測。若能習之純熟，用之臨陣，莫不有觸即應，助弱剋強。因此，姬氏《族譜》才有「技勇絕倫」的記載。

在眾多的族人弟子中，「其徒南山鄭氏」出類拔萃。關於鄭氏，屢有文章依託乾隆十五年（西元 1750 年）戴龍邦著《心意六合拳譜·序》（手抄本），認為鄭氏即康熙年間之顯宦曹繼武。「南山鄭氏」是否就是顯宦曹繼武？余以為意源書社王占偉先生言之確切：「由於清政府在民間推行『禁拳』和『連坐』的治安政策，以及當時民間拳

師的生活經歷和社會背景等諸多原因，致使在明末清初始傳的心意拳承傳譜系關係隱秘，重要傳人歷史和行跡並不清晰明瞭。」（《心意六合拳‧導讀》）

鄭氏何人？待考。

正如松田隆智所言：「世間事物是日新月異的，歷史的研究也因年年發現古文獻和出土文物而解開了不少謎，或者是發現了新事實。就拿最古老的兵法書《孫子》的作者「孫武和孫臏的關係」問題來說，兩千年來一直是個謎，直到 1972 年 4 月中國山東省發掘出了出土文物才得以澄清。」（日本‧松田隆智《中國武術史略》）

姬際可故里尊村之南山，為中條山脈之雪花山（海拔1993 公尺），翻越雪花山，渡過黃河，即到河南省地面。河南心意拳門人口碑傳載：馬學禮，河南心意拳開山鼻族。回族，洛陽人。當年因仰慕姬公心意拳絕學，又恐姬公秘不輕授，遂於某年冬雪盈門之時，僵臥於姬府門前。清晨被掃雪者救起，問其來歷，喬裝啞夫，遙指南山。後投役姬府為傭，時見姬家傳習心意拳，窺盡堂奧，潛心研習三年。臨行自陳來歷，姬公嘉其志行，罄以平生所得授之。這也印證了《姬氏族譜》中「傳藝河南，至今人以夫子事之」之記載。

馬學禮藝成歸豫，嚴守姬公家法古規，秘傳於親朋好友中。能登堂入室者，唯馬興、馬三元及南陽張志誠。張志誠傳其甥魯山李政。李公晚年，有河北富翁水姓者，欲聘師求藝。同行的水家教師見李公瘦小，竟唆其長子借奉茶之機，偷襲李公，以試真偽。李公以火燒身勢，喝以雷聲，使其跌出。李公鄙其心術，不屑教誨而辭。

1985 年，余參加山西省原平地區武術挖掘整理，拜訪了原平縣東南賈村郭紹績（1910—1990 年）老拳師。郭老年輕時，在內蒙古呼和浩特市從戴魁的傳人習戴氏心意拳，言其師承：戴龍邦為祁縣富戶，在河南魯山縣城開設商號曰「十家店」。戴深知李政心意拳藝臻神化，幾經投師不允，後趁李政外出，將李政舊屋茅舍擴建為磚瓦新院，贈之。李政感其學藝心誠，遂授之。戴龍邦攜長子文量、次子文勳學藝，以次子文勳獲藝最精。《山西武術拳械錄・戴氏心意拳源流》條下，亦有戴龍邦從師李政的記載。

李政傳魯山好友張聚，張聚傳子老格兒；又傳表侄魯山買壯圖。

買壯圖武學嚴謹，尤精雞腿。某日在舞陽縣北舞渡鎮清真寺，與該寺阿訇丁兆祥說捶。巧遇一蝶在面前飛舞，遂伸右手，掌罩其蝶，身隨蝶走；蝶不離掌，掌不攙蝶，良久。令人歎為觀止，至今心意門中樂道不疲。

買壯圖傳陝西長安安大慶，又傳河南周口袁鳳儀。袁風儀傳尚學禮、楊殿卿、盧嵩高等人。尚、楊、盧學藝精深，又係周口同鄉，在河南武術界影響頗大，有「周口三傑」之盛譽。

余師陳照瑞先生，回族，河南周口鎮人。幼習查拳，因其姊嫁與袁鳳儀之孫袁文斌為妻，17 歲時始從袁鳳儀學習心意六合拳，成為袁鳳儀晚年親傳弟子之一。當時尚有李青山、趙鳳岐等同學。袁鳳儀晚年，歇了鏢業，歸里以教授親戚晚輩心意拳娛日。早期弟子中，唯有尚學禮侍奉左右。就在余師陳照瑞先生遞貼拜師那年中秋過後，一日

早起，袁鳳儀祖師在自家的麥場上，教導弟子們晨練，忽覺腹中內急，遂走入遠離麥場的灌木叢中方便。此時，天色尚早，山塘翠深，灌木叢叢，葉色斑斕。袁公剛一蹲下，便覺兩肩被重重地按住，腦後一股熱氣襲來，袁鳳儀祖師無暇思索，有觸即應，一記地炮肘打出去。隨一聲撕心裂肺，一隻藏匿在灌木叢中的金錢豹被打翻在地。尚學禮及眾弟子聞聲趕到，見那隻豹的下頜骨已被打的血肉模糊。弟子們皆為年邁的師父讚歎不已。此時，袁公卻輕喚余師：「照瑞，去給我找條褲子。」原來，袁公剛才撤步出肘時，將褲縫撐裂，不能遮體，成為一時之美談。

民國廿年（西元 1931 年）秋，華北五省運動會在古都開封舉行。尚學禮先生以 66 歲的高齡參加了武術擂臺的爭奪。余師陳照瑞伴隨尚老師一同前往，親眼目睹了這場龍爭虎鬥：尚老師年長對方十餘歲，對方腿快，你來我往，不見分曉。尚老師無意戀戰，志在速決。突然，賣了個破綻，以鷹藏爪勢遞伸左臂，對方中套，右掌劈打且抓個正著，尚老師有觸即應，不顧腕臂處之傷痛，逢抓必拿，左掌鷹捉反鎖對方右腕，上步出右臂挎籃搣臂。對方屈肘化解不及，被尚老師順勢撕翅。尚老師同時右足進步插襠，一記龍擺尾，右肘擊中對方喉頸，彼應聲倒地。最終以尚老師打擂得勝，獲龍泉寶劍一口。

鑒於姻親關係，袁鳳儀祖師授以家法，余師陳照瑞先生盡得其傳。袁公故後，余師陳照瑞方離鄉入鄂謀生。早年與師兄李青山共創《少林武術團》於漢口。李青山老師1981 年 5 月在《氣功》雜誌（卷二・第三期）於「文化大革命」後，首次公開心意六合拳。爾後，曾多次在中央電

視臺節目中，表演心意六合排打，並出演《自古英雄出少年》等影片。

余1962年夏，在武漢經朱保安老師引薦，有幸遞帖恩師陳照瑞先生。陳老師以《十路彈腿》為余開蒙。而後專習心意六合拳；同時，得到跌打療傷手法與驗方的傳授。但余生性愚鈍，雖勤苦有年，僅粗知梗概。陳老師晚年，余又輾轉山西，未能侍奉左右，時時愧疚縈懷，但願《武醫心要》這本小書，能奠慰恩師，以馨我心。

心　要

心意拳，姬祖傳。曰六合，槍脫拳。十二勢，垂規範。
有高徒，號南山。鄭氏諱，說紛然。十法要，問新安。
馬學禮，心志堅。借啞役，取真還。唯回親，傳河南。
至李政，再三傳。祁縣賈，學魯山。戴家法，傳能然。
買壯圖，掌粘蝶。說靈勁，宗其學。雞腿功，四把絕。
袁鳳儀，肘打豹。周口鎮，育英豪。「三傑」出，守真要。
尚學禮，青於藍。開封擂，舉龍泉。後眾賢，各有傳。
同宗誼，長相勉。

《十法摘要・三節》原文

首曰三節。何為三節？本乎一身而言之，則手、肘為梢節，頭、身為中節，足、膝為根節。分而言之，則三節之中各有三節：手為梢節，肘為中節，肩為根節，此梢節中之三節也。頭為梢節，心（胃脘）為中節，丹田為根節，此中節中之三節也。足為梢節，膝為中節，胯為根

節，此根節中之三節也。其中之要，不外乎起、隨、追三字而已。蓋梢節起，中節隨，而根節追之。三節相應，能用此法，則渾身上下，不致有長短曲直之病，亦無參差俯仰之虞。此三節中取以貴乎明也。

淺說　明三節，武醫後學同志須從以下三個方面掌眼。首說體。體指自身鍛鍊要合規矩。三節要明，貴在調身。調身強調一個「順」字。體不順則氣力不能直達。我軀一體三節，四肢百骸，凡行拳走架，樁功定勢，皆屬身軀肢體之聯合行動，「其中之要，不外乎起、隨、追三字而已。」然而，梢節如何起，中節如何隨，根節如何追，才算合規矩？陳照瑞老師當年授余「三尖要照」、「三彎要套」和「三心要實」，為「起、隨、追」三字作注云。

何為「三尖」？歷來拳書，各家多以手尖、足尖和鼻尖為三尖。就陳老師授我之心意拳而言，非也！應為：足尖、膝尖、鼻尖。何為「照」？從矢面觀，即從習武者對面看，足尖、膝尖、鼻尖應處於同一垂直平面上。

以《四把連環·虎撲》為例說明：熊出洞（六合勢），左足（梢節）起，向前邁一步，足跟觸地，左足尖內扣如寸，成左弓箭步。左膝尖（中節）隨，隨字作尋字講，左膝尖尋準左足尖，力在五趾合湧泉，落地踩。裹膝、裹襠，入地生根，自然得之。鼻尖古稱準頭，鼻柱基底即是山根（穴），陳照瑞老師云：「樹根在下，人根在上。」故鼻尖為人身根節之準頭。鼻尖追，即根節追。追作照字講，鼻尖照左膝尖與左足尖垂直於一線。此線即人身重心垂線。心意六合拳無論攻勢、守勢都要恪守此線。

能守住此線者即為「三尖照」。

何為「三彎」？臂為一彎、腿為一彎，有人謂腰為一彎，非也！陳照瑞老師云：「低頭彎腰，傳授不高。」應為胸彎。胸如何能彎？二肩鬆垂向前抱，涵胸而已。心意門中稱「勢如背鍋」即胸彎之謂也。保持胸彎如月，二肩胛骨勢必貼於背而不張，在搏擊中，背既可增強抗打擊能力，又可預防肩胛骨骨折。所謂「三彎要套」即是在「隨」之中「三彎」具備，完成一個「就」字，心意門中稱之「就如蛋，去如箭」也。

何為「三心」？百會穴，頭心。身柱穴（督脈，第三胸椎下凹窩中），背心。湧泉穴，足心。亦有人不取身柱穴、背心而謂勞宮穴、手心，非也！手為梢節，此乃不明心意六合拳實為中節擊人術，故也。「三心要實」即是在根節「追」之中，足心踏實，頭心頂實，背心圓實。三心實則「追」得快，「追」得穩，渾圓勁整。所謂「渾身齊到無攔擋」之不傳六耳也。

每見俗手，動靜俱不穩妥，究其病，實為不明三節：起無三尖照，隨無三彎套，追無三心實之故也。

陳照瑞老師曾告誡：「三尖不照，四梢難到；三彎不套，丹田難抱；三心不實，決勁難出。」正可謂「心意不明三節，舉手投足即錯。」若學者能依三尖照、三彎套、三心實之規矩，假以時日，細心體會，技藝上身，事半功倍。以此正身法，沿此矢狀面，出七拳向敵，則勁整而力順達，何患身之東倒西歪，長短曲直，參差俯仰？

次講用。陳照瑞老師云：「梢節不明，失之踩拿；中節不明，渾身漏空；根節不明，多犯跌仆。」又云：「手

見手，不讓走！快進身，必定有！」心意六合拳練的就是「有觸即應，其機自靈，其動自捷。」

當手（梢節）觸知敵力之大小與方向，足（梢節）同時起，或進步、或讓步，隨之進身（中節），或用肩胯（根節）跌仆之，或用肘膝擊頂之，故又云心意六合拳實謂中節擊人術。沒有手足（梢節）之粘問，就不能有肘膝（中節）之破勢，更不會有肩胯（根節）之排撞。心意門中「三打、三不打」之經驗談，正好為明三節作奠基：手肘（梢節）不粘不打，打人如親嘴；頭身（中節）不躦不打，打人如薅草；足膝（根節）不踐不打，打人如走路；但是，英雄放對，好漢拼命之時，又當別論。當敵稚嫩，犯了招架，我進手易。當敵老辣，我犯招架，則進手就不易了。或者，敵我旗鼓相當，從防禦的角度講，則是「進手容易顧手難。」顧手在實戰中雖無具體一成不變之法則，只能隨著敵進攻方法的不同而隨之改變。如槍法云：「他法行，隨法中。」儘管如此，也並非毫無規律可循，「中節不明，渾身漏空。」明中節，顧中節，不失為一種常用的重要方法。肘為梢節之中節，心（胃脘）為中節之中節，膝為根節之中節，頭身為人體之中節。有效地使用和保護自己的中節，有效地防禦和控制敵方之中節，即成為技擊戰術中的嚴肅課題。

實際上，姬祖在構建心意六合拳伊始，就考慮到用中節和顧中節的問題。透過丹田功、十二勢、十形合一、六合大排撞等一系列訓練，刻意追求的就是中節擊人術。追求的就是由手足到全身膚發的「有觸即應」。

再言傷。不明三節，不明起、隨、追。不僅在行拳走

架，敵我對搏中易致傷痛，在從事其他體育訓練或舞蹈表演中易致傷痛，甚至在平素生活、工作中也極易受傷痛侵擾。踝膝乃負重關節，足起膝隨，重心力線端正，三尖照，實為我體下肢運動之不變準則。膝尖在運動中，若不隨足尖，或裏或外偏離足尖，極易造成膝關節損傷。臨床上尤以膝內側韌帶和內側半月板損傷為常見。久而失治，或膕生囊腫，或膝呈「O」變，嚴重影響生活品質，不可小窺。尤其是此本係姿勢不正（三尖不照）引起之膝關節創傷性病變，卻常常被一張X光片誤診為骨質增生症或未見異常，放棄有效之手法治療而亂投針藥，延誤治療之最佳時限，豈不悲哉！

三節尚有三節竅一說。余最初是從一本《氣功》書上知道三節竅的。那是 1965 年夏，時值余初中畢業之暑假，該書作者言：《心意六合拳》又名《守洞塵技》，是山西祁縣戴文俊（乳名二旅）家傳下來的。余很興奮，因為當時只知道馬學禮傳心意六合拳，從來未聽說還有戴文俊也傳心意六合拳，並且書中還有三節竅云云。而陳照瑞老師是從來都不講三節竅的。

書中云：「兩眉正中之玄關穴為上丹田，臍為中丹田（也稱前丹田），命門穴屬中丹田（也稱後丹田），會陰穴為下丹田。另外兩眼正中之祖竅穴也同屬上丹田。中節（軀幹）三竅：上丹田為梢節竅，中丹田為中節竅，下丹田為根節竅。」

書中云：「此三竅為主竅。上丹田練手法，中丹田練身法，下丹田練步法。梢節（臂）三竅：肩井穴為根節竅，曲池穴為中節竅，勞宮穴為梢節竅。根節（腿）三

竅：環跳穴為根節竅，陽陵泉穴為中節竅，湧泉穴為梢節竅。練功時運用之方法為：哪三節運動，意由主竅出發，通過相關各節之竅，氣亦隨之而至，骨節開發，氣就通到。」

由於好奇，按照自己之理解，立即運用到《十大真形》的練習中。

如練馬形聚步：意由主竅會陰出發，左腿在前則左環跳、左陽陵泉、左湧泉，右足在前則右環跳……每百十遍未見異常。

如練單把，意由主竅玄關穴出發，左掌在前則左肩井、左曲池、左勞宮依次而行，反覆操練，二十餘日下來，頭沉如蓋，眉耳髮際間似有一箍繫之，昏昏然。心中好生害怕，忙向陳照瑞老師道出原委、求救。陳老師云：「氣沖頭也，為意守玄關太重。」速令余以清丹田（吐氣把）吐之。又云：「戴家有戴家的練法，吾門有吾門之古規。切不可不辨四梢，不別三意，盲目套搬，以身試法。況且，頭為清陽之府，若以濁氣時時上擾，日久生變，終成腦泄，悔之晚矣。」

心 要

明三節，起隨追。

鼻膝足，曰古規。

三彎套，勿小窺。

三心實，細體會。

初學藝，不容昧。

《十法摘要・四梢》原文

二曰四梢。髮為血梢，甲為筋梢，舌為肉梢，牙為骨梢。四梢齊到，內勁出矣。亦有謂兩手兩足為四梢者，非也。或致於齊知之法，其髮欲衝冠，甲欲透骨，舌欲催齒，牙欲斷筋，心一戰（顫）而內動，氣自丹田而生，如虎之恨如龍之驚，氣發而為聲，聲隨手發，手隨聲落。故一枝動而百枝搖，四梢無不齊，內勁無不出矣。

淺說 四梢要齊，旨在行氣。然，行氣之說有二：一曰養氣，二曰練氣。一般認為，養氣為道家功夫，練氣為拳家功夫。醫家則認為：「呼吸吐納，熊經鳥伸八字，即為導引法也。」（清・吳尚先《理瀹駢文》）

何為導引？李頤對導引注，可謂一語中的：「導氣令和，引體令柔。」（王先謙《莊子集解》）被譽為中華武術之根的心意六合拳，拳功一體。也正是姬隆豐師祖基於「專氣致柔，能嬰兒乎。」（老子《道德經・第十章》）而脫槍為拳的。難怪陳照瑞老師經常念道：「武藝卻道無正形，任意變化莫窮盡。若能悟得嬰兒呼，打法天然是真經。」

何為「嬰兒呼」？「嬰兒呼」即心意門中之四梢行氣法。試觀繈褓之嬰兒，母乳中飽，仰臥入夢，莫不以腹之鼓蕩為呼吸。此即養氣、練氣之大法。養氣，靜而得之，中氣足而內功深；練氣，動而儲之，四梢齊而內勁出。

清代醫家陸定圃在《冷廬醫話・保生》中云：「咽氣不得法，反足為害。」清代文人朱錫綬亦云：「物隨息生，故數息可以致壽；物隨氣滅，故任氣可以致夭。」

（《花不可以無蝶・幽夢續影》）試觀世間一些名拳練家，方知天命，即英年逝早。究其因，無不以任氣為練氣，求功力卻輕養生，本末倒置而自損之。痛哉，惜哉。心意門中耄年壽翁居多，實獲益於四梢行氣法。

心意門中四梢行氣法，歷來秘不示人。余師陳照瑞先生曾以「食飽鬆腰」四字訣，昭然天機。其法曰：納新，順項懸頂，下頦自然內收，勿僵，百會穴似有向上之力謂「髮欲衝冠」，又謂「天幾春在上」；舌尖輕抵上齒齦間謂「舌欲催齒」；鼻司進氣，上下齒合謂「牙欲斷筋」，戲稱為「食」。氣貫丹田兩臀夾緊托收穀道而少腹鼓，戲之曰「飽」。吐故，齒輕啟，唇開一隙，氣從唇齒間呼出，少腹漸收，同時，「鬆腰」、鬆胯、鬆穀道。意與氣合由丹田出會陰，經二股內側過內踝而出湧泉，入地三尺然。同時兩踵微提，全身之重量皆落在五趾（甲）與湧泉間之蹠掌上，謂「甲欲透骨」，又謂「地幾春在下」；一吸一呼為一息，綿綿然，深深然。吸短呼長，量力而數之。隨數息日久，中氣漸足，內功彌深也。中氣足，內功深，並非無跡可尋，丹田活潑，少腹鼓而繼平，硬而後軟。能知其中三昧者，唯依上法歷練者得之。到那時，丹田處自然有物，「物隨息生」，日日行功，日日長功，非虛語也。法貴真而功貴深，自然能「心一戰（顫）而內動，氣自丹田生」。

或問：「氣自丹田生」，丹田居我身何處？丹田有上、中、下之說，始於晉代醫家葛洪所著之《抱朴子》。然，丹田之位置歷代練功家眾說非一。多數人認為：上丹田在頭頂之百會穴內，又稱泥丸。而《黃庭經》則說，上

丹田在兩眉間之印堂穴內三寸。中丹田多數人認為在膻中穴內，稱作絳宮。下丹田則認為在小腹部，但具體位置又各訴其是。有說在臍中者；有說在臍下一寸三分者；有說在臍下三寸者；還有說在膀胱後，直腸前之夾室中者，真可謂仁者見仁，智者見智。

作為心意門之丹田，師傳在臍下三寸內，方圓四寸之地也。此地之所以稱之為「田」而非穴，非竅也。此地正好為女子胞宮，男子精室所在。正如氣功實踐者馬禮堂先生言：「針灸學上也有臍下寸半氣海穴和臍下二寸石門穴為丹田之說。《中國醫學大辭典》注明：臍下三寸為丹田。在氣功實踐中也體會到，大氣沉到臍下三寸處，才活潑潑，圓滾滾，團聚旋轉有無限生機。」（《武術健身·談意守丹田》1992.5）

「丹田」位置既明，欲知「氣自丹田生」，需先知「氣沉丹田」，心意門中稱為「氣貫丹田」。

現代醫學研究認為：呼吸可分為胸式呼吸和腹式呼吸。人在平靜狀態下，肋間外肌收縮時，肋骨上提，胸骨向上向外移動，使胸腔之周徑增大。膈肌收縮時，膈肌頂部下降，使胸腔之縱徑增大。此時胸腔擴大，肺亦隨之擴張，肺之容積增大，肺內氣壓下降，空氣經呼吸道入肺，完成吸氣過程。肋間外肌舒張時，肋骨因重力作用而下降，使胸腔之周徑縮小；膈肌舒張，膈頂部回升，使胸腔之縱徑縮小。此時胸腔也隨之縮小，肺內氣壓升高，迫使肺泡內之部分氣體，通過呼吸道排出體外，完成呼氣過程。此即為胸式呼吸。

常人起、坐、立、行，皆為胸式呼吸。尤以女性懷孕

後之呼吸更係典型之胸式呼吸。胸式呼吸之特點：當吸氣時，胸圍增大。呼氣時，胸圍縮小；腹式呼吸，又稱自然呼吸。人在躺下休息，尤以仰臥時，呼吸由胸圍之擴大縮小而以腹部之鼓蕩起伏代替。此由膈肌收縮或舒張，引起胸腔縱徑增大縮小使之然。

古代養生家認為這種腹式自然呼吸為行氣之大法。練功之目的就是要用自然之腹式呼吸取代胸式呼吸。因為腹式呼吸時，可使橫膈最大限度地上升、下降，隨之肺的活動度亦增大，肺活量當然也就增大。實驗表明：橫膈每下降 1 公分，胸腔容積就能增大 250～300 毫升。

古代武術家在手搏中還發現腹式呼吸更為優越的地方還有：當胸式呼吸時，肋骨上提，肋骨間隙增大，脇之抗擊打能力就減弱，受傷之機會就增多。腹式呼吸伴肩肘鬆垂，則肋骨集靠，脇之抗擊打力量增強，受傷之機會亦隨之減少。

習武人常說的「提氣」即指胸式呼吸。「沉氣」即指腹式呼吸。心意門中之「氣貫丹田」就是腹式呼吸，小腹鼓蕩而已。

眾所周知，吸入之空氣只能進入肺，在肺中進行氧氣及二氧化碳氣體之交換，氣進入少腹之丹田是不可能的。養生家言之「氣沉丹田」，或心意門中言之「氣貫丹田」，均是呼吸配合意識之想像，使深長之吸氣徐徐進入少腹而已。當然，深長之吸氣，橫膈必然下沉，因此就有了氣體「貫入」丹田之感覺，也就完成了「嬰兒吸」的階段。

需要特別說明的是「任氣」。「任氣」就是「憋氣」，

俗稱「鼓勁」。據《運動解剖學》研究，「憋氣」是在較深或深吸氣之後，聲門緊閉，腹肌和呼氣肌用力收縮，使胸廓向內壓縮，胸內壓加大，而肺內氣體又無法呼出的一種特殊動作。在許多運動項目中都伴有「憋氣」動作。其有助於動作的順利完成。有時「憋氣」僅僅是剎那間，而有時則要持續一段時間，如舉重時提起槓鈴和將槓鈴舉過頭頂之動作。人體在從事體育活動、重體力勞動、排便以及分娩等生理活動中，「憋氣」為不可缺少之反射性動作。但「憋氣」時間稍長，由於血液循環障礙而引起大腦缺氧，會引起頭暈。同時「憋氣」時，胸內壓和腹內壓也明顯增高，無助於內勁之積累和抗擊打能力之增強。誠如馬虹先生云：「據陳照奎先師說，有的人練陳式太極拳不明呼吸規律而發生練拳努勁憋氣而導致吐血的事故。」（《陳式太極拳拳理闡微·周天開合論》）

無論是「提氣」、「沉氣」，還是「任氣」，均屬「行氣」之範疇。至於如何正確「行氣」，古代養生家早在兩千四百年前就有過準確之闡述，並將該方法鑴刻在十二面體的玉佩上，這就是著名的《行氣玉佩銘》。郭沫若先生對《行氣玉佩銘》作過釋文和詮釋。其釋文為：「行氣，深則蓄，蓄則伸，伸則下，下則定，定則固，固明萌，萌則長，長則退，退則天。天幾舂在上，地幾舂在下。順則生，逆則死。」其詮釋為：「這是深呼吸的一個回合。吸氣深入則多其量，使它往下伸，往下伸則定而固；然後呼出，如草木之萌芽，往上長，與深入時的徑路相反而退進，退至絕頂。這樣，天幾便上動，地幾便朝下動，順此行之則生，逆此行之則死。」（《奴隸制時代》）

這裏提出一個「行氣」的徑路問題。徑路問題是一個「順此行之則生，逆此行之則死」的重要問題！

南北朝之醫家陶弘景開創了養氣練呼之先河。他在其撰著的《養性延命錄・服氣診病》一書中言：「凡行氣，以鼻納氣，以口吐之，微而引之。」

心意門四梢行氣法宗其說，「以鼻納氣」，「緣督以為徑」（《莊子・養生主》），氣貫丹田，完成「嬰兒吸」後，「氣自丹田生」，「以口吐之」完成「嬰兒呼」。「氣自丹田生」可理解為「氣自丹田升」。當年陳照瑞老師云：「丹田吃住勁兒」是關鍵。為「嬰兒呼」之要害處。丹田如何吃住勁兒？少腹收緊，如嬰兒吃奶之使勁狀。此即意與氣合「微而引之」之意也。

這就是心意門四梢行氣法之徑路：鼻納，緣督脈而貫入丹田，丹田吃住勁兒曰「固」，然後緣任脈而退進，口呼之。

或問：為何曰退進？對曰：氣自丹田升，口中呼出為退而體內之營氣卻同時依時沿任升督降循環行進，故稱之「退進」。

再問：傳統小周天功法皆為氣順任下沿督而升，心意門行氣為何相反，氣順督下而沿任升？有何依據？對曰：姬隆豐祖師脫槍為拳，以蹲丹田養氣，原為通調任督二脈而設。說通調者，非任督二脈不通，實為強化之意；以搓丹田練氣，亦為強化十二經脈而立。由小周天任督二脈養氣（《丹田功》），為丹田儲能。由大周天十二經絡（《十大真形・十二勢》）練氣，為內勁決出而作筏。故，陳照瑞老師再傳訣曰：「力注五趾合湧泉，意作落地

生根然。上提下墜中束煉，妙術盡在吐納間。」

《靈樞·營氣》篇云：「從肝上注肺，上循喉嚨，入頏顙之竅，究於畜門。其支別者，上額循巔下項中，循脊入骶，是督脈也，絡陰器，上過毛中，入臍中，上循腹裏，入缺盆，下注肺中，復出太陰。此營氣之所行也，逆順之常也。」這是營氣沿任升督降運行之徑路，也是我心意門四梢行氣法之徑路。更是「順則生，逆則死」之徑路。至於世傳小周天功法，氣由督升任降，正好與《靈樞·營氣》的運行路線任升督降反動。

余謹遵師訓，不敢攀附。但古往今來，有多少武學癡子，廢寢忘食，想望打通周天，增長功力。其實小周天原本就通，根本用不著去打通。尤其又是逆營氣任升督降去盲目鍛鍊，其結果可想而知。

馬濟人先生在《中國氣功學》一書中這樣寫道：（小周天）這套功法，如果全部照樣鍛鍊，是難以按順序完成的。署名內丹術奠基人宋代張紫陽的《悟真篇》後序中，就承認「學者如牛毛，而達者如麟角也。」更有甚者，孜孜以求，過尾閭，由夾脊雙關而上，通天柱，通玉枕，而上達泥丸者，正如明代醫家李梴在其著作《醫學入門》中言：「內功運任督者，久則生癰；運脾土者，久則腹脹；運丹田者，久則尿血；運頂門者，久則腦泄。」

余以為，這種違反營氣運行規律而盲目運任督者、運脾土者、運丹田者、運頂門者也屬任氣之列。「任氣可以致夭」！意與氣合，意絕不可上頭。僅此一條，確為武學養氣、練氣之法律！違者，「氣沖頭」，「終成腦泄」，「逆則死」！

既然內丹術與內勁無緣，吾輩只能依照拳譜老老實實去歷練「四梢要齊」，不為旁門左道所惑。心存僥倖，企盼走所謂捷徑，南轅北轍也。

拳譜謂「氣發而為聲，聲隨手發，手隨聲落」是對心意門中「雷聲」之描述。關於「雷聲」，大多拳書皆以「奪人千古仗雷聲，喝令威風退敵兵，就是知情天不怕，迅雷凌空也應驚」立論。其實還有說法，壯膽驚敵固然有之，其基本道理，應從源頭求索。《素問‧宣明五氣篇》云：「五氣所病，心為噫。」「噫」，《說文解字》注為：「噫，飽食息也。」清末醫家唐容川則解釋為：「胸中結氣，哽之使出。」即胸中不舒，因噯氣而通暢的情況，稱為「噫」。（《內經輯要‧病能》）由此可見，雷聲之「噫」，其主要作用為：在練拳行氣中，深恐「胸中結氣，哽之使出」，進而氣機順，無滯留，力通達，內勁出。實為養生、強身計。李青山老師云：氣由「肺經入而心經出」。意為心音，氣之病，宜從口出。深恐「胸中結氣」心之為病也。

前賢言心，多指胃也。如「九種心痛，實在胃脘。」（《醫家四要‧病機約論》）余師陳照瑞先生屢屢告誡：「飽傷胃，餓傷氣。」胃乃容納食物之器官，酒足飯飽後練功，易使胃之容納食物的能力下降而致病，甚者胃絡出血而黑便也。饑腸轆轆時練功，又易損傷小腸消化食物和大腸傳送運輸之功能，可不慎哉！

心　要

四梢齊，明呼吸。

「食飽」後，「鬆腰」繼。

「嬰兒吸」，丹田地。

「嬰兒呼」，勿任氣。

吸無心，呼有意。

內勁出，霹靂擊。

《十法摘要·五行》原文

三曰五行。金木水火土，內對人之五臟，外應人之五官。如心屬火，心動勇氣生。脾屬土，脾動大力攻。肝屬木，肝動火焰蒸。肺屬金，肺動成雷聲。腎屬水，腎動快如風。此五行之存於內也。目通於肝，鼻通於肺，耳通於腎，口舌通於心，人中通於脾。此五行之著於外也，故曰：五行真如五道關，無人把守自遮攔。天地交合，雲蔽日月；武藝相爭，蔽住五行。真確論也！而最宜知：手心通心屬火！鼻尖通肺屬金，火到金回，亦必然之理，而餘以此類推也。

淺說　五行之說，始於周代末期。古籍《尚書·洪範》云：「五行一曰水，二曰火，三曰木，四曰金，五曰土。水曰潤下，火曰焱上，木曰曲直，金曰從革，土爰稼穡。」經過戰國時期之思想家們的推波助瀾，五行學說到了漢代甚為發達，真可謂萬物不離五行。其實五行是古之先民在長期的社會生活和生產實踐中，逐步認識到的五種不可或缺的最基本的物質。進而總結引申為世上一切事物，皆由水、火、木、金、土這五種基本物質間的生剋運動變化而成，與陰陽學說並論，是古人認識與解釋宇宙間

事物的一種思維方式而已。

如「五行在中醫學上的運用，主要是按五行的屬性，將自然界和人體組織在一定的情況下歸納起來，同時以生剋的關係說明臟腑之間的相互關係。就自然界來說，如方位的東、南、中、西、北，季節的春、夏、長夏、秋、冬，氣候的風、暑、濕、燥、寒，生化過程的生、長、化、收、藏，以及五色的青、赤、黃、白、黑，五味的酸、苦、甘、辛、鹹，均可依木、火、土、金、水的次序來從屬。在人體方面，以肝、心、脾、肺、腎為中心，聯繫到目、舌、口、鼻、耳的七竅，筋、脈、肉、皮毛、骨的五體和怒、喜、思、憂、恐的五志等等。明白了這一歸類方法後，當接觸到屬於某一行性質的事物時，便可從直接或間接的關係把它們結合起來加以分析，以便理解這一事物的性質。」（秦伯未《中醫入門・理論之部》）

心意門精英王薌齋前賢如是說：「蓋拳術中之所謂五行者，換言之曰：金力、木力、水力、火力、土力是也。即渾身之筋骨，堅硬如鐵石，其性屬金，故曰金力。所謂皮肉如棉，筋骨如鋼之意也。四體百骸，無處不有若樹木之曲直形，其性屬木，故曰木力。身體之行動，如神龍遊空，矯蛇游水，猶水之流，行跡無定，活潑隨轉，其性屬水，故曰水力。發手若炸彈之爆烈，忽動如火燒身，猛烈異常，其性屬火，故曰火力。周身圓滿，墩厚沉實，意若山嶽之重，無處不生鋒芒，其性屬土，故曰土力。凡一舉一動皆有如是之五種力，此方謂五行合一也。……如是方能得周身渾元力也。」（《意拳正軌・五行合一》）

然，依《靈樞・脈度篇》云：「五臟常內閱於上竅

也，故肺氣通於鼻，肺和則鼻能知香臭；心氣通於舌，心和則舌能知五味矣；肝氣通於目，肝和則目能辨五色矣；脾氣通於口，脾和則口能知五穀矣；腎氣通於耳，腎和則耳能知五音矣。」此又分明是嗅覺、味覺、視覺、觸覺及聽覺是也。

據現代人體科學研究，五種感官中視覺占60%、聽覺占20%、觸覺占15%、嗅覺占3%、味覺占2%。而心意拳練得就是有觸即應、一動即靈。練的就是五種感官能力的敏捷與增進。

陳照瑞老師嘗操著濃郁的河南方言云：「百巧奇能，無力不中。」當年，余嘗為何是力、何是勁困惑。陳照瑞老師云：「力一活就是勁，勁一呆就成力。」心意門練力法，因人而異。李青山老師自幼就喜歡用重兵器增力，人稱「大刀李青山」。陳照瑞老師則喜歡以「鐵牛耕地」增力。鐵牛耕地者，以趾、指撐地作前後俯臥撐也。

心意門練勁法則同，六合大排撞也。心意拳有觸即應，靠什麼應？一動即靈，靠什麼靈？踩、撲、裹、束、決，五勁也。以五行論，踩勁通脾屬土，墩厚沉實，如踩毒物，意若山嶽之重；撲勁通肺屬金，鋼筋鐵骨，如虎之撲物利爪，風嘯殺聲；裹勁通腎屬水，驚濤裂岸，裹物而不露，滅頂之謂；束勁通肝屬木，曲直隨心，上下束而為一，發而未發；決勁通心屬火，落之爆烈，如水滴滾油鍋，沾著即炸。唐代孟郊詩云：「壯士性剛決，火中見石裂。」（《遊俠行》）決勁者，快捷、火爆、果斷之勁力也。解燃眉之急曰：「快捷」；出其不意，玉石皆焚曰：「火爆」；「四梢俱齊，五行亂髮」，（姬隆豐《四拳勢

論》）遂高打高，遂低打低，有觸必應為「果斷」。故，決勁要融貫入踩、撲、裹、束四勁中。陳照瑞老師云：「踩要決、撲要決、裹要決、束要決，一決而無不決也。」五行合一處，丹田力渾圓。決勁者，我輩用心下工夫處也。

《醫宗金鑑・運氣要訣・五行質氣生剋制化歌》云：「天地陰陽生五行，各一其質各一氣，質具於地氣行天，五行順布四時序。木火土金水相生，木土水火金剋制，亢害承制制生化，生生化化萬物生。」

五行生剋即為：木生火、火生土、土生金、金生水、水生木；木剋土、土剋水、水剋火、火剋金、金剋木。

從五行生剋關係中可以看到，每一行均有生我、我生和剋我、我剋之規律。拳譜中「手心通心屬火，鼻尖通肺屬金，火到金回，亦必然之理」係火剋金之意。但，無論五行怎樣演繹，正如《內經輯要・陰陽五行》中云：「若是脫離病人，而用五行理論來推測疾病的變化，這便是閉門造車，主觀想像了。」

同樣，脫離敵對一方，而用五行理論來推測招數之變化，純屬紙上談兵，其結果一定是「盲人騎瞎馬，夜半臨深池」，武醫後學不可不明。

說到五勁變化，陳照瑞老師云：「踩—插套；撲—舉摔；裹—截橫；束—鑽長；決—化靈。」踩勁一出，或變插，或變套；撲勁一出，遂變舉，遂變摔；裹勁一出，順變截，順變橫；束勁一出，即變鑽，即變長；去拙力而換決勁，煉決勁而修化勁，積化勁而生靈勁。決勁如前所述，謂：「滾油鍋滴水。」化勁謂：「按下葫蘆浮起瓢。」靈勁

謂：「打人好比弓斷弦。」決勁斜出趨剛，化勁圓走趨柔，靈勁迎風接進剛柔相濟也。靈勁之說，實我心意門五星（行）連珠、三石一鳥擊人法也。

何為五星連珠、三石一鳥？簡言之：踩到位、撲上去、裹其臂、束己身、決發出。人言一箭雙雕兼得也，師云：「三石一鳥，連招進擊，敵必克也！」然，雖筆墨流馨、心領神會，終不若口傳心授手足聞道也。五臟與五官，皆人性命之根本，手搏中不容傷害處。正是不容傷害，卻是被敵極力攻擊之所。

拳諺云：「拳家對面三出手，上要眼睛，下要腿，拳到中行天蓬否？」「武藝相爭，蔽住五行。」就是在交手中一定要保護好自己的心、肝、脾、肺、腎也。「天地交合，雲蔽日月」就是指「手搏相戰，先擊雙眼」。因此，不論五臟還是五官均是重點保護對象，故曰：「五行真如五道關，無人把守自遮攔。」此訣尚有後兩句，拳譜無載。

余師陳照瑞先生云：「手把陰陽迎面去，剋敵護己法森嚴。」說的就是心意六合拳守己之中門把關，占敵之中門潰敵之五行「生剋」變化也。「一事精，百事通。要得精，五行明」，（姬隆豐·《四拳勢論》）吾輩萬萬不可辜負姬隆豐師祖之語重心長也。

心　要

五行說，觸良能。連珠法，
五勁攻。分層次，決化靈。
生剋圖，務虛論。蔽五行，不離中。

《十法摘要・身法》原文

四曰身法。身法有八要：起落，進退，反側，收縱是也。夫起落者，起為橫，落為順。進退者，進步低，退步高。反側者，反身顧後，側身顧左右。收縱者，收如伏貓，縱如放虎。大抵以中平為宜，以正直為妙，於三節法相貫，此又不可不知矣。

淺說 身法八要，首曰起落。拳譜開宗明義：「起為橫，落為順。」何為橫？橫者為橫渡、跨越之義。如《漢書・揚雄傳上》云：「上乃帥群臣橫大河，湊汾陰。」又含橫亙、橫貫之義。如《文選・木華（海賦）》云：「魚則橫海之鯨，突杌孤遊。」李新民同道亦云：「任他勇猛氣總偏，此有彼無是天然；直截橫分橫截直，一氣催二、二催三。」（《心意門秘笈・易筋經貫氣》）敵長驅直入，我橫出半步，以橫截之。「避其銳氣，擊其惰歸。此治氣者也。」（《孫子十三篇・軍爭篇第七》）

何為順？順者，順應之義。如《詩・大雅・皇矣》云：「不識不知，順帝之則。」以手足論，進右足出右手，或進左足出左手，稱之為順步。而將進右足出左手，或進左足出右手，稱之為拗步。順步直拳為前直拳，拗步直拳為後直拳。前直拳長於後直拳，正所謂「一寸長，一寸強」之經驗談。孫子曰：「夫兵形象水，水之形，避高而趨下；兵之形，避實而擊虛；水因地而制流，兵因敵而制勝。故兵無常勢，水無常形；能因敵變化而取勝者，謂之神。」（《孫子十三篇・虛實篇第六》）

我勁之落點，在敵勁之同一方向，為落順。落順為事半功倍法，試舉一例：設敵以右順步拳奮力向我頭面擊來，我右足向右橫出半步迎敵，左足跟進，足尖外擺；同時，我左掌由右向上向左向下畫圈順領敵拳腕；同時，右掌及前臂向敵之右肘劈擊，隨敵抽回右腿右拳退，我順上右足或股襯敵左胯，或足套敵左踵，同時以右前臂橫擊敵頭頸。（參閱本書《十大真形‧蛇撥草》）

姬祖論「起落」，可謂不厭其煩，可謂誨人不倦。「手起莫往空裏去，腳落莫往空裏落。」「起如蜇龍升天，落如霹雷擊地。起橫不見橫，落順不見順；起不起何用再起，落不落何用再落。」「起落二字自身平，蓋世一法是中身。起落二字與心齊，手足身法快如風，疾上尤加疾，打上還嫌遲。」「起為橫，落為順為其方正。」（姬隆豐《四拳勢論》）陳照瑞老師云：「不知起落枉用力。」畫龍點睛也。

身法八要，二曰進退。進步低，一防被敵察，邁步如行犁低進。二進步低，含有刮地風腿擊臁，搶佔中門奪地位，踩蹬、插襠、套踵之變化。退步高，一避敵之撥腳、掃蹚。二可由插襠變掃邊風掛腿，由套踵變捲地風勾踝以克敵。陳照瑞老師云：「進是打，下驚上取。退也是打，上驚下取。」可謂進退釋義之經典。

姬祖云：「唯進退精於嚴也。猛然見了三條路，可該往前進，不該往後退。好鋼多折，能柔而成鋒。知進者必勝，知退者不辱。」（姬隆豐《四拳勢論》）

姬祖講了三條路，進退是兩條路，第三條是什麼路？余當年百思不得其解。曾請教陳照瑞老師，陳老師擲地有

聲：「讓。」姬祖明言：「可該往前進，不該往後退。」看來，姬祖創拳伊始就界定了心意六合拳要麼不打，要打就只進不退，頑強拼搏。「硬打硬進無遮攔。」「上場不留情，留情不舉手。」「你要打留藝不真。」記得上海胡幼文曾這樣寫道：「其他長拳有退步練法，而心意拳只進不退，恣意取人，要麼左閃右避，指東打西。」（《武林‧心意六合拳》1982.7）

胡氏可謂領略姬祖之心意，一語中的。只進不退，進，當如何進？姬祖云：「腳踩最忌往遠探，閃落兩邊，提防左右。欲閃者還堪相迎，強退者，當往後跟，連環緊追，遂高打高，遂低打低。」（姬隆豐《四拳勢論》）以此而論「退步高」可當作「讓步高」來解釋。當心無退意，拳無退路，正如孫子所言：「投之亡地然後存，陷之死地然後生。」（《孫子十三篇‧九地篇第十一》）

所謂「讓」實為「避其銳氣」；實為誘敵入套，入空也。如何「讓」？當敵迎面撲來，視機或左或右「讓」之，「讓」多少？橫出半步足矣。此即心意門之半步捶。敵若進步插我襠，我則上驚下取，以雞腿跪之，使敵跌。敵若套我踵，我亦上驚下取，以猴形蹬撲掛腿剋之，使敵仆。姬祖雖言進退（讓）三條路，是讓後學心悟：「狹路相逢勇者勝」，何能言退。進者生，退者死。言讓為退，決不言退。這不僅僅是一個技術問題，還是一個意志問題，更是一個膽略問題，終歸是一個心態問題。這也正是姬祖「脫槍為拳」時之良苦用心。

為國為家，何退之有？！因此姬祖在《四拳勢論》中言：「但與人交手，心不勇，手不催，磕不上，多出變

化，未起先居搞物意，未落預存附地心。心裏所悟，原來是本心。」如是這樣，姬祖在《四拳勢論》中又言：「解勸世人莫習武，凶多吉少難以知，丟財惹禍在眼前，不如息氣養身卻自然。」但，身逢亂世，面對兵匪，國破家亡，不進思退，為國不能盡忠，為家不能盡孝，扼腕長歎：「千祥吾知也，不知可得乎？」從心意拳之戰術講，不言退，真諦也。

若從戰略形勢分析敵我之力量懸殊，退，又何嘗不是一種積極的防禦辦法。如《易‧乾》云：「知進而不知退，知存而不知亡，知得而不知失，其唯聖人乎？」故《心意門‧踐躜法》云：「不識進退枉學藝。」

身法八要，三曰反側。反身顧後，在《十形合一》拳藝中，其法有四：轉身鷂子入林，車輪（燕子取水）粘手（迎門鐵壁），走馬觀花（霸王觀陣），轉身遮雲蔽月肘（窩心肘）。以方向而言：鷂子入林右轉顧後，車輪粘手則為左轉顧後。走馬觀花右轉顧後，轉身遮雲蔽月肘則為左轉顧後。以方法而言：鷂子入林以跌法、摔法顧後，車輪粘手以敗中取勝顧後，走馬觀花以逸待勞顧後，轉身遮雲蔽月肘則打顧不分顧後。以體位而言：鷂子入林以高姿顧後，車輪粘手屬低姿顧後，走馬觀花與轉身遮雲蔽月肘則以中姿顧後。《十形合一》拳藝中反身顧後可謂執簡馭繁，唯精誠歷練，細心體悟者方能得之。

側身顧左右。《十大真形‧十二勢》中數居其半。如雞形搖扇把，雞形顛腿，馬形聚步，龍形裏橫，蛇形撥草，鷂形鷂子入林。

側身之說有三。一為縮小打擊面積，側身而迎敵。二為

避敵銳氣，撤肩誘敵。三為抽身調胯，變換體位而克敵。如王薌齋先生云：「彼此克化，各求其中，妙在一轉，彼力經我一轉，即化為烏有。」（《意拳新編・運力》）

又云：「應敵最要之訣，則『守中用中』四字而已。」（《意拳新編・應敵》）「守中用中」者撤肩反側也。

身法八要，終曰收縱。收縱者，吞吐也。收為引進、蓄容、吞納，縱則得機得勢，粘著即炸，骨鯁在喉，一吐即快也。譜說「收如伏貓」。「縱如放虎」，如《十大真形・十二勢》中，收縱者居之一半，然側身之六勢，何嘗又不是收之縱之。起落進退之身法亦一言以蔽之：收縱之謂也。

身法雖有八要，卻有體用之分。謂體：行拳走架，以低姿為妙，可長功夫。謂用：盤拳過招，則以中平為宜，捷於變化。中平何以為度？陳照瑞老師云：「拳高不過眼，掌低不下膝。中平身之步，踐躦過為奇。」

無論身法如何變換，三節之起、隨、追不可須臾忘記。起則三尖照，隨則三彎套，追則三心實。正直順達就在其中矣。

心 要

論身法，有八要。曰起落，明橫順。橫截直，順則變。曰進退，明插套。退為讓，勾掛妙。曰反側，明前後。左右防，守中忙。曰收縱，明吞吐。敢引進，能粘炸。

《十法摘要・步法》原文

五曰步法。步法者：寸步、墊步、過步、快步、剪步

是也。與人交手，如距二三尺遠，用寸步。寸步者，一步可達也。如距四五尺遠，則用墊步。何為墊步，即後足墊上一步，仍上前足。如遇身大力勇者，則用過步。即進前足，急過後足。所謂步起在人前，步落過於人。如距丈八尺遠，用快步。快步者，起前足，帶後足，平飛而去，非跳躍而往。此為馬奔虎踐之意也，非藝成者不可輕用。謹記遠處不發足，乘勢近擊之。倘遇人多，或持器械者，連腿帶足並剪而上，此謂踩足飛身而起剪步之說。善學者，隨意使用，習之於純熟，用之於無心，方盡其妙。

　　淺說　步法，身法之載體，拳法之根基。陳照瑞老師嘗云：「教拳不教步，教步打師傅。」又云：「步不穩則拳亂，步不快則拳慢。」欲探中華武術之奧秘者，必先明我心意門一趾半步之功也。

　　首曰寸步。與人交手，如距二三尺遠，一步可達者，用寸步，拳手可及也。然，寸步之說，尚有直寸步法和橫寸步法之分。

　　直寸步法謂：前腳向前直進一步，後腳跟進半步，此步法亦稱跟步。心意門內素有「拳快不如半步跟」之經驗談。本書《十大真形‧十二勢》中之熊形單把和鷹形展翅之步法即專為直寸步法所設。

　　橫寸步法謂：前腳橫向跨出一步，後腳跟進併攏。心意門《十大真形‧十二勢》中，燕形取水和猴形蹲丹田即為習練橫寸步法所設。

　　另外，尚有前腳尖外擺，後腳上一步之蛇形撥草，和前腳上一步，後腳提起，退一步落地之猴形登撲也，屬寸

步。寸步者，一步可達之步也。

再曰墊步。墊步亦稱踮步，即踐步。其法為後腳上一步，再上前腳。進身距我四五尺遠之敵時用之。心意門《十大真形・十二勢》中虎形雙把、雞形搖扇把和鷂形入林，即為墊步之習練所設。墊步者，二步即到之步也。

三曰過步。過步者，常用進身步也。譜曰「遇身大力勇者」用之，實又不唯「遇身大力勇者」用之也。其法謂：上前腳，跟進後腳，急過後腳，再上前腳。其要緊處為「步起在人前，步落過於人也。」「步起在人前」一目了然。「步落過於人」如何操作？腳以踩勁出，變化不離插套二字。前腳進敵，踩其中門，插襠步一定要超過敵之重心垂線，全身勁到，定拔敵根，如薅草然。若從邊進，則吾腳套敵踵，或以吾股襯敵之外胯，方為「步落過於人也」。心意門《十形合一・四把連環》中，左腳在前之左架（六合起勢），稱之為雞步踐竄，心意門內又稱快三步。右腳在前之右架（鷂子入林），則稱之為過步。左架右架二者同一過步也。心意門內素有「過步難行」之激勵。過步者，寸步與墊步相結合，三步進身之步也。然，陳照瑞老師傳我之過步法，有別於四把捶中之過步。其法謂：上前腳，跟進後腳，再上前腳，急過後腳。

1967年夏，楊祥麟老師來漢口，在朱保安老師家中小住，向後學晚輩演示心意門五肘及其絕技：剪手大劈，用的過步就是陳老師傳我之過步法。

朱保安老師云：「祥麟的過步大劈，是他叔楊殿卿所傳。他喜歡找大個頭比試。個頭越大越要打。」這一點，朱保安老師的孫子體會最深：「當時，只聽得楊老師說了

聲——站穩囉，一下，我就跌出去了，四仰八叉。」臨別，楊祥麟老師將親手抄寫之心意六合拳譜題贈朱保安老師，此譜現在余處珍藏。

四曰快步。心意門中今稱之為馬形步，就是聚步，也叫追風趕月步。遠距離，「丈八尺遠」，快速接近敵人用之。其法謂：「起前足，帶後足，平飛而去。並非跳躍而往，此為馬奔虎踐之意也。」該步法要緊處是兩腳擦地而行。余每練馬形聚步時，腦海中總會映幻出電視片《動物世界》中虎奔豹馳之畫面，你看那猛獸的前後四足，反覆相聚，反覆縱跨，風馳電掣。具體練法詳見本書《十大真形·十二勢·馬形聚步》。譜中警示：「非藝成者，不可輕用，謹記遠處不發足，乘勢近擊之。」望學者慎思之、體悟之。

五曰剪步。剪步者，專為「倘遇人多，或持器械者」所設。姬祖云：「十人圍住一人難，一人存心要佔先。如若猜透這句話，萬般禍患皆消散。」（姬隆豐《演武思悟之道》）剪步者，又稱螺旋步，亦有稱「濺步者」。梁以全、馬青海氏撰文稱「箭步」。（《武林·嵩山少林拳法要訣》1982.10）心意門中剪步分兩種。一曰緊身剪，二曰寬身剪。剪步練法，一改步走直線為走圓圈。緊身剪走小圓圈即為心意門中之雞形顛腿，寬身剪走大圓圈，即《十大真形》中之龍形裏橫也。

心意門中素有「三腿三步不傳人」之說，世人謂「三步」多以日本松田隆智之著作《中國武術史略》介紹之「雞形步」、「馬形步」和「螺旋步」。其實不然，據陳照瑞老師傳授，「三步」非三種步法，實為「過步」也。

「過步」者，如前所述，三步進身之步也。步法之妙，唯在「習之於純熟，用之於無心」也。若得心意拳之一趾半步之功，登堂入室有望矣。

心　要

說步法，擇人傳。拔敵根，過步穿。近敵身，快步連。

過敵眾，剪步現。不用功，亦徒然。

《十法摘要·手法足法》原文

六曰手法、足法。手法者，出手、領手、起手、截手而已。當胸直出者，謂之出手；勁梢發，起而未落者，謂之領手；勁梢發，有起有落，曲而非曲，直而非直者，謂之起手；順起順落，參藝領絕者，謂之截手。俱起前手如鷂子鑽林，須束身束翅而起。催後手如燕子取水，往上一翻，長身而落，此單手法也。兩手交互，並起並落。起如抽，落如鉤，此雙手之法也。總之，手起撩陰，肘落護心。起如虎之撲人，落如鷹之捉物也。

足法者，「起落鑽翻，宜踩忌踢」。蓋足起望膝，膝起望懷。腳打膝分而出。其形上鑽，如手之撩陰。至於落則如以石碾物，如手之落，鷹捉物也。宜踩者，釘彼足也。忌踢者，腳踢渾身皆空也。此乃足之法。是知手足法相同。而足之為用，必如虎之行無聲，龍之飛莫測，然後可也。

淺說　「出、領、起、截」四字，實為心意拳手法之

精彩提煉。當胸直出，由後向前，對準敵之重心垂直中線，或頭，或拳，或掌，或單手，或雙手，向敵猛然攻擊。進而「上打頭，下打襠」。稱之為「出手」。出者去也，「去勢如虎撲。」（姬隆豐《四拳勢論》）

敵力已觸我身，我有觸即應。隨敵力之方向而引進，仰之彌高，俯之彌深，由前往後，稱之為「領手」。領者回也，「把把似鷹捉。」（姬隆豐《四拳勢論》）

陳照瑞老師云：「武術之道，一去一回盡矣。一去一回即為一合。去是打，回也是打。或欲『出手』，必先『領手』。或欲『領手』，必先『出手』。你善合，你就能贏。」

起手就是搭手。搭手意在粘問，問敵力之方向，問敵力之大小。敵力未觸我身，我主動進攻，設套誘敵，拳起一片。明勁粘著，粘著即領（手），領（手）著即炸（出手）。故譜曰：「有起有落」。起手搭粘時，手與臂不宜過度伸直或完全屈曲，唯「曲而非曲，直而非直」，「三彎套」才能完成粘問之重任。當年，陳老師就有「手不走圓，技藝不全」之告誡。起手為設套進敵之手法，屬巧取。起手中含領手，手一領即出手。

截手，斷手之別名。謂敵手擊我，斷之。斷手成功之前提是「順起順落」並「參藝領絕」，即順敵力之方向，引而斷之，絕非不問敵力之來去方向而盲目硬斷。截手為防禦連擊之手法，屬豪奪。截手中寓領手，手一領即出手。

起手、截手，一為主動進攻，一為防禦連擊。在實戰中，起中有截，截中有起。

「出、領、起、截」雖言四手，然，起手中必藏領手，領手後即化出手，或截手就是領手，領手即為出手。善學者，順敵之力，四手融為一手。遲悟者，涇渭分明，一手管一手。《十大真形・十二勢》每招每式皆由起手、截手、領手、出手組成。後學當用心體悟，熟能生巧、巧能變慧、慧能通靈。

《十大真形・十二勢》中之鷂形和燕形，可謂單手手法之經典。但必「須束勢束翅而起」和「長身而落」。當你揮拳赴敵，腋胸必空。敵乘虛而入，「肘落護心」亦必然之理。《拳譜》言出法隨，手法必須與身法合拍，萬不可只顧手法而不及身法者也。

雙手之法，有拳譜載為：「兩手交互，拜起拜落，起如舉鼎，落如分磚」，與我譜有別，然言義相近，不加析說。後學者當參閱《十大真形・十二勢・鷹形展翅》體認。

不論單手法或是雙手法，在手搏實戰中皆是連環進擊法。陳照瑞老師云：「左手截右手，迎敵轉身走。左手領左手，順敵貼身求。出手起雙手，插中進身有。」純屬經驗之談，意寓「腦後棍」、「胸前棍」、「肩頭棍」之手法也。

足法中，「起落鑽翻，宜踩忌踢」八字明白。然而，在某些拳書中，緣於傳抄之誤，「起落鑽翻」變作「起翻落鑽」。並依此錯傳再作錯誤之詮釋，實令後學一頭霧水。今正之。陳照瑞老師云：「腳尖向上，以腳掌擊敵之脛，即是腳起而鑽。心意門中又稱刮地風腿。擊敵脛後速變，腳尖歪倒，或以腳之外側碾踩敵趾，或以腳之內側踩

踩敵之膝股，即為腳落而翻。若腳起不鑽，腳落不翻，則踩藝不顯也。」又云：「不鑽不翻，一寸為先。」何為「不鑽不翻，一寸為先」？若不擊敵脛，不踩敵膝，則為外套敵踵，或內插敵襠矣。一寸為先者，謂腳尖內扣一寸也，有回轉之意隱匿也。拳諺云：「腳踢丟了半個家。」故譜曰：「忌踢者，腳踢渾身皆空也。」心意拳為貼身近戰武藝，至於蹬腹、踹胯之腳法，皆為後賢融入自己之經驗也，非心意六合原傳之家法。據陳照瑞老師云：「原傳腿法皆為望膝之低腿法也。」

記得兒時初學《十大真形・十二勢》，余喜用腳跟擊地，咚咚然，以為此是力足勁練之舉。陳老師隨之戒曰：「拳譜云『虎之行無聲，龍之飛莫測』，汝，腳跟磕地轟然作響，離譜遠矣。況，腳跟擊地，久練易傷跟腱，令踵痛不能行也。」

心　要

出手虎，領手鷹。起手問，截手斷。
單雙手，任連環。
足起落；說鑽翻。傳抄誤，錯翻鑽。
踩足膝，忌踢彈。

《十法摘要・上法進法》原文

七曰上法、進法。上法者以手為妙，進法者以步為奇。總以身法為要。其起手，如丹鳳朝陽，兩手前後互應。其進步，如前足搶上搶下，後足進步踩打是也。務必三節明、四梢齊、五行閉、身法活、手足連。然後視其遠

近，遂其老嫩，一動即至是也。然其方亦有六焉：「工、順、勇、疾、恨、眞。」工者，巧妙也；順者，自然也；勇者，果決也；疾者，緊快也；恨者，動不容情也；眞者，發必中的也。心一動而內勁出，先見之明，彼難變化也。六法俱要明，上法、進法者得矣。

　　淺說　姬祖當年，面對異族之侵殺，兵匪之擄掠，「脫槍為拳」，決非有閑階級化武為舞，消遣時日，而是為了「顧其身家性命」。大凡武術，不論何門何派，只要是搏擊術，不是武舞，學練伊始，關心的都是同一問題：面對兇惡猛撲上來之敵人，如何迅速制服他。也就是所謂：進身、破勢、施技之問題。

　　上法、進法，即是闡述進身之法。

　　說到進身，首先要弄清楚，敵我對峙時之距離。敵我不上步，用拳或腿均無法擊中對方之距離，通常人們稱之為遠距離，遠距離也稱之為安全距離。

　　敵我雙方只要稍作前進或身體向前一傾即能擊中對方之距離，稱之為中距離，大約一臂或一腿長之距離，人們通常稱之為相對安全距離，也是搏擊中較常用之距離。

　　敵我雙方能用肘、膝、跌、靠等方法擊倒對方之距離，通稱近距離，也就是人們常稱謂危險距離。危險距離之所以危險，就是法不純熟，易被敵乘。但心意門拳法追求之距離，都是近距離。陳照瑞老師嘗云：「要想打得美，只有嘴對嘴。」講的就是近距離。

　　已知其遠近。再說「上法者以手為妙，進法者以步為奇，總以身法為要。」根據心意門之古規家法，陳照瑞老

師對此曾作過精闢之詮釋。陳老師云：「莽漢以拳換拳，練家搶步占位。」又云：「手是二扇門，全靠腳打人。」應敵之時，兩手如門，蔽住自己之五行。不做「你打我一拳，我還你一掌」之笨作。而以丹鳳朝陽搗擊敵之雙眼，克敵之外五行，上驚下取，或上步占左進右，或占右進左，或足插中門，欺身奪位。粘則束、束則鑽、鑽則長，「束長二字一命亡。」陳老師曾多次講：「上法，以手為妙——把把鷹捉，你要乘勢領、截對方。進法，以步為奇——步步雞行，你要搶佔有利地位，迅速跟進，或插襠，或套踵。總以身法為要——勢勢虎撲，你要上下相隨，得機得勢，整體推進，動轉如樞。能做到此，也正是拳譜所云：『（務必）三節明，四梢齊，五行閉，身法活，手足連矣。』」

拳譜中尚有「遂其老嫩」一說。所謂「老」，即對手出招，招招到位，且拳勢力度也皆老辣狠毒。所謂「嫩」，即對手不諳攻防，手搏之經驗不足，未能恰到好處，不是部位不準，就是勁道不足。陳照瑞老師一言蔽之：「顧在梢節者嫩，顧在根節者老。顧在中節者，能自然得姬老師之真傳也。」

細品「遂其老嫩」四字，以「遂」字最為當緊。「遂」字作「順」字講。在「遂」敵之心，順敵之力的前提下，「起手、截手、領手、出手」，方會有「有觸即應，其機自靈，其動自捷」之可能。故，馬國興先生疾呼：「拳有萬法皆是假，唯有順隨一法真。」（《古拳論闡釋・易筋經・貫氣訣》）

不論對手「老嫩」，心意門「三打三不打」之戰術原

則不變；打人如親嘴，打人如走路，打人如薅草。不粘不打，不踐不打，不躦不打。

若敵手老辣，則設套巧取，從邊進外上。若敵手嫩軟，則乘勢豪奪，中門進裏上，以期「一動即至」，「動之不見形，一動即靈」之打擊效果。

當年嘗聽吾師陳照瑞先生講往事：民國十九年（1930年）即開封打擂前一年某日，陳老師陪尚學禮老師周口鎮上趕集。集市上，熙熙攘攘，人頭攢動。突然，聽到有人吶喊：「馬驚了，快閃開！」集市上一派慌亂，慌亂中人流閃開一條道，只見一匹黑色驚馬拉著一輛架子車狂奔迎面而來。說時遲，那時快。尚老師一把將吾師推開，他自己卻迎驚馬而上，一記丹鳳朝陽擊中馬首，轟然一聲，馬倒車翻，避免了一場馬踏車軋，傷及無辜的事故。尚學禮老師直面狂奔而來之驚馬，藝高人膽大，「一動即至」，「一動即靈」。拳譜中所載六法：「工、順、勇、疾、恨、真」，盡在不言中。

尚學禮老師自幼從袁鳳儀祖師學少林孝子拳。長於硬功，精於技擊，並協理鏢業；後隨師在岔河口巧遇買壯圖，同入心意門，《十大真形·十二勢》招招嫻熟、勢勢靈通。此即是「工」。「工」者，長於、善於，此乃長期修養、訓練之結果，故有「巧妙」一說。

尚學禮老師迎驚馬而上，占左進右，順驚馬奔來之方向，橫出一記「丹鳳朝陽」。驚馬躲避不及，被打翻在地。若魯莽滅烈，不明進退，捨邊取中，人畜力量懸殊，只能是以卵擊石，螳臂擋車。「順者，自然也」可謂緊要。退一步講，倘若未能得機得勢，右足只撤半步，即把

衝撞上來之驚馬讓得乾乾淨淨。正因為技精、能順，面對奔馳而來之驚馬，尚老師當機立斷（勇者，果決也），不容遲疑，該出手時就出手（疾者，緊快也），一記丹鳳朝陽擊中馬首。擊馬首，實朝馬目而去。正所謂「天地交合，雲蔽日月。武藝相爭，蔽住五行。」馬雖驚馬，但護目之本能未泯。若當時，尚老師有「打瞎了馬眼，馬主人不依咋辦？」一念閃過，上步必不果決，出手必不緊快，則馬踏車軋，傷及無辜之慘劇必將釀成。正如陳照瑞老師多次云：「舉手不留情，留情不舉手。你要打留藝不真。」「恨者，動不容情」之謂也。

尚學禮老師朝驚馬之目、驚馬之面、驚馬之首橫出一臂，延及一掌，力達五指，順勢一擊，打擊半徑之大，威力之猛，令驚馬躲閃不及，況又駕轅拉車，負重在身，只能躍起，歪倒，翻跌。「發必中的」。若不痛不癢，撩貓逗狗，亦不可為「真」。姬隆豐師祖誡曰：「拳打百餘，行幼女之事，丟虎狼之威。」（姬祖《四拳勢論》）唯發必中的，一招制敵，方入「真」之境界，可謂「真」也。正所謂，進身得法，破勢、施技就在其中。然，無深厚之內勁，也屬空花遊戲。

心意拳之修為，追求之第一境界就體現在「心一動而內勁出」。恰如陳照瑞老師嘗云：「遇敵進身、出招，好譬滾油鍋滴水——沾著即炸。」身有此靈動，上法、進法，何須多言。

心 要

上以手，進以步，要中的，身為樞。

視遠近，遂老嫩，沾即炸，六法出。

《十法摘要‧顧法、開法、截法、追法》原文

八曰顧法、開法、截法、追法。顧法者，有單顧、雙顧、顧上、顧下、顧前、顧後、顧左、顧右也。單顧用截捶，雙顧用橫捶，顧上用沖天炮，顧下用掃地炮，顧前後則用前後梢，顧左右則用裏邊炮，此亦遂機而動，非若他人之勾連搠架也。開法者，有左開，有右開，有勁開，有柔開。左開如裏裏，右開如外裏，勁開如前六勢之硬勁，柔開如後六勢之軟勁也。截法者如截手、截足、截言、截面、截心而已。截手者，彼先動，我手截之。截足者，彼未上而我先截之。截言者，彼言露其意而我即截之。截面者，彼面露其色，而我即截之。截心者，彼眉喜眼笑，言甘貌恭，而我防其有心，迎機以截之。追法者，與上法進法一氣貫注，即所謂遂身緊趨，追風趕月不放鬆，彼欲走而不能，又何患其有邪術乎。

淺說　姬隆豐師祖在《四拳勢論》中言：「拳打遍身是法，腳踢渾身是空，見空不打，見空不上，先打顧法後打空。」又言：「顧法渾身皆法，欲打哪裏是本心，隨機應變察真情。」

顧、開、截、追四法，是繼上節經文進身法後，對「破勢、施技」之闡述，吾輩不可不細心體悟。記得當年，陳照瑞老師說四把捶，對顧法曾作過這樣之剖析：「顧法，一般作防守法。拳術中有先顧而後打，也有邊顧邊打，還有顧打合一，顧即是打。《十形合一‧四把捶》

就是顧打不分、顧中寓打、打中有顧之拳法。

四把捶如此，《十大真形‧十二勢》同樣如此。顧法，敵進我應，守中用中之法。

「單顧用截捶」，截捶即四把捶中之龍形沉劈，單手剋敵術也。設敵身大力勇兇猛撲來。我起左手粘接，同時右足向右斜出半步、順敵來勢，以右捶劈砸敵之肘臂，「參藝領絕」，隨即右捶挑擊敵之喉頸，或變掌抹敵之眉額。

「雙顧用橫捶」雙手制敵法也。設敵右手抓我左肩，並以左拳擊打我頭面。我速以右手按抓敵右手，搖翻左臂，以左肘擒壓敵之右腕，乘勢束身，我之左臂繼而挑敵之左臂，右掌變拳，同時上左步，橫捶擊敵胃脘。

「顧上用沖天炮」，沖天炮即《十大真形‧鷹形展翅》之別稱。敵不論左手、右手擊我面目，我速進左足，跟進右足，雙拳由下而上，沿己之中線鑽出。即可橫截敵之來拳，護我面目，又可沖打敵之下頦及面門。

「顧下用掃地炮」，掃地炮即《十大真形‧猴形登撲》，心意門中三腿之一掃邊風是也。設敵走邊進套我踵，我上以兩手撕拽，或裹截敵手，下以足跟掛掃敵踵，使敵仆。

「顧前後，則用前後梢。」腹背受敵，《十大真形‧龍形裹橫》適用之。前後梢又稱雞抖翎，即龍形裹橫第一動。設敵前後向我夾擊，我縮身側進，出二臂，以二掌指梢彈抖，撩擊前後敵襠。

「顧左右則用裹邊炮。」《十法摘要‧身法》云：「側身顧左右。」裹邊炮者，《十大真形‧熊形單把》之

謂也。設敵以右拳照我頭面擊打，我側身進左足，右足跟進，雙手粘接敵拳臂，順勢領絕。敵欲抽回，我則乘勢，再進左足，右掌護左腕，左掌推擊敵頭面或肩胸。所以稱「炮」，沾著即炸之意也。緊要處是「遂機而動」。「習之於純熟，用之於無心，方盡其妙。」與其他拳種「勾連棚架」之顧法，確有不同。其不同處，舉其要者有三：一粘、二踐、三躦也。粘則踐，踐則躦，躦則炸矣，所謂進身、破勢、施技融貫其中也。

　　開法，我進敵應，打開敵門之法。仍用熊形單把淺說左開、右開之變化。敵我對峙，我以左手搧擊敵面，設套誘敵。敵若以左臂粘架，我有二法開其門戶：

　　（1）我速以左掌抓鎖敵左腕，上右足套敵踵，出右掌推按敵左肘、撅臂。這種將敵左臂由外側向內翻擰，稱之為裹裹，又曰左開。

　　（2）我速以右臂從敵之左臂內側近肘關節處挑之，令敵胸襟大開，再進左足插襠，用左單把將敵擊出。這種從敵左臂內側向外挑開，稱之為外裹，又曰右開。

　　若敵以右臂迎架我之搧目左手，我亦用二法開其門戶：

　　（1）我速以左掌抓鎖敵右腕，上右足，出右掌挎籃，搋敵右肘，繼而乘敵屈肘，順拉敵肘撕翅。這種由內而外之用力稱之為外裹，也云右開。

　　（2）我速以右臂從敵之右臂外側近肘關節處挑起，並參藝領絕；同時，進左足套敵踵，以左單把擊敵脅、肩，這種從敵右臂外側挑開，稱之為裹裹，又曰左開。

　　勁開如前六勢：虎形雙把、猴形登撲、馬形聚步、蛇形撥草、猴形蹲丹田、熊形單把。

柔開如後六勢：鷹形展翅、雞形顛腿、燕形取水、龍形裹橫、雞形搖扇把、鷂形入林。

硬勁非蠻勁，柔勁多巧勁。具體開法，請參閱本書《十大真形‧十二勢》之有關技擊章節，此處不贅。

截法者，割斷、阻攔之法。尚有截手、截足、截言、截面、截心之分。截手即斷手。敵先動，我以手斷之，用以打開門戶，直搗黃龍。截足者，心意門中常以刮地風腿擊敵脛骨，或踩蹠、踩膝以截敵足。意在亂其陣角，下驚上取。故拳譜曰：「彼未上而我先截之。」

截言有二法。或當仁不讓，義正詞嚴，曉之以理；或化干戈為玉帛，傾肺腑言，動之以情。

截面，當年余曾請教陳照瑞老師：「彼面露其色，而我即截之。」如何截？陳老師笑曰：「你沒聽人說『口裏喊哥哥，手中摸傢伙』嗎？」

截心、截手、截足、截言、截面尚有跡可尋，唯截心甚難。「人心唯危」，（《尚書‧大禹謨》）不可揣測。陳照瑞老師云：「截心一法，重在威懾。」尚學禮老師開封打擂獲勝後，一時間名傳遐邇，待左臂腕傷癒後，尚學禮老師曾赴漢口小住，兼之調理因擂中發力過猛努傷膀胱之疾。適逢漢口一碼頭挑夫為生意之爭，劍拔弩張，大有一觸即發之勢。遂有人請尚老師出面調停。尚老師在一條四腿長凳上剛一落座，就聽到有操黃陂口音者揚言：「要用拳頭掙飯吃」云云。只見尚老師雙手持兩頭凳腦，一個蹲丹田，「哼嚓」一聲，硬將那條長凳劈中坐斷。眾人在驚愕之餘，尚老師出語鏗鏘：「天下飯，眾人吃。今天，誰敢言打，如同此凳！」接著又語重心長：「屋裏老少，

等你們買米，你們要有個三長兩短，誰去養活他們？」尚老師以精湛之武功，及時制止了一場械鬥。每當陳照瑞老師回憶這段往事時，就會說：「什麼叫截言、截面、截心，這就是！」

追法：關鍵在足，步上不去，何處言追。姬祖曰：「腳踩最忌往遠探、閃落二邊，提防左右，欲閃者還堪相迎，強退者當往後退，連環緊逼。」（姬隆豐《四拳勢論》）此即追法也。陳照瑞老師云：「馬有奔騰功，疾蹄任馳騁，追風步法妙，趕月不放鬆。」（《心意門·十大真形功用歌》）《十大真形·馬形聚步》即追法。亦稱快步、「連環緊逼」，「謹記遠處不發足，乘勢近擊之」也。追法如此，心意門技擊法何嘗不是如此。陳照瑞老師講招數，謂心意六合拳，拳拳三石一鳥。一招未了，二招隨上；二招未果，三招迭出。又一個「連環緊逼」。何謂「三石一鳥」？三石者，頭、肘、膝也。膝頂襠、肘窩心，頭打英雄砸面門。三塊石頭擊一鳥，招招緊逼，步步緊逼，「若騰兔縱橫往來，追形隨影，目不及瞬。」（姬隆豐《四拳勢論》）追法者，速戰速決法也。

心　要

顧八法，遂機動。左右開，剛柔懷。
意佔先，截中埋。三石追，染塵埃。

《十法摘要·三性調養法》原文

九曰三性調養法。何為三性，蓋眼為見性，耳為靈性，心為勇性。眼不時常循環，耳不時常接應，心不時常

驚省，則精靈之意在我，不致為人謀。其法如脊背後物，一動一靜必入於耳，眼觀之而心動矣。故曰：三性者，藝中之妙用也。

淺說 眼為視覺，眼明觀六路，前賢將眼的觀察謂之見性。姬祖云：「與人相戰，須明三前：眼前，腳前，手前。」（姬隆豐《四拳勢論》）陳照瑞老師釋云：「敵我對峙，不管他眼神恍惚，內心怯弱；不管他目露凶光，怒火中燒；更不管他左顧右盼，稟性奸詐。所謂：眼乃心之苗。明眼前者，謂敵看哪兒欲打哪兒之人心常態。須掛懷者是看左打右，視上擊下之人心變異也。一旦力著我身，則曰用心殺敵。所謂用心者，有觸即應，遂高打高，遂低打低也。明腳前、明手前者，見敵左架、右架也。左架者左腳在前，右架者右腳在前，小心提防者後腳後手，進步踩打是也。」心意門中明言：「鷹兒看地不觀地，熊兒看天不觀天。」鷹兒不觀地，觀什麼？除獵物外，防其地有陷也。熊兒不觀天，觀什麼？除獵物外，防其空中有墜也。

耳為聽覺，耳聰聽八方，前賢將耳的感受謂之靈性。若逢月黑風高，或遇沙彌霧漫，須知：敵步紛雜，防其勢眾；敵息可聞，近在咫尺；敵步輕輕，防其偷襲；敵步急促，防其遁逃也。

心為血液循環之動力器。由於它不停地搏動，才維繫著生命的旺盛。古人界於醫學、科學與時代局限，誤將腦之思維功能安植在心上，方有「眉頭一皺，計上心來」之俚語。孟子不也說：「心之官則思，不思則不得也。」

（《孟子‧告子上》）或有感於「狹路相逢勇者勝」，又將膽量豪氣和不屈不撓，認為是心之思所得。《淮南子‧主術訓》云：「心之於九竅四肢也，不能一事焉，然而動靜聽視，皆以為主者，不忘於欲利也。」旅美中醫師姜永平撰文《心主感覺》發表在《中華中醫藥雜誌》（2006‧第 21 卷‧增刊）上，可見「眼之見性」、「耳之靈性」又直接參與「心之勇性」矣。

　　拳譜中「眼不時常循環，耳不時常接應，心不時常驚省」無非是告誡學子，生逢亂世，時刻提高警惕，不致枉遭仇家暗算。拳譜中所述三性調養法為「如脊背後物，一動一靜必入於耳，眼觀之而心動矣。」此乃人之本能，然，調養二字，意在平素養成「防人之心不可無」之習慣，增強防範意識，未雨綢繆之意也。陳照瑞老師曾對余曰：「人有好歹，藝有高低；文不亂講，武不妄動，方稱妙手。要學心意拳，不可欺善怕惡，自輕自賤，被人恥笑。人講公道，自有生理。倘遇欺心，背後下手，更須防備。心中常存警、驚、穩、移四字，不怕人心不古，全仗六藝在身也。」然，尚有「三懼、三不懼」一說。

　　何為三懼？（1）服從尊長者可懼。（2）年高有德者可懼。（3）耍笑頑童者可懼。

　　何為三不懼？（1）稍長於我者不懼。（2）有力勇者不懼。（3）藝多者不懼。

　　懼與不懼，眼觀之，耳聽之，心定之。寧可戰死，不可嚇死。至於平素攻防之戲，一招一式，先從受制受創中體驗，恐日後遇敵，免一經被打即驚慌無措，貽誤戰機，此乃調養心之勇性法也。至於耳之靈性，記的當年從陳老

師習心意六合拳，陳老師從不讓余脫掉上衣練，儘管武漢七月流火時也如此。著長衣長褲練拳，呼呼生風，亦為調養耳之靈性也。另尚有揉耳廓、敲天柱、鳴天鼓專為護耳之聽力所設也。陳老師當年為余調養眼之見性，除浴面、舒目、旋睛等法增強目力外，每每讓余早上迎著朝陽，傍晚對著落日，反覆操練心意十二勢，為的就是習慣於逆光，日後不受制於逆光也。余虛度五十八個春秋，然至今燈下讀書寫字尚不用眼鏡矯正視力耳。

心　要

三性說，懸棒喝。人心危，貴以和。鷹熊視，明見性。

步中聽，聰靈性。六藝身，出勇性。

《十法摘要·內勁法》原文

十曰內勁法。夫內勁者，寓於無形之中，接於有形之表，最難言也。然其理亦可參焉。蓋志，氣之帥也。氣，體之充也。心一動而氣隨之，氣一動而力赴之，此必然之理也。今之學藝者言，以為撞勁，非也；以為攻勁，非也；崩勁，亦非也。殆勁之精者，粘勁者是也。夫撞勁太直，難為起落。攻勁太死，難為變化。崩勁太促，難為斬接。皆勁強而不靈。惟粘勁，出沒甚捷，能使日月無光而不見其形。手到勁發，天地交合而不費其力。總之運於三性之中，發於交戰之傾，如大風過百草俱偃，如虎之伸爪物不能逃，如龍之用力而山不能阻也。如是以上十法之合而為一。武藝不幾成乎？蓋吾會通其理，擇其要而釋之，

以為後世之習者訓。

　　淺說　內勁一法，實本手傳心授，方能醍醐灌頂之事。書於文字，確是勉為其難。

　　所謂「志」，就是意向。故拳譜中方有「心一動而氣隨之，氣一動而力赴之。」力赴之是向上，向前？還是向下，向後？力是有方向的，決不能無的放矢。所以說：「志，氣之帥也。」

　　《十法摘要》原本是為「訓吾子弟」而作。援引「今之學藝者言，」就其對心意六合拳內勁之種種誤解，剖析之。有的學藝者認為心意拳之內勁是「撞勁」。「撞勁」是什麼勁？猛衝、碰擊之勁，如頭撞，肩撞。其方向或由上而斜下，或由後下向斜上。譜中自問自否「非也」。因為「撞勁太直，難為起落。」有的學藝者認為心意六合拳之內勁是「攻勁」。「攻勁」是什麼勁？攻者擊也，由後向前之勁。但「攻勁太死，難為變化」，因此也不是。還有的學藝者認為心意六合拳之內勁是「崩勁」。「崩勁」力大，正如宋· 蘇東坡《念奴嬌·赤壁懷古》云：「亂石崩雲，驚濤裂岸，捲起千堆雪。」「崩勁」其方向是由下而斜上。但緣於「崩勁太促，難為斬接。」包括「撞勁、攻勁」，都是威力強大而欠靈通之勁，所以都不是。唯有「粘勁」才是心意六合拳之真正內勁。「粘勁」因敵變化顯神奇。「粘勁」能統領「撞勁」、「攻勁」與「崩勁」。敵我雙方一搭手，我粘問敵勁之大小，來去之方向。守「順遂」之不二法門。欲擒故縱，聲東擊西，粘著即炸，炸中有撞，炸中有攻，炸中有崩。這才是心意六合

拳之內勁。只有「粘勁」，才能「出沒甚捷」，才能「手到勁發」，才能「不費其力」，才能「物不能逃」，才能「山不能阻也」。心意拳大師買壯圖，將這種勁稱為「靈勁」，並做詩云：「練拳容易得藝難，靈勁上身天地翻，六合相聚人難躲，打人好比弓斷弦。」

「靈勁」決非「千山鳥飛絕，萬徑人蹤滅」（唐・柳宗元《江雪》）之無跡可尋。靈勁上身大體要經過去拙力而換決勁，練決勁而修化勁，積化勁而生靈勁三個階段。第一階段決勁之標準，據陳老師云：「決勁要整。」第二階段化勁之標準，陳老師云：「化勁要轉。」第三階段靈勁之標準，陳老師云：「靈勁要借。」借者，借敵之力，占位借勢，以其人之道，還治其人之身也。

「決勁」為方向斜出勁，參藝領絕，如斧刃之斜面然。心意拳招招式式皆為去拙力而換決勁設計。陳照瑞老師云：「千遍為化，萬遍為靈。」這就是說，心意拳一招一式，每次練功，少則數十遍，多則數百遍、上千遍，先少後多，視各人之體力而定，逐漸增加。日久天長，身法自然。決勁上身後，再進行心意六合大排撞之練習，體認使用決勁之感覺。假以時日，熟能生巧，巧中育化，化極生慧，慧即通靈。也就是積化勁而成靈勁也。

但靈勁上身也確非易事，正如姬隆豐師祖在《論演武思悟之道》中云：「明天地之理，則知吾術之心意。不知吾術之心意，還須往四梢尋。」又云：「若無此心，妄行別意，見其何？切自思不到，道我無理。」三云：「能見一身，莫見於心。賢者可也，不肖者不能。」所以說，靈勁上身除傳承古法，勤苦有加，還與學者本人之先天稟賦

亦有關。類似現代運動員之選材，「不少學者認為，遺傳對發育、人體的外形、外界環境的適應能力、運動素質的發展速度和增長幅度等關係極大。」（《中國醫學百科全書·運動醫學》）

所以，姬隆豐師祖做詩云：「雪裏潑墨自然黑，蜜裏黃連終是苦，自己久悟理不通，每日迷來枉費功。」又詩云：「人比花開滿樹紅，後來結果幾個成？天生奇才多好用，惜乎奇才不多生。」其實只要後學方法得當，勤於體悟，加之後天認真補拙，靈勁上身是完全可以達到的。

融通體悟十法，雖藝無止境，但心意拳之技藝漸登堂而入室，遂臻佳境也。

余嘗想《十法摘要》，「十法」從何處摘要？縱觀生平所接觸過之各家拳法，始知「十法」確係從各家拳法中摘其要也。故，《十法摘要》不唯獨心意六合拳有之、少林拳有之，實為我中華武學共有之要也。

心　要

撞勁直，難起落。攻勁死，難變化。崩勁促，難斬接。

惟粘勁，能通靈。藝癡者，技必神。

第二節
《心意六合拳譜·踐躦法》淺說

踐躦法即練習法、臨陣法。是《十法摘要》之補充、細化。其提綱挈領，畫龍點睛，歷來為心意六合拳門內之

秘。素有三教、三不教之訓誡。

何為三教？（1）孝悌忠信者可教。（2）有情有義者可教。（3）靈通機變者可教。

何為三不教？（1）愚魯之人不可教。（2）淺情偷盜者不可教。（3）無恩無義者不可教。

姬祖詩云：六合自古無雙傳，多少奧妙在其間，若君妄傳無義人，招災惹禍保身難。（姬隆豐《論演武思悟之道》）故後學同志，貴得師傳，認真體悟，萬萬不可束之高閣。或仗一條勤舌，屯渾身懶肉，鐵嘴鋼牙，眼高手低，誤師誤己，豈不悲哉。

陳照瑞老師對《踐躦法》體認甚深，倍加推崇。曾有詩云：

踐躦十六法，際會龍虎鬥。

踩撲裹束決，靈化日中求。

粘截如推磨，插套暗行舟。

心存三尖照，放膽戲陰喉。

守洞塵技藝，功垂逍遙遊。

《踐躦法・一寸之法》原文

寸即步也，步要疾快，成其寸也。

淺說 陳照瑞老師云：「打拳容易行步難。」當與敵廝打時，要求「手足齊到方為真」。其中寓以「上步要快，讓步要活，落步要穩。」故有「行步難」和「先看一步走，再看一伸手」之說教。步快，步活，步穩。快、活、穩三字中，無穩字，快字、活字皆無意義。如何才能

做到步穩，當以「寸」字論也。

心意六合拳攻擊敵之主要步型為弓步。試以左弓步練法為例：兩腳併攏站立，左足向前邁出一步，左足尖內扣，左膝彎曲，左股近似水平於地面，右腿蹬直，右足跟不離地，右足尖外展 30°，直背收腹，頭項蹚直，目視前方。請注意，左足尖內扣，扣多少？扣己之一拇趾寬之距離足矣。一拇趾寬即為「一寸」。「不鑽不翻，一寸為先」此之謂也。只有前足內扣一寸，步才能穩。只有步穩，才能穩中求活，活中求快也。有的拳書謂：前足內扣 45°，差矣！內扣角度太大，步僵不論，極易造成膝外側韌帶伴外側半月板損傷。後足尖外展，有云 45°，亦有云 60°，皆非也。外展 30°為宜，外展角度過大，同樣，膝內側韌帶伴內側半月板極易受損傷也。

《踐躦法・二踐之法》原文

踐即腿也，腿要勇猛，成其踐也。

淺說 踐即踩，即踏也。馬奔虎踐之踩踏狀。腿不勇猛，如何踩？腿如何練，方能勇猛？陳照瑞老師云：「後手催前手，前膀領著走。右腿未起左腿遂，左腿未落右腿遂。雖然兩腿有前後，不勝兩腿並一腿。」此即《十法摘要・步法》所云：「起前足，帶後足，平飛而去。」腿要勇猛，快步跟進而已。如前所述，「拳快不如半步跟。」後足跟得上，前足邁得出，腿方能勇猛。

心意六合拳尚有三腿：刮地風、捲地風、掃地風。三風腿可謂勇猛，乃招數也。又當別論。

《踐躦法・三躦之法》原文

躦即身也，身要強壯，成其躦也。

淺說 從字面講，躦之本意為向上或向前衝。如何說「躦即身也」？殊不知，頭不向上躦則脊不正，脊不正則身不正。臨床醫學研究證明：人體疾病多源於脊椎。蓋因人之神經組織從脊柱之椎間孔穿出，支配人體器官。由於脊柱關節細微之損傷和錯動，會造成損傷局部軟組織之滲透而粘連。當這些滲透和粘連得不到及時地完全吸收，就會對局部分佈之神經造成壓迫和刺激。因而受壓迫之神經，其支配之區域就會出現疼痛和其他病變。

平素不論行拳走架，還是樁功養氣，頭一定要向上頂起。令頭正、脊正、身正。鍛鍊日久，夾脊之肌群就會增加彈性而強健，有強健之肌群保護脊柱，脊柱之各種姿勢性損傷就會減少。無傷痛而拳不離手，身體自然會日趨強壯。心意拳先賢們總結《踐躦十六法》時，對人體解剖知識遠不及現代醫學研究之精確，但在經年累月的練功中，漸次認識到，躦法確有強身之功效。故曰：「躦即身也，身要強壯，成其躦也。」陳照瑞老師曾有十二字釋義深遠：「若要安，髮衝冠。脊樑正，頭身躦。」

記得兒時初學武，在武漢青山公園，有玩伴謝某習長拳，每練沖拳，總有頭震頭暈之感，發力越猛，症狀越重。初以為功夫未深所致，後雖勤苦有加，卻愈演愈烈，有數月之久。偶爾和余閒談，問余有無此狀。余從未有此患，亦不知其所以然，遂請教於陳照瑞老師。陳老師云：

「頭身未躦使然。」旋告謝某，一經矯正，其頭震頭暈之苦，頃刻杳然也，可見古規家法不容小窺。

《踐躦法・四就之法》原文

就即束也。上下束而為一，成其就也。

淺說 姬祖云：「打遍天下，就如母雞。」（姬隆豐・《四拳勢論》）寶鼎前輩亦云：「就，縮身也，上下縮而如一。歌曰：就如蛋，去如箭，打倒人還看不見。」（《形意拳譜正編・十六練習法》）陳照瑞老師如是云：「吾人與敵交勇，手管上下，腰司左右，腳領前後，然一就字，即為束身緊湊，如抱一團，蓄力待發也。」誠然，就之真義，專從腰論。陳老師多次講：「打拳不活腰，終究藝不高。」腰為人身最大之關節，上連脊臂，下繫胯腿。沒有腰之擰轉，如何能撒肩，左躲右閃？沒有腰之伸屈，如何能吞吐，前俯後仰？「就」，實為心意門中節擊人術之核心也。

《踐躦法・五夾之法》原文

夾是夾剪之夾，成其夾也。

淺說 陳照瑞老師云：「兩股夾緊，臀部肉交。內提榖道，力貫四梢。」習武之秘，無非是行氣運功之訣。正如姬祖所言：「君子用意再思維，行到四梢要一精。」（姬隆豐《論演武思悟之道》）「精」在何時？無論行拳走架，還是英雄放對，「兩股夾緊」應由練自習慣而養成

自然。當力著敵身，起落決出之際，務必「臀部肉交，內提穀道。」穀道者，肛門也。「內提穀道者」，肛門括約肌收縮之謂也。只有肛門括約肌之收縮才能「丹田吃住勁兒」，才能「力貫四梢」，才能避免由於憋氣、努勁，腹內壓瞬間增高而傷及膀胱、陰囊或最終導致老年時之腹疝。即是平常勞作，扛抬重物用力時，也應收緊肛門括約肌，絕不能掉以輕心。

臨床中，余曾幾遇因扛抬重物努力過甚而傷及陰囊如碗大者，此即不明「夾」之法使然。縱然不習武功，又不事勞力，經常有節奏地「內提穀道」，尚能預防痔漏疾患，學子又不可不明。只有這樣才算真正掌握了「夾之法」。切切此律。

《踐躦法·六合之法》原文

合是內三合、外三合，是為六合。

淺說 內三合為心與意合，意與氣合，氣與力合。內三合為內練一口氣，長內勁。外三合為手與足合，肘與膝合，肩與胯合。外三合為外練六般藝，出絕活。心與意合稱為把意，把意者即十二勢之招法。意與氣合稱為氣意，乃氣之徑路也。氣與力合稱為力意，力由丹田發，決勁求整也。把意、氣意、力意為內三合之詮釋，緊要處是：三意不連，必定學淺。

足到手不到——犯張，手到足不到——犯夠。不張不夠為靈勁上身之基石。《心意門·臨陣八訣》云：「逢張必出，逢夠必領。」也含張拳設套，誘敵夠張也。遠交手

足，明勁粘問，為手與足合；近上肘膝，暗勁頂破，為肘與膝合；貼靠肩膀，化勁跌出，為肩與膀合。此言外三合之克敵功用也。

所謂：「三心不實，其勢不勁」者，言頂心、背心、足心之三心也。「三心要實」是為外三合行動之綱領。

心之謀、招之勁、變之速，三石一鳥為六合相聚之途徑也。然，心意門中還有六藝之說。何為六藝？姬祖在《四拳勢論》中開篇即云：「雞腿、龍身、熊膀、鷹爪、虎抱頭、雷聲。」並言：「以此作身法。」心意門中稱之為「六藝上身」，即是指能練成雞之腿——溜；龍之身（腰）——活；熊之膀——沉；鷹之爪——利；虎之頭——躦；雷之聲——炸。既形象又具體是內三合與外三合之珠聯璧合也。

陳老師云：「丟了虎抱頭，六合藝難求。」虎抱頭一說有人撰文疑為虎豹頭。順項提頂之謂也，與「髮衝冠」、「頭頂懸」無異。非心意門中虎抱頭之招式。淺說至此，不敢貿然說同。抱者守也，虎抱頭可釋為：時時守護和保持著頭頂之躦上矣。雖心存此念已久，不知言之確切否？然，長歎恩師作古，再不能耳提面命，為余解惑矣。

《踐躦法・七齊之法》原文

齊是疾，整而疾，內外如一，成其齊也。

淺說 齊是疾，疾是快，勁整而快，「內外如一」者，五勁連珠，疾出七拳向敵也。陳照瑞老師云：「七齊者，七拳也。七拳為心意之要拳：頭打英雄烏牛擺頭；肩

打一陰反一陽；肘打窩心肘，此肘一去在胸膛；兩手好似虎撲羊，似馬奔蹄；胯打中節並相連，外胯打的魚打挺，裏胯搶步變勢難；膝打幾處人不明，好似猛虎出木籠；足踩如踩毒物也。」

寶鼎前輩作歌云：用必七體，頭肩肘手，胯膝合腳，相助為友（《形意拳譜續篇·七曜》）。

尚有七疾說：眼要疾，手要疾，腳要疾，意要疾，出勢要疾，進取要疾，身法要疾也。七疾說，余用三字以蔽之：快打慢。

還有七順說：肩要催肘，而肘不逆肩；肘要催手，而手不逆肘；手要催指，而指不逆手；腰要催胯，而胯不逆腰；胯要催膝，而膝不逆胯；膝要催足，而足不逆膝；首要催身，而身不逆首。心氣穩定，陰陽相合，上下相連，內外如一，謂之七順。七順說，余再用三字以蔽之：起隨追。

姑存此七疾說、七順說。今依陳老師之七拳說。

1. 頭打英雄，師傳有四種用法：點、仰、擺、撞。

點：以我之前額點擊敵之面門或胸膛。

仰：敵從後方抱我之腰臂。我仰首，以頭之後腦勺碰擊敵之面門。

擺：以我之頭頸合力將敵別倒，屬跤法。

撞：以我之額頂頂撞敵之胸、腹。

2. 肩打一陰反一陽，師傳有兩種用法：陰撞、陽扛。

陰撞：以我之肩撞靠敵之胸、敵之腹、敵之襠。

陽扛：以我肩為支點，將敵扛起過肩摔出。

3. 肘打窩心肘，師傳用法有五。

曰起肘、曰落肘、曰盤肘、曰頂心肘、曰地炮肘。起肘為虎抱頭；落肘護胸肋，熊膀也；盤肘為龍擺尾；頂心肘即定心肘，為遮雲蔽月肘；地炮肘即袁鳳儀祖師打豹肘。五肘屬招法也。

4. 手打三節不見形，師傳有三法。

兩手好似虎撲羊，掌法；似馬奔蹄，拳法；由掌變拳，拿法也，鷹捉之屬。或問：姬祖在《四拳勢論》中明言禁止：「不可封閉，不可捉拿。」為何又言拿？陳照瑞老師云：「敵我交勇，捉拿對方不易，除非功力懸殊，故有好拿不如賴打之說。」但敵若抓我，則《心意門・臨陣八訣》中又有「逢抓必拿，逢帶必過」之心傳。這不是我先去拿敵，而是在敵抓我時，再拿。反擒拿，一拿一個準，較易成功。若敵力大，將我帶拽，我則用過步，從邊進轉入敵後，再以鯉魚摳鰓拿之。拿是由掌變拳過程中之一種克敵技法，尤在敵我纏抱中，於快速解脫，尤為重要。故吾輩不可不知，以免貽誤戰機，垂敗於人也。

5. 胯打中節並相連。

師傳胯打分裏打、外打、坐打三法。以我之裏胯或外胯襯敵之外胯，得機得勢，敵必人仰馬翻，稱為「外胯打得魚打挺」。若以我之胯插襠進步襯於敵之胯裏，敵則變勢已遲，唯有跌出一途，稱為「裏胯搶步變勢難」。尚有坐胯一法，以我之臀坐敵之胯，此為化險為夷法，故有「學會心意門，屁股會打人」之俗褒。

6. 膝打幾處人不明，人不明非我不明也。

師傳膝打有提膝、擺膝、跪膝三法。提膝，由下而直上，可擊敵之面、敵之胸、敵之腹、敵之襠。擺膝、由下

而斜向上，轉體 45°或 90°，可擊敵之踵、敵之踵、敵之膝、敵之股，破敵之彈腿，護己之中門。跪膝，敵若插我襠，腳已踏入我之中門，我急轉身，扣足尖，由上而斜下跪敵之膝，使敵仆。顧中兼打之法也。

7. 足踩，如踩毒物也。

踩似一法，實為五法。師傳：起腳為躦，擊敵臁。落腳為翻，跥踩敵膝。正踩敵蹠，側踩敵踝（內），轉身則蹉踩敵趾也。且恨不容情，如踩蛇蠍之毒物也。

歌曰：

頭打英雄占中央，渾身齊到無攔擋。

踩足中門奪地位，就是神仙也難防。

肩打一陰反一陽，兩手俱在洞中藏。

左右全憑蓋世法，束長二字一命亡。

肘打去意在胸膛，起落盤頂地炮詳。

窩心肘防被敵察，貼身曲使自掂量。

手打三節不見形，若見形影不為能。

沾實用力需展放，似馬奔蹄虎撲羊。

胯打中節並相連，陰陽相合得自然。

外胯打得魚打挺，裹胯搶步變勢難。

膝打幾處人不明，好似猛虎出木籠。

渾身動轉不停勢，左右明撥任意行。

腳打踩意不落空，消息全憑後腳蹬。

與人交勇無許差，去意好似捲地風。

《踐躦法·八正之法》原文

正是直也。看正卻有斜，看斜卻有正，成其正也。

淺說　八正之法，即身法之提綱挈領，反覆強調之辭。可見不容等閒視之。陳照瑞老師曾有詩云：「正為三尖照，直即牮柱勢。若問斜中要，妙在三心實。」三心一實，頭、脊、足即成一直線。作為心意拳克敵之主要步伐——弓箭步成矣。己正為平日鍛鍊之準繩，為體。待用時，腰司左右，腳領前後，雙手迎面而去，順引逆送。正所謂：進手進足須進身，己正好克他人斜也。

《踐躦法‧九徑之法》原文

徑是手摩內五行，心意相連，成其徑也。

淺說　徑是走小路，抄近道，捷徑而已，正如《老子‧第五十三章》云：「大道甚夷，而人好徑。」

「手摩內五行」守己中門之謂也。防敵深入我之腹地。克敵，「踩足中門奪地位。」守中、用中之法實為心意門之拳路，時時護我之中，招招逼殺敵之中。「學武藝依著此論，不怕泰山勢壓頂。」（姬隆豐《論演武思悟之道》）

陳照瑞老師稱之為「守中徑」。然，「守中徑」尚有五字之標準：縱、橫、方、圓、旋。陳老師對五字的解釋為：「縱觀前後，橫掃左右，心係方正，出招走圓，力在轉借，勁道鑽旋。」循此家法，體悟在身，方稱之為「心意相連」，方為捷足登上心意門之快車道也。

《踐躦法‧十脛之法》原文

脛是警起四梢，四梢併發，成其脛也。

淺說　脛，《運動解剖學》解釋為：「小腿主要的長骨，位於小腿內側。」從字義上講，脛為小腿，指從膝關節到踝關節一段，古稱骭骨，又名胻骨，俗云臁骨。《史記・龜策列傳》：「聖人剖其心，壯士斬其胻。」

英雄放對，敵我拼命，心意門中常以我之足擊敵之胻。繼而或踩敵足，或套敵踵，或插敵襠，下驚之，上取之，隨之進身，破勢、施技。也有擊胻一舉克之之例。余當年在農村插隊時，鄰人張某見餘月下練拳畢，總以足掌擊樹數百下。問余有何用？不怕費鞋？閒談中，無意告訴他，此乃心意門中下驚上取之法。欲中敵胻，還有秘訣，無須先窺敵之胻，順敵耳之垂線擊之即可，萬無一失。張某隨便問問，余亦隨便講講。偶爾，張某也效余之擊樹法仿之。一日，張某與人口角，雙方撕拽起來，張某情急之下，觀其耳，起足擊其胻，一舉致對方脛腓骨雙骨折。余聞訊，追悔不已。速為傷者正骨療傷。張某卻不意在當地獲「鐵腳」之雅號。並執意要拜師云云。余何敢教授：只一招弄斷人一條腿，再一招弄丟人一條命，該如何？殺敵之術，決不可輕施於人也。故曰：「警起四梢者，脛也。」四梢併發者，氣到力到，刮地風腿是其一也。

《踐躦法・十一起落之法》原文

起是去也，落是打。起如水之浪翻，落如水之浪絕，成其起落也。

淺說　心意門內云：「不知起落枉用力。」如何起？如何落？才是正確之用力？反之，如何用力才算是知曉起

落？這是練心意六合拳必須弄明白之問題。陳照瑞老師云：「起落如踐繩，蹬躦要摩脛。」「起落如踐繩」源淵於姬隆豐師祖「脫槍為拳」之「槍桀一條線」。何為踐繩？試觀懸崖垂吊一繩，我欲攀援而上如何踐之，一目了然，雙手握繩而上。即雙手不離我之中線，不離我之五行也。雙手如此足當何為？「蹬躦要摩脛」也。後足蹬，前足躦，兩足摩脛而行，摩脛者非脛相摩，低腿進則踝脛相摩，高腿出則股脛相摩也。摩脛之說，也是不離踐繩之要求。護襠之用，係「束」勁之為也。

《心意門・臨陣八訣》云：「逢起必進，逢落必決」。姬祖之原傳心法是「手起似虎撲，腳起不落空。遇敵防奈戰，放膽即成功。」（姬隆豐《四拳勢論》）陳照瑞老師之詮釋是：「手起粘問，拳花一片，去也，如水之浪翻，鋪天蓋地。腳落占位，杳然而至，打也，如水之浪絕，驚濤拍岸。」余之體會是：敵一起手，我即粘進。進步，進身到位後扭腰變臉，決勁析出，落點火爆。此即所謂粘、展、翻也。

《踐躦法・十二進退之法》原文

進是步低，退是步高。當進則進，當退則退，不識進退枉學藝，成其進退也。

淺說 再言進退，真可謂：「語已多，情未了。」（牛希濟《花間集・生查子》）然《心意門・臨陣八訣》云：「逢插必截，逢退必跟。」是從敵進敵退說起，心意拳有一個顯著之特點叫做「因敵變化顯神奇」。在手搏

中，當敵快速以低步直插我中門之襠內。我無需退，可速轉身以己之膝跪截敵膝使之仆。若敵未仆，則速進前足半步，進身手，出燕形，搬敵足，使敵翻，此為當進則進。若敵從邊進，套我踵，我轉身提足向後掛掃，使敵仆，此為當退則退。若敵退，則招招索命，步步緊追，「宜將剩勇追窮寇」。（毛澤東《七律・人民解放軍佔領南京》）力求趕盡殺絕，萬不能心存不忍，功虧一簣。正所謂武不善做也。當進則必進。然，進不去則以讓為進，迂迴之說也。

《踐躦法・十三陰陽之法》原文

看陰卻有陽，看陽卻有陰。天地陰陽交合，能以降雨。拳法陰陽交合，能以變化，成其一致，皆為陰陽相交一氣之理也。成其陰陽也。

淺說　陰陽學說，首見於《周易》，是中國古代哲學體系中重要的組成部分。與五行學說合稱陰陽五行。其盛行於春秋戰國時代，作為論理方法，滲透於各家學說中，中醫學與武學亦不例外。

陰陽對立與統一，以及陰陽互根為陰陽學說之重點。《素問・陰陽應象大論》云：「清陽為天，濁陰為地。地氣上為雲，天氣下為雨；雨出天氣。」故拳譜

中有「天地陰陽交合，能以降雨」一說。《素問・陰陽離合論》又云：「陰陽者，數之可十，推之可百，數之可千，推之可萬，萬之大，不可勝數，然其要一也。」心意六合拳雖列十大真形、十二勢，上應十大天干，下合十二地支。然，一步一形，一形一拳。每形左右均可相互對

接，演練起來，滔滔不絕，招式不可勝數，其變幻莫測，也正應了心如猿之靈活善變，意如馬之迅猛快捷。然，千變萬化，不離其宗。記得當年陳照瑞老師傳授余心意拳之變化時，每以雞形搖扇把為基礎勢開講，正可謂：萬法歸一。試以雞形搖扇把左勢為例簡言之：上左足即是熊形單把；提右膝即變猴形登撲；上右足則為鷂子入林；撤左足化作蛇形拔草；下蹲虎形雙把；轉身龍形裹橫……唯習之純熟用之無心，方為觸之即應，應之生變也，此即「陰陽相交一氣之理也」。

《踐躦法・十四五行之法》原文

內五行要發，外五行要隨，發而即隨，成其五行也。

淺說　五行之法，即踩、撲、裹、束、決五勁練習法，心意門十大真形、十形合一、六合大排撞及盤樹法，即為五勁訓練所設。然，陳照瑞老師對五勁練習，另有心傳。《心意門・五行五勁歌》曰：「踩勁躦翻出，撲勁渾身就，裹勁開合尋，束勁橫豎求。決勁起落中，融入四勁首。五行分內外，不可傳庸流。」

踩勁，萬不可以為用我之足壓在敵之足上面就有了。心意門之踩勁，應含躦擊勁和碾壓勁在內，故曰：「踩勁躦翻出。」踩勁之力點在五趾合湧泉間也。《心意門・六合大排撞》中盤樹法之單足站立，以另足掌躦擊樹身，日行數百遍上千遍，就十分上勁。

「撲勁渾身就」，猛撲上來，不叫撲勁，只會「犯搆」——手到足不到。《心意門・臨陣八訣》中有「逢搆

必領」，十分中的。心存膽怯，硬著頭皮上，更不是撲勁，只落得足到手不到——「犯張」。所以《心意門·臨陣八訣》中還有「逢張必出」一訣，言之確切。試觀貓之捕鼠，必先縮身蓄勢（就也），然後撲出，不張不夠，一撲即中敵也。《心意門·六合大排撞》中盤樹法之雙把推樹法和掌臂撞樹法即為訓練撲勁所設。

裹勁在臂，有包裹八面之說。如水之浪翻，鋪天蓋地，滅頂之災也。然欲尋裹勁之真諦，唯在二臂開合中求之。

束勁在腰，在胸橫肩豎轉化過程中束勁自然析出。《心意門·六合大排撞》中之鎖把，既有鷹之捉勁，而又彰腰之束勁也。

決勁產生於身法之起落中。柔起如抽絲，剛落如斷瓷。其勁「起無形，落無蹤。」（姬隆豐《四拳勢論》）恰如何紹基評智永禪師之《真草千字文》：「筆筆從空中落、空中住。」（何紹基《東洲草堂金石跋》）真異曲同工也。然「踩要決，撲要決，裹要決，束要決，一決無有不決」方稱妙手，故謂之「融入四勁首」。五行內對人之五臟，外應人之五官，五勁各有變化，然其要一也，「丹田吃住勁兒」乃五行合一，「內五行要發」之謂也。隨著五大感官之靈動，踩能到位，撲能上去，裹住其臂，束住己身，決則炸出，令人莫測，此即心意門中不傳六耳之「五星連珠法」，「發而即隨」一氣呵成者也。

《踐躦法·十五動靜之法》原文

靜為本體，動為作用。若言其靜，未露其機。若言其

動，未見其跡。動靜是將發未發之用，謂之動靜。成其動靜也。

淺說　心意門之靜功為積累功力，所謂「打拳不練功，到老一場空。」心意門之動功為增長速度，即是「手快打手慢，俗言不可輕。」正如陳照瑞老師云：「動靜不分，拳道之病，能動能靜，拳道之聖。」二者不可偏廢。

未露其機之靜，實「真人不露相，露相不真人」；未見其跡之動，即「打人不露形，露形不為能。」一言以蔽之：動可生萬象，《十大真形》也。靜能鑄鐵漢，《丹田子時功》也。然，動功靜功都要練之有度，以自己之體能為限。下苦功並非無度而超負荷挑戰極限。動靜之說，猶文武之道也。道教先哲王重陽夫子說得好：「凡有動作，不可過勞，過勞則損氣；不可不動，不動則氣血凝滯；須要動靜得其中。」（《重陽立教十五論》）

《踐躓法・十六虛實之法》原文

虛者精也，實者靈也。精靈為玄妙之至，成其虛實也。

淺說　儘管老子言：「虛其心，實其腹」（《道德經・第三章》）是在闡述他的哲學觀點和政治主張，但，同時作為養氣練功之原則，也一直受到後人之推崇。虛實之因，精靈之果。各家拳書論虛實，皆從招說，洋洋灑灑，然「紙上得來終覺淺，絕知此事要躬行」，（陸游《冬夜讀書示子聿》）終不及有師指點，放手一搏來的直接。放手一搏而不是點到為止。點到為止絕不能積累實戰經驗，卻

極易被奸人乖小所利用。

　　陳照瑞老師說虛實，專以氣論：「呼吸過臍，氣之原理。丹田著力，五行合一。」胸肺虛而臍腹實，實乃養氣、練氣之鎖鑰也。吸氣時，臍下腹自然鼓起，呼氣時，臍下腹自然收伏也。「玄妙之至」者，丹田氣聚千般用也。

　　《心意門・臨陣八訣》散見於前，今集而言之。「逢起必進，逢落必決。」「逢張必出，逢夠必領。」「逢抓必拿，逢帶必過。」「逢插必截，逢退必跟。」逢起、逢落、逢張、逢夠、逢抓、逢帶、逢插、逢退者虛也。必進、必決、必出、必領、必拿、必過、必截、必跟者實也。以拳勇論，拳者虛也，勇者實也。勇冠三軍者，豪氣乾雲也，拳行百餘，汗出而氣不喘者，「玄妙之至」之體現也。

心　要

　　踐躓法，家傳秘。知者眾，明者稀。
　　腳扣寸，腿併一。身躓上，就如雞。
　　夾穀道，合六藝。七拳疾，牮正意。
　　守中徑，脛警悉。起落決，進退機。
　　陰陽變，五行力。動靜說，虛實氣。

第 二 章

養生篇・丹田功

心意六合拳之丹田功係心意門內壯洗髓養生法，屬我中華傳統漢醫學之經絡養生範疇，專為任督二脈所設，歷來為心意門傳人所秘，不肯輕易示人。

當年陳照瑞老師對余傳此法，亦是關門閉戶授之。並屢囑：只能自練自強，不可信口傳人。有流傳甚廣之《心意門功法自珍歌》為證：

精養靈根氣養神，元陽不走得其眞。

丹田養就千日寶，萬兩黃金不予人。

第一節　養丹田

養丹田為養生樁功，係養氣功法，因宜於每日子時（23～1時）行功，故又稱《丹田子時功》。若子時未行功，則於寅時（3～5時）或卯時（5～7時）補之。不准在未時（13～15時）和亥時（21～23時）間行功。陳照瑞老師云：「此時間陽氣衰而陰氣盛也。」

養丹田由蹲丹田、拍丹田和清丹田三部功法組成，為內壯法。

一、功法圖說

1. 蹲丹田

　　每日子時，於室內或院中擇一靜謐、無人干擾處，兩足間距為練功者兩足長，兩足平行而立。兩膝微屈，膝尖不超越足尖。斂臀正脊。頭頂自然躦起，下頦略內收，兩目微閉而留一隙。兩掌心仰並斜向上伸出，兩小指、環指、中指依次相觸，拇指外展，虎口撐圓，食指向上向前引伸，肩鬆垂而肘彎墜，掌高齊眉。身之重心，置於兩足趾合湧泉間，兩踵微提而不任重，以鼻尖、兩膝尖，兩足尖同處一垂直平面，恪守「三尖要照」之尺戒（圖2-1、圖2-2）。

　　遵陳照瑞老師「呼吸過臍，氣之原理」，行心意門四梢行氣法。法見《十法摘要·四梢·淺說》，此處不贅。

圖2-1（正）　　　　　圖2-1（側）

唯呼吸間，意取背心（身柱穴）守之。身柱穴屬督脈，位於背部正中線上，當第二胸椎棘突下凹陷中處。初宜百呼，待使身適氣順後，由百呼漸數至三百呼。若身柱穴與膏肓（膏肓穴屬足太陽膀胱經，位於背部第四胸椎棘突下凹陷左右向外各三寸處）之區域出現熱象，即有烘熱感後，為第一步功成。方可進入第二步功法之練習。

第二步功法，依遵心意門四梢行氣法。唯呼吸間意由背心（身柱穴及兩膏穴）下移至兩腎俞穴守之（腎俞穴又稱蟾宮穴，屬足太陽膀胱經，位於背部第二腰椎棘突下凹陷左右向外各一寸五分處）。每日行功三百呼，若腎俞穴處出現動象，即有頻頻跳動感後，為第二步功成，即可進入第三步功法修煉。

第三步功法，仍作心意門四梢行氣法。唯呼吸間，意由腎俞穴下移至會陰穴守之。會陰穴又名海底穴，屬任脈，當肛門與陰囊根部（女子為陰唇後連合）間之中點處。吸氣，意與氣合而齊聚會陰，丹田圓實。呼氣則意與氣合由會陰出，經二股過湧泉而入地三尺然，丹田收伏。日日行功，每數息三百呼，有力者亦可增之。其中意氣合之心要，須臾不離陳照瑞老師云「食飽鬆腰」四字。然，陳老師還有《丹田子時功法訣》授余，訣曰：

氣舍綿綿，魚貫膻中。山根風緊，膏肓火升。

蟾宮波起，海底融融。守子若玉，周天恢弘。

人身之營氣以呼吸為動力，沿任脈升督脈降，週而復始。氣為血帥，血亦隨氣循任督之穴道，依時流注不息。任督脈者，統人身之陰陽而皆始於會陰。呼氣隨任脈升而升（退進），為補。吸氣隨督脈升而降，為瀉。此乃與元

· 朱丹溪「為陽有餘而陰不足，故曰外實內虛」（《丹溪手鏡·評脈一》）之滋陰學理同根，以求人身「陰平陽秘，精神乃治。」（《素問·生氣通天論》）

意想「氣自丹田生」，綿綿經氣舍（肚臍），魚貫過膻中，從口中呼出。氣從鼻進，順任自然，絕非意念專注氣從鼻進。若意念氣從鼻進，即意念在鼻，立生「山根風緊」之變。山根者，兩眉間下，鼻柱基底處。此處一發緊即警示：腦風欲起。馬濟人先生言：「意念守不同的部位，有不同的作用，不同的療效。如觀察高血壓患者，當意守小腹時，感覺有氣血下降，呼吸柔和，頭腦清醒，血壓亦相應下降。如果意守鼻部，則感氣血上竄，呼吸短淺，頭脹胸悶，血壓亦相應上升等。」（《中國氣功學·意念的鍛鍊》）鼻司進氣而無心，意在身柱，久則膏肓有熱象曰：「膏肓火升」；意在蟾宮，久則腎俞有動象曰：「蟾宮波起」；意在海底，久則會陰氣血充盈，周身通泰，而陰平陽秘曰：「海底融融」。此即「吸無心，呼有意」之內涵。

「熱象」，「動象」，「海底融融」乃至「周天恢弘」，每日行功三百呼，儘管因人稟賦之不同而異，或遲或早，三月足矣。即所謂「百日築基」也。再三年，即是「丹田養就千日寶」。難怪，明·徐春圃言：「夫善養生者養內，不善養生者養外。」（《古今醫統大全》）養內者，「積精累氣以成真」（晉·魏夫人《黃庭經》）也。

行文至此，恰逢中央電視臺「武林大會」播出：武當弟子躍進《太乙五行拳》門中擂主（2007年7月24日），不論勝負，但見紫霄宮傳人氣定神閑。雖奮力拼搏再三，未有

氣喘噓噓者，足見《太乙五行拳》養氣之功夫亦不同凡響。

2. 拍丹田

蹲丹田行功完畢，兩足不動依前，起身直立。兩掌隨之下落停於兩股前，左上肢掌心迎下於身前 45° 伸直，右掌按手三陽經走向依次拍打左上肢背側，由腕至肘，再由肘至肩，如圖 2-3。

繼由肩向下，按手三陰經走向拍打左上肢內側，此時左前臂內旋掌心迎上，由肩拍打至肘，由肘至腕（圖 2-4）。連續拍打三遍後，換左掌拍打右上肢，方法同前亦拍打三遍（圖 2-5、圖 2-6）。

圖 2-3

圖 2-4

圖 2-5

圖 2-6

上肢拍打完畢，兩足不動如前，左掌心置小腹，右掌背置腰骶（圖2-7）。並以右掌心、左掌背同時拍打小腹、腰骶，繼續沿任督二脈上行同時拍打肚臍、命門，再沿任督二脈上行同時拍打胃脘、脊中，再沿任督二脈上行同時拍打胸（膻中）、背（靈台）（圖2-8）。

然後由胸、背輪番同時拍打左胸右背，右胸左背。繼下行輪番同時拍打左腋右脇，右腋左脇，繼下行輪番同時拍打左右軟肋，繼下行輪番同時拍打左腰右腹、右腰左腹，週而復始，再上行沿任督二脈正中，繼下行沿任督二脈兩側，反覆拍打軀幹三遍。軀幹拍打完畢，彎腰直腿，兩足不動照前。兩掌心相對，由上而下沿足三陽經走向拍打左下肢前後面由股至膝，由膝至踝（如圖2-7）。

繼以兩掌心相對，由下而上，沿足三陰經走向拍打左下肢內外側（圖2-9），連續拍打三遍。右下肢與左下肢拍打方法相同（圖2-11～圖2-12）。

拍丹田為啟動人身四肢軀幹之氣血運行速度，同時為

圖2-7　　　　　圖2-8　　　　　圖2-9

圖 2-10

圖 2-11

圖 2-12

達到增強身體擊打能力和抗擊打能力作準備，呼吸一任自然。初宜用掌輕拍，百日後漸可用拳重拍。輕拍屬養氣，重拍則屬煉氣，又稱排丹田。唯拍擊時宜配合呼氣是其中關鍵，不容混淆者也。

3. 清丹田

拍丹田行功完畢，解渾身如鉛鑄之僵也。再行清丹田功法。清丹田又名吐氣把。繼兩足不動如前，起身直立。兩臂分別同時向左右伸出、伸直，手心向下，掌高齊肩。口吸氣，氣進唇閉，意合氣順任脈下，貫入丹田。同時，兩踵提起，以蹠趾關節負重。兩掌心隨之翻上（圖 2-13）。繼兩掌心翻下，兩踵擊地；同時，氣自丹田順任上，

圖 2-13

經喉吐出伴發「嘿」聲（圖2-14），連吐三次。凡蹲丹田、拍丹田行功後，必清體內殘留滯氣。吐三次足矣，不可多吐。陳照瑞老師戒曰：「多吐者，易耗丹田元氣也。」

圖 2-14

二、養生今說

我中華傳統之養氣養生法，一開始就著眼於治病強身。其遠在道教形成和佛教傳入之前就已流行，是與中華傳統漢醫學之出現緊緊聯繫在一起，在其發展之進程中，道、醫、釋、儒、武諸家既各存真要，又相互滲透。然，其目的則一也。正如晉‧許遜所言：「氣若功成，筋骨和柔，百關調暢。」（《靈劍子》）

透過站椿之養氣練習，在臨床實踐中已取得確切療效之慢性疾病已達三十餘種，其範圍涉及呼吸器、循環器、消化器、泌尿生殖器、內分泌、神經系，涉及婦、男、口、眼各科等。於此，有關報導、專著皆已詳盡，余無贅言。

作為心意門養氣功法之養丹田，在姬祖創拳伊始，目標界定就十分明確：「四梢一定要依行，行起一氣要直往，直往要齊備，齊備要一處往前行，行何處？到陣前。」（姬隆豐《論演武思悟之道》）因此，心意門養氣功法一開始就精心設計，規避諸如滯氣、走火、入魔等偏差，由蹲丹田、拍丹田、清丹田為丹田儲積體能，其練功時間大致每天半小時至四十分，三月後即可進入煉丹田煉氣

階段，由煉丹田為丹田內勁決出，為提高習練者自己之擊打能力和抗擊打能力作準備。可見正確掌握心意門養氣之方法是何等重要，為此陳照瑞老師深入淺出傳余訣云：

養丹言鬆靜，數呼日勻長。

為勢僵不怕，意守勿太強。

大道自然法，滯氣拍吐光。

1985 年 9 月，余參加山西省武術挖掘整理工作載譽歸來。一時間，登門求藝、求醫者眾。尤其是受江湖術士蠱惑虛說，夢寐無師自通，追求特異功能者，多受其害。今擇典型驗案三則，以正視聽。

案一：駐原平某部隊醫院李副院長登門求方言：該部隊有習練鶴翔樁氣功者數人，自練功以來，出現腹脹之症，站立時腹脹尚不明顯，一旦落座，不鬆腰帶，其腹脹決不能解。停功後亦如此，已數月，苦不堪言，問有無有效之方法。余曰：此乃滯氣殘留、累積所致。急授清丹田法，每日卯時連吐三次。經旬，腹脹者症盡除。

案二：原平某廠江姓工人，訴其子，19 歲，沉迷氣功，無心學業。對氣功名家名篇，如數家珍。連月來竟出現登高而歌、棄衣而走、裸體臥雪、不避其凍之現象。經醫未效，登門問有治否？余曰：此乃練功著意太強而呈走火之象。速以拍丹田、清丹田授之。每日子時行功一次，半月後漸漸復常。

案三：梁某，男，17 歲，五寨縣人。自學周天功半年，據梁某云其周天已通，唯練功入靜後，每見美女數人爭寵。初甚喜，以為神仙然；久則恐懼，不見想見，見又怕見，每見必鑽入床下避之。家人以為狐仙作祟，屢請巫

驅之，未果。經人介紹，登門問有救否？余對曰：此乃雜念未泯入魔之象。宜速速停練周天功法。試以拍丹田驅之，同時囑服天王補心丹（明·洪九有《攝生秘剖》）滋陰清熱，補心安神。服、練三週，其患悉除。

1992年夏秋之交，有杭州天鐘功之傳人李少白來原平紅旗禮堂做帶功報告。余聞該傳人任職研究員，於是應邀前往聽講。報告中，李少白研究員言其外氣發放可使廢棄電池充電云云。余頓生疑惑。報告結束後，余攜二節5號廢電池，前往李少白下榻之原平市賓館103號房間，以求驗證。竟三顧而不見。李之隨行人員解釋曰：李老師忙於接待重要客人，無暇會見。天鐘功原名銅鐘功，又稱銅鐘氣功，亦係武術功法，因其姿勢形似立地之銅鐘，故名。今之銅鐘勁兼武術、健身與醫療三大效能，代有傳人。據其傳人馬有忠先生介紹，1980年至1983年曾在杭州舉辦六期銅鐘氣功學習班，以資推廣（馬有忠《銅鐘氣功》）。誰料，9年後銅鐘勁變成了天鐘功、天功。原來在溫州市氣功療養院裏行之有效之氣功功法，幾步升級，竟能對廢電池發功充電。這純粹是對優秀之銅鐘功功法的踐踏。無奈於熟人出面勸歸，至今，余仍為肆意破壞傳統功法之名譽憤憤不平。此類弟子，因貪慾而如此射利，日後必遭同門之不齒。養生題外話，非吐不快，添足也。

第二節　練丹田

練丹田為技擊樁功，係煉氣功法。練無定時，冷練三

九，熱練三伏。

練丹田由排丹田、搓丹田二部功法組成，為內勁法。

一、功法圖說

1. 排丹田

兩足平行間距為練功者之一足長，面南而立。兩掌垂於股前，唇閉齒合，舌抵上齦，氣從鼻進，直貫丹田（圖2-15）。

左足上步，左膝弓出，左足尖內扣如寸，左足跟與右足尖之間距為練功者之兩足長；右腿蹬勁，跟不離地。同時，兩掌變拳，拳心迎上，兩拳第五掌指關節處相接觸，合力從懷中斜向上鑽出，距鼻尺餘，停於鼻前。重心隨雙拳鑽出而前移左腿，令雙拳與左足尖、左膝尖、鼻尖，三尖相照。隨上左足弓步，雙拳鑽出而唇閉齒合，舌抵上齦，內提穀道，丹田吃住勁兒，氣從鼻呼，且呼出有聲。如馬噴鼻狀（圖2-16）。

兩足不動如前，隨重心由前向後移，兩拳臂內旋變掌用力抓成拳，拳心向下停於胯前。同時，唇閉齒

圖2-15　　　圖2-16

合，舌抵上齶，以鼻進氣，貫入丹田（圖2-17）。上動不停，雙拳由骼前斜向上鑽出，停於鼻前，重心亦由後移至左腿，隨之穀道內提，丹田吃住勁兒，唇閉齒合，氣從鼻出，出則有聲。如馬之噴鼻然（圖2-18），反覆三十呼。此勢心意門中又稱：噴丹田。

右與左法同，唯右足向前，右膝弓出也。亦三十呼。

兩足不動（圖2-18），唇閉齒合，舌抵上齶，以鼻吸氣，直貫丹田，鬆腰鬆胯。繼內提穀道，丹田吃住勁兒，氣呼出鼻，呼之有聲。呼氣同時，右拳下左拳上排擊丹田、肚臍（圖2-19）。吸氣時，雙拳提起，拳心向內；呼氣時，雙拳右下左上排擊丹田、胃脘。再吸氣時，雙拳提起，呼氣，雙拳排擊胃脘、膻中（圖2-20），依次排擊十次後，左拳上舉，拳心朝面，拳高過頭，呼吸法同前，以右拳從肋下至腋，反覆排擊十次（圖2-21、圖2-22）。

圖2-17

圖2-18

圖2-19

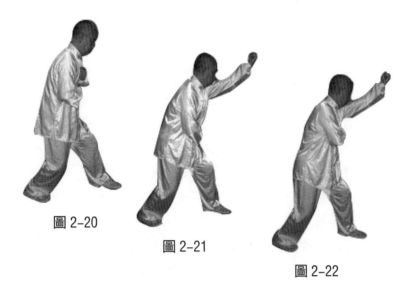

圖 2-20

圖 2-21

圖 2-22

　　右與左法同，唯右足向前，右膝弓出，排擊十次。又，右拳上舉，左拳排擊也。再反覆排擊十次。

　　因排丹田系採用雞步馬形鑽拳之功架，故又稱馬陰藏相法。馬陰藏相法原有動功法和靜功法二種。此乃動功法也。據陳照瑞老師介紹馬陰藏相靜功法，功成後精氣神還虛而使陽具龜縮並能納於腹，令練功者功力增、情慾寡而子嗣無。故，不宜彰是法。小說家「欲練此功，必先自宮」之誇張、引人入勝辭，亦非空穴來風，無源之水。如「武林稱雄，揮劍自宮。」（金庸《笑傲江湖・復仇》）但煉神還虛之功法，絕非教人自傷自殘而蹈不孝之地也。

　　排丹田係為增強抗擊打能力而設，故最好能在有排擊經驗者之指導下進行。排擊時務必注意配合好呼吸。並遵守三尖照、三心實、三彎套之規矩。排擊十次為最低之次數，隨著功夫加深，排擊力度及次數亦可隨個人之能力而增加。

2. 搓丹田

　　兩足平行，兩足間距為練功者之一足長；面南而立。左足邁出一步，扣如寸，左膝弓出，左足跟距離右足尖約練功者之兩足長；右足跟離地二寸許，右膝彎曲，跪不觸地，令右大腿與左小腿垂直平行。出左臂，置左膝上，以左髖骨內上緣支撐左前臂之外關穴處。左掌仰上，右掌俯下與左掌合。三彎已套，務令三尖要照、三心要實。唇閉齒合，舌抵上齦，鼻吸氣，貫入丹田。同時，右掌隨右肩後撤而沿左臂內側提起至左肘關節橫紋處（圖 2-23）。上動不停，右掌用力沿左臂內側至左掌搓之，過左掌之勞宮穴，如搓草繩然。同時，榖道內提，丹田吃住勁兒，氣由任脈上經鼻呼出，且呼出有聲，如馬噴鼻狀（圖 2-24）。反覆搓三十呼，或搓至力盡為止。

　　右與左法同，唯右足邁出，左掌搓右掌也。亦搓三十呼，或搓至力盡為止。以上為順步搓也。

　　拗步搓方法如下：

圖 2-23　　　　　　　　圖 2-24

兩足平行，面南而立，兩足間距為練功者之一足長。出左足，扣如寸，左膝弓出，左足跟與右足尖之間距為練功者之兩足長；右足跟離地二寸許，右膝彎曲跪不觸地，令右大腿與左小腿幾近平行。撐腰出右臂置左膝上，以左髖骨外上緣支撐右前臂之外關穴處。右掌仰上，左掌俯下與右掌合。三彎已套，務必三尖照、三心實。唇閉齒合，舌抵上齶，鼻吸氣，直貫丹田。同時，左掌隨左肩後撤而沿右臂內側提升至右肘關節橫紋處（圖2-25）。

上動不停，左掌用力沿右臂至右掌搓之，過右掌之勞宮穴。同時，穀道內提，丹田吃住勁兒，氣由任脈上經鼻呼出，呼出有聲，如馬之噴鼻狀（圖2-26）。搓三十呼，或搓至力盡為止。

右與左同法，唯右足邁出，右掌搓左掌也，亦搓三十呼，或搓至力盡為止。

坊間尚有坐姿搓丹田流傳，余兒時也曾效仿之。然，只要陳照瑞老師看見，準會說：「別坐，你七老啦？八十啦？」日後，余漸次明白，搓丹田仍心意門技擊樁煉氣功

圖 2-25

圖 2-26

夫，豈能坐而為之。坐而搓之如何能體現「北腿」之雞步椿？坐姿搓丹田，恐怕是袁鳳儀祖師當年年事已高時，仍練功不輟，取凳坐練腰臂，眾人不問緣由而爭先效仿之結果也。

二、養生今說

無論排丹田，還是搓丹田，練氣法同。皆以鼻司吐納，尤在呼氣時，穀道內提，丹田吃勁，且鼻呼有聲，如馬之響鼻兒，功在養心固腎、心腎相交也。

心腎相交者，為心腎兩臟互相作用、互相制約以維持生理功能之相對平衡。若腎陽不足，心火過盛，則心腎失之協調，稱之為心腎不交。由有節奏之內提穀道、隨之升動睪丸，即為「精養靈根」之不二法門。精氣足則即精神足，精神足則心腎相交矣。加之「丹田吃勁」，對腎之原氣大有啟動之功用。

何為原氣？據《簡明中醫辭典》解釋：「原氣亦稱元氣，包括元陰和元陽之氣，稟受於先天而賴後天榮養而滋生。由先天之精所化，故名。它發源於腎（包括命門），藏於丹田，借三焦之道，通達全身，推動五臟六腑等一切器官組織的活動，為生化動力的泉源。」無論排丹田還是搓丹田，在臨床上，對中老年之興陽起萎，生化靈根之精，多有療效。若選排丹田或搓丹田煉功之同時，再佐以中藥經驗方「射干散」（朱復南等《當代中藥散劑驗方精選》），則近、遠期療效更佳。

然，年過 50 者為健康長壽計，不妨借孫真人「人年二十者，四日一泄；三十者，八日一泄；四十者，十六日一

泄；五十者，二十日一泄；六十者，閉精勿泄，若體力猶
壯者，一月一泄」（唐・孫思邈《備急千金要方》）為床
幃之約束。也有不信此說而年逾 50 者問：「精子在睪丸之
精細管內形成後，暫儲藏於附睪內。精子於附睪內僅能生
存 1 月有餘。故精子常出常生，一月後留死精於體內何
益？況吾每月媾合四次，已三月有餘，未見不適。可見元
陽不走其說有誤。」余無語以對。說來也巧，翌日，該氏
早起無緣無故無力展腰，如蝦狀，登門求治。余笑曰：
「死精無則腰力亦無。」囑臨睡前嚼服枸杞子 15 克生精，
半月後腰力漸增，又教授搓丹田功法以固腰腎。

第三節　和丹田

　　和丹田為養氣、練氣後第三步之和氣功法。練無定
時，常為十二勢操練前之熱身，即所謂「導氣令和，引體
令柔」之蹊徑也。

　　和丹田由搖丹田、涮丹田、轉丹田、活丹田、抖丹
田、折丹田六勢組成，為洗髓法。

一、功法圖說

1. 搖丹田

　　兩足平行，面南而立。兩足間距為練功者一足之長。
兩目平視，氣息深勻，全身鬆靜，以首領身，獨立守神。

　　兩掌掩耳，十指向後，掌心按耳廓由後向前畫圓揉十

次。再由前向後畫圓揉十次，謂揉耳廓（圖 2-27）。

繼兩掌心按緊耳門，以兩手除拇指外八指反覆敲擊頸椎十次，再緊按之並速鬆之，三次，謂敲天柱（圖 2-28）。

繼以兩食指塞耳道，反覆擰鑽十次，速離之，三次。謂鳴天鼓（圖 2-29、圖 2-30）。然後，兩目微閉，身足依前不動，兩手鬆垂於股前。氣息綿綿，意在臍下之丹田（圖 2-31）。頸項鬆，低頭、仰頭、左右扭頭，各三次（圖 2-32～圖 2-35）。以上鬆弛活動畢，始做搖丹田。

搖丹田，頭逆時針搖轉 27 圈，繼順時針搖轉 30 圈。再逆時針搖轉三圈（圖 2-36～圖 2-38）。搖完，兩目仍閉，以兩掌上下搓後髮際至枕部 20 次（圖 2-39）。上動不停，繼以兩掌過頭經額向下摩面 20 次，謂浴頭面（圖

圖 2-27

圖 2-28

圖 2-29

圖 2-30

圖 2-31

圖 2-32

圖 2-33

圖 2-34

圖 2-35

圖 2-36

圖 2-37

圖 2-38

圖 2-39

圖 2-40　　　　　　圖 2-41　　　　　　圖 2-42

2-40）。閉目同前，以兩拇指背由中分別向外交替擦上眼瞼
20 次，謂舒目（圖 2-41、圖 2-42）。然後開目，放眼望
去，兩手鬆垂於股前。繼則眼球向上、向右、向下、向左順
時針旋轉、環視三圈；再向上、向左、向下、向右逆時針旋
轉、環視三圈；旋畢再向遠處眺望片刻，謂旋睛。

2. 涮丹田

兩足不動同前，兩膝微屈，全身鬆靜，頭項領身，兩
手鬆垂股前。氣息深勻，意在尾閭（尾椎），骨盆沿正中
面，繞額狀軸由前向下、向後、向上畫圓圈 60 次（圖
2-43）。然後，骨盆再沿正中面，繞額狀軸，由前向上、
向後、向下畫圓圈 60 次（圖 2-44）。

3. 轉丹田

涮丹田畢，氣息深勻，頭項依舊向上領起，意在尾閭，
骨盆沿額狀面，繞矢狀軸由左、向上、向右、向下逆時針畫

圓圈 60 次（圖 2-45）。然後，骨盆沿額狀面，繞矢狀軸由左向下、向右、向上，順時針畫圓圈 60 次（圖 2-46）。

4. 活丹田

轉丹田畢，頭項依然領身直立。氣息深勻，意在尾閭。骨盆沿水平面，繞垂直軸向左、向前、向右、向後，順時針畫圓圈 60 次（圖 2-47）。然後，骨盆繞垂直軸，沿水平

圖 2-43

圖 2-44

圖 2-45

圖 2-46

圖 2-47

面，再由左向後、向右、向前，逆時針畫圓圈 60 次（圖 2-48）。

5. 抖丹田

活丹田畢，兩足不動同前，頭項領身，全身鬆靜。兩拇指相觸，按臍下二寸石門穴處，虎口圓撐，食指觸接，兩掌於少腹上貼實，上下抖動 60 次（圖 2-49）。

圖 2-48　　　　　　圖 2-49

6. 折丹田

抖丹田畢，兩足依前不動。兩掌順兩股內側下伸至兩足內踝處。膝挺直勿屈，兩掌握拳，兩手之小魚際與兩內踝觸接，臀向後伸，頭向上仰（圖 2-50、圖 2-51）。繼前，頭身向左擺，與左足尖齊，臀胯同時向右擺（圖 2-52）。接前動，頭身向右擺，與右足尖前，臀胯同時向左

圖 2-50　　　　圖 2-51　　　　圖 2-52

圖 2-53

圖 2-54

擺（圖 2-53）。一左一右擺動 60 次。數畢起身直立，頭
領身，身鬆靜，作嬰兒呼三次（圖 2-54）。

二、養生今說

陳照瑞老師傳《心意門‧丹田功法歌》云：丹田任督
功，周天謂潛龍。元陽會陰地，血頭出六宮。原來通真
路，還在動靜中。

所謂「通真路」，係指通向健康之路，通向長壽之
路，通向「真人」之路。何謂「真人」？《素問‧上古天
真論》曰：「上古有真人者，提挈天地，把握陰陽，呼吸
精氣，獨立守神，肌肉若一，故能壽蔽天地，無有終時，
此其道生。」明‧李念莪注云：「天地有質，劫滿必敝。
真人之壽，前乎無始，後乎無終。天地有敝，吾壽無終
矣。此非戀戀於形生。蓋形神俱微妙，與道合真，故曰此
其道生者，明非形生也。」（《內經知要‧道生》）古之
真人皆是熟諳養生法而無疾長壽之人。後如唐代大醫孫真

人即孫思邈（西元 581—682 年）也屬「其知道者，法於陰陽，和於術數，飲食有節，起居有常，不妄作勞，故能形與神俱，而盡終其天年，度百歲而去」（《素問·上古天真論》）之真人。

和丹田循任督之經絡，以搖、涮、轉、活、抖、折諸法導氣和而令臟腑安，引體柔而令脊骨正。「邪之所湊，其氣必虛」（《素問·評熱病論》），誠然，脊骨不正則沉痾纏綿。

脊骨不正者，為脊柱椎骨間關節發生輕度錯位，而直接或間接刺激、壓迫到其周圍的血管、脊髓和植物神經等引起相應之內臟和其他器官出現的臨床症狀和體徵，時下被稱之為「脊柱相關疾病」者是也。

王立東先生在《脊柱相關疾病的病因學進展》一文中這樣寫道：「現代醫學自 1927 年、1929 年、1958 年，先後有國外學者報導了頸性心絞痛的文章，他們在採用手法治療頸椎病時，才意外地發現，病人的心絞痛症狀得到明顯改善。1966 年國外的一位醫生，通過一系列心電圖檢查，運動試驗、血液酶學測定和血管擴張學的應用，證實頸性心前區疼痛確實存在。當時並沒有意識到脊柱應力異常的整體作用，只考慮到頸椎增生刺激椎旁交感神經結的因素，並沒有引起重視。自 20 世紀 70 年代，我國少數學者開始系統從事這方面的研究工作。1984 年召開了首屆全國脊柱相關疾病學術研討會，1991 年召開了第一屆國際脊柱相關疾病學術研討會，大量臨床與基礎研究證實，許多常見病和疑難病的發病與脊柱應力異常有關。」

在同一篇文章中，王立東先生還寫到：「由於脊柱及

周圍軟組織力學失衡引起的疾病，它不僅涉及大家所熟悉的頸、肩、腰、腿痛，如：落枕、頸椎病、腰椎間盤突出、腰扭傷、腰肌勞損、脊柱骨質增生等，還涉及循環、呼吸、消化、神經、內分泌、免疫等系統的 50 多種病證，如：頭痛症、頭暈、耳鳴、椎動脈供血不足、頭昏、視力障礙、咽部異物感、腦震盪後遺症，血壓波動，心律失常，胸悶氣短，胸背痛，哮喘，心絞痛，類冠心病、左側腹痛、右側腹痛、胃痛、慢性消化不良，慢性膽囊炎，結腸功能紊亂（腹痛、腹瀉、便秘），一側上肢或下肢涼，痛經，月經失調等。」（《脊柱與健康》總第七期）

經由 40 有年習武學醫之實踐，余可以斷言：和丹田之六種功法，能在運動中調整脊柱椎間關節，能改善脊柱間韌帶之強度，能增強夾脊肌肉之彈性，故而能保證脊柱骨之中立和脊柱生理彎曲之正常，能使「脊柱相關疾病」在練功者身上難以駐足。

2007 年春節，著名學者于丹女士在中央電視臺《百家講壇》欄目解讀《莊子》心得，介紹了一個叫支離疏的殘疾人：「他長得什麼樣子呢？支離疏雙肩高於他的頭頂，頭低到肚臍以下，本應該是垂在後面的髻，卻是沖著天的。他的五臟六腑都擠在後背上，還是個駝背，兩條腿就直接長在肋骨旁邊。」

明代醫家李中梓對這種嚴重畸形的描述是：「尻以代踵，脊以代頭。」（《醫宗必讀·痺證》）這是一種什麼疾病？能使患者如此高度致畸致殘呢？

《中醫骨病學·骨關節痺證·強直性脊柱炎》告訴我們：「當患者整個脊柱發展成纖維性或骨性強直時，脊柱

活動就會完全喪失，脊背呈板狀固定。嚴重者呈駝背畸形，甚至迫使有的患者站立時只能臉向地面，只可向下看，而不能向前看，更不能向上看，有的患者需要由家屬牽手引路才敢前行。」強直性脊柱炎是一種非常古老的疾病。古希臘名醫希波克拉底兩千多年前，對該病就進行過描述。同時它又是一種患病率較高之常見病、疑難病。據有關調查資料顯示：美國患病率為 0.13%～0.22%，日本患病率為 0.05%～0.2%，中國患病率則為 0.2%～0.4%。這就是說，如果按平均值 0.3%的患病率計算，中國 13 億人口中至少有強直性脊柱炎患者 390 萬。強直性脊柱炎是一種 15～30 歲男性易患的迄今病因未明的遺傳性疾病。

在余應用中藥經驗方「止痙散」加味治療強直性脊柱炎之臨症中，深感運動對該病能保持諸關節處於正常功能之重要性。尤其是早期確診之患者和幼年強直性脊柱炎之患者。200 餘例之臨床實踐證明：「止痙散」（方見《中醫學新編》即：蜈蚣、全蟲等分為末）加味能為強直性脊柱炎患者緩解肌肉痙攣引起之疼痛，和丹田六種功法能維持和增加強直性脊柱炎患者脊椎諸關節之活動範圍。心意門之丹田功，言內壯洗髓，當之無愧。

第 三 章

技擊篇·十大真形

　　十大真形者，虎、鷹、雞、猴、馬、燕、龍、蛇、鷂、熊也。

　　心意六合拳採上述十種動物之神韻，心取其象，形取其似，意取其真，作攻防殺敵術。在具體訓練上則是虎鷹練手，雞猴練腿，馬燕練足，龍蛇練腰，鷂熊練臂也。寫到這裏，不禁令人聯想到 1969 年在甘肅武威縣一座東漢古墓中出土的青銅珍品——馬踏飛燕。你看那矯健飽滿的奔馬，四蹄騰起，昂首揚尾，口鼻微張，讓人彷彿能聽到馬正打著響鼻兒，發出震撼草野之嘶鳴。更為精彩的是在駿馬之右蹄下還黏著一隻展翅疾飛的小燕兒。快則快也，古則古矣。馬踏飛燕足見馬燕組合之曠古久遠，足見姬祖當年脫槍為拳時對十大真形組合之精心篩選。

　　《心意門·十大真形功用歌》云：

　　虎有搏戰勇，勢勢擊撲中，長嘯傳空谷，三絕自古雄。
　　鷹有捉拿精，把把不留情，欲擒故縱法，往來任我行。
　　雞有踩撲妙，步步要純功，羽扇揮槳去，堪稱捲地風。
　　猴有縱身靈，登撲體自輕，足進插襠去，退寄掃邊風。
　　馬有奔騰功，疾蹄任馳騁，追風步法妙，趕月不放鬆。
　　燕有取水能，起落看分明，皆曰穿簾過，誰云絕地生。
　　龍有搜骨法，雲中九現身，不怕人手稠，看我裹截橫。

蛇有撥草巧，鑽翻藝在身，招招緊相逼，妙訣自修行。
鷂有側翅力，入林不損身，下驚上取意，刮地風是眞。
熊有爭鬥勢，單把出奇兵，練就一招鮮，何妨吃遍天。

　　十大真形，虎形取雙把一式，鷹形取展翅一式，雞形取顚腿和搖扇把二式，猴形取登撲和蹲丹田二式，馬形取聚步一式，燕形取取水一式，龍形取裏橫一式，蛇形取撥草一式，鷂形取入林一式，熊形取單把一式，共計十二式。十二式分屬十二經脈，氣血依時流注，陰陽表裏互動，六合抱元守一，功在外強，易筋者也。

　　《心意門‧十二勢歸經歌》云：

虎形手太陰，雙把清肺金。鷹形手陽明，展翅腸導引；
雞形足陽明，顚腿胃納靈。猴形足太陰，登撲健脾行；
馬形手少陰，聚步離幻心。燕形手太陽，取水淨赤腸；
龍形足太陽，裏橫理膀胱。蛇形足少陰，撥草補腎精；
猴椿手厥陰，束蹲心包寧。雞椿手少陽，搖扇三焦暢；
鷂形足少陽，入林利青腸。熊形足厥陰，單把肝和平。

　　心意門中尚有練 24 式者，亦有練 48 式者……然皆變藝也。變藝者，融會貫通，舉一反三之變也。

　　著名畫家、美術教育家呂鳳子先生云：「作者稟賦不同，修養不同，因而用同法構成的中國畫就會有多種『畫格』的不同，如所謂『逸格』、『神格』、『妙格』、『能格』等。」（《中國畫法研究‧結束語》）同樣，心意門丹田功、十二勢、十形合一、六合大排撞同宗同法卻造就了李政的推碑手、買壯圖的掌粘蝶、袁鳳儀的肘打

豹，造就了尚學禮之搖扇把的以逸待勞、楊殿卿之虎抱頭的夷險取勝、盧嵩高之熊單把的萬變不離其宗……故陳照瑞老師云：「十形煉精，元陽升騰。內外兩全，方稱神勇。神勇者由博返約，精一舉而後成者也。」

第一節　十二式

第一式　雞形搖扇把（搖閃把、搖涮把、搖鬥把）

1. 搖扇把左式

第一動

氣定神閑，面南而立。右足尖內扣60°，左轉身向正東方，出左足成左弓步，左足尖內扣如寸。左掌由左股前經腹上行觸右肩過右腮，掌指向上，掌心向內，左肘屈肘90°，左掌心高齊眉心，右掌扶觸左肘內髁處，左臂右掌隨左膝弓出。同時，穀道內提，丹田吃住勁兒，氣出口呼，力在左臂外關穴處，向前推出。務令左掌食指與鼻尖、左膝尖、左足尖處同一矢面上。身成定勢，三心要實。鷹視左足前3～5尺遠處（圖3-1）。

第二動

接上動不停，右足過左足摩脛上步，令左大腿與右小腿呈垂直平行狀。以鼻進氣，氣貫丹田。左足

圖 3-1

跟離地。同時，兩掌臂內旋，掌心向
前，向下畫弧，左掌行觸於右膝尖處
外側，右掌行觸於右胯後側，務令左
肩在鼻尖、右膝尖與右足尖同一矢面
上。身成定勢，三心要實，熊視正前
方（圖3-2）。

第三動

接上動不停，兩掌同時臂外旋畫

圖3-2

弧上行，左掌行觸右肩峰，再過右
腮；右掌從後胯經脇扶觸左肘內髁
處，左掌心向內，掌心高齊眉心。隨
左足尖向下向後向上蹬刨並摩脛向前
弓出時，左臂右掌配合以口呼氣，內
收穀道，丹田吃住勁兒，遵三尖照、
三心實之家法向前推出。鷹視左足前
3～5尺遠處（圖3-3）。

圖3-3

第四動

接上動不停，右足跟離地，足尖向下向後向上蹬刨，
右足摩脛過左足上步弓出。以鼻吸氣，貫入丹田。左足跟離
地，令左大腿與右小腿呈垂直平行狀。同時，兩掌臂內旋，
掌心向前，向下畫弧，左掌觸右膝尖，右掌觸右胯後。左足
再行蹬刨並弓出，左臂右掌隨之推出。勿忘此時穀道內提，
丹田吃勁，以口呼氣，力在左臂。視場地之大小，於一直線
上反覆操練，若至盡頭則轉身接搖扇把右式（圖3-4）。

第五動

接上動不停，左掌臂內旋，掌心向前向下畫弧，經襠

腹觸扶右肘關節內髁處，右掌護左腮。隨右足略上一足長，扣如寸，右腿弓出，左足尖內扣 60°之轉身向正西方而推出，力在右前臂之外關穴處。同時，口中呼氣，內收穀道，丹田吃住勁兒。務令右食指與鼻尖、右膝尖、右足尖三尖相照耳（圖 3-5）。

圖 3-4

2. 搖扇把右式

搖扇把右式與左式同法，唯方向相反。學者宜練熟左勢後，轉身再練習搖扇把右式。

3. 搖扇把拳說

姬祖云：「與人相戰，須明三前：眼前、腳前、手前。」（姬隆豐《四拳勢論》）《十大真形·十二勢》為日後與敵搏殺之招數，練即為戰。因此，學練伊始，招招式式宜從「明三前」說

圖 3-5

起、做起。不僅要明敵之「三前」，更須明我之「三前」。

陳照瑞老師云：「眼有緊查之精，腳有行程之功，手有撥轉之能。」即為明我之「三前」的古規家法也。

心意六合拳在盤拳練招之際，對眼的要求是「熊兒看天不觀天，鷹兒看地不觀地」之向前上、下視，而不是「拳似流星眼似電」之手眼相隨者也。練時眼前無人當有人，熊視上觀敵眼，鷹視下觀敵足也。或以熊鷹說辭：熊為守，鷹為攻。余曰：非不對也，是不全也！心意六合拳進是打，退也

是打，乃打顧不分之拳技，不必陷於守攻之誤區也。

搖扇把，當臂掌向前推出之際，為鷹視；當雙掌觸裹膝胯之時，為熊視。熊視、鷹視，非抬頭、低頭視之，實乃眼球上下翻動之視。俗云：上下打量是也。打量什麼？「勢正者不上，勢遠者不上；因其遠近，視其老嫩；因其高低，視其寬窄」（姬隆豐《四拳勢論》）也。

搖扇把之步法為墊步，即二步進敵身之踐步也。踐步之妙，妙在後足如雄雞爪之蹬刨。陳照瑞老師云：當年袁鳳儀祖師驗正搖扇把練成與否，是讓你到新耕之麥地裏練功。當你後足跟帶起之泥土能越過頭頂、飛向身前方時，方認可為「腳有行程之功」也。

余中學畢業後在農村插隊時，曾在新耕之麥地裏練過搖扇把，體驗過「腳有行程之功」的練功過程，並深深為心意門前輩治學之嚴謹、練功之刻苦而折服。

搖扇把，當臂掌向前推出之時曰撥，當雙掌觸裹膝胯之時曰轉。「手有撥轉之能」不是單用臂手去硬撥、硬轉，而是用腰、用丹田勁去撥、去轉，去求「手腳齊到方為真」之勁整。逢撥，口呼之，「氣自丹田生」。逢轉，鼻吸之，氣緣督而貫入丹田也。遵此法，日日行之，內勁漸至而決勁有望也。

陳照瑞老師對搖扇把甚為推崇，曾有詩曰：

雞形雞步搖扇把，易筋易骨洗髓功。

丹田靜築千日寶，靈根動啓萬法融。

姬祖留傳訣內外，我心勤探錘堅勇。

待到六藝上身時，方知羽化有神通。

應　用

設敵以右架之右順步拳照我面門打來（圖 3-6）。我以左順步拳上撥敵之右肘關節處，乘勢刁拿敵右腕；同時，出右拳以右前臂抓敵被拉直之右肘關節。敵若屈肘化解，我則乘勢拉敵肘撕敵肩關節（圖 3-7）。

反　擊

倘若我遭敵掛腕、縮肘、撕翅，我則以轉身遮雲蔽月肘擊敵胸肋（圖 3-8、圖 3-9）。

圖 3-6

圖 3-7

圖 3-8

圖 3-9

第二式　馬形聚步（快步、追風趕月步）

1. 聚步左式（野馬竄道、夜馬奔槽）

第一動

氣定神閑，面南而立。右足尖內扣
60°，左轉身，頭及左肩峰向正東方，重
心在右足，左足跟點地，足尖蹺起。兩手
握拳，鬆垂於兩胯，右拳眼正對右胯之股
骨粗隆處，左拳輪隨左肩峰、左足尖而正
對東方，熊視正前方（圖3–10）。

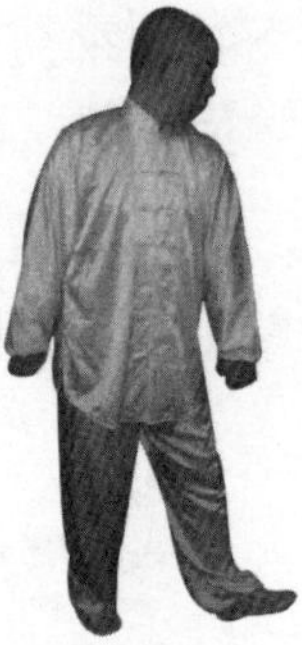

第二動

接上動不停。上身不動，呼吸自然，
內提穀道，丹田吃住勁。左足快速向東邁

圖3–10

出一步，右足跟進並以足尖碰觸左足第一蹠趾關節處。左
足再快速邁出，力在左足湧泉穴處，右足再快速跟進並以
足尖碰觸左足第一蹠趾關節處（圖3–11）。雙足擦地而
行，不得跳躍前往。此勢在心意門中稱之為野馬竄道。

第三動

接上動不停，重複操練，如行至場地盡頭，則左足邁
出成左弓步。同時，雙拳臂內旋，拳心向上由胯前從下向
上抄打，力在拳輪相觸之兩拳拳面。配合穀道內提，丹田
吃住勁，口中吐氣，停於鼻前，距鼻尺許，三尖相照，三
心宜實也（圖3–12）。鷹視左足前3～5尺遠處。此勢在
心意門中稱之為野馬闖槽或夜馬奔槽。

第四動

接上動不停，左足尖內扣120°，右轉身向正西方，右

圖 3-11

圖 3-12

圖 3-13

足勿踏實，重心在左腿。左拳眼對左胯股骨粗隆，右拳輪隨頭右擺與右肩峰、右足尖同處一矢面上。熊視正前方（圖 3-13）。

2. 聚步右式

聚步右式與左式同法，唯方向相反。接上動不停，上身不動朝西。內提穀道，丹田吃住勁。右足快速向西邁出一步，左足跟進並以足尖碰觸右足第一蹠趾關節處。右足再快速向西邁出，力在右足湧泉穴處。

3. 馬形聚步拳說

馬形聚步即心意六合拳譜《十法摘要・步法》中之快步，淺說在前，不復贅。唯呼吸法不可不明：聚步中前足邁出湧泉吐力時為呼，聚步中後足碰觸前足時為吸也。

應　用

設敵上右步出右掌抓拿我之左肩（圖 3-14）。我逢抓必拿，速以右

圖 3-14

掌扣緊敵之右掌，進左足套敵右踵；同時，起左肘掄切敵右掌之尺骨小頭處，分筋錯骨。若敵奮力抽脫，我則以雙拳勾擊敵之下頦（圖 3-15）。

反　擊

姬祖明言：「不可封閉，不可捉拿。」（姬隆豐《四拳勢論》）我若情急之中誤抓敵肩或臂，被敵絞腕，務必搶在敵施壓肘、鑽心之前，以刮地風腿踹敵膝克之（圖 3-16）。

第三式　熊形單把

1. 熊形單把左式

第一動

氣定神閑，面南而立。右足尖內扣 60°，重心在右足，右轉身向東，左足勿踏實。兩掌鬆垂於兩股處，熊視正前方（圖 3-17）。

第二動

鼻吸氣，貫入丹田，略沉身一束微向右側。右足蹬勁送出左足，繼跟進右足。口呼氣，丹田吃住勁兒，兩掌由

圖 3-15　　　　　圖 3-16　　　　　圖 3-17

圖 3-18

圖 3-19

圖 3-20

腹前提至嘴之高度，於左足落地之同時，左掌立掌在前，右掌食指附著左掌食指處用力向前方推出，力在左掌勞宮穴處。鷹視左足前 3～5 尺遠處（圖 3-18）。

第三動

上動不停，重複操練，行至場地盡頭，左足在前。右掌扶左掌推出後，雙掌直臂畫弧過頭。重心由左足移至右足，左足內扣 120°轉身向西，雙掌隨之落於腹前，重心由右足移至左足，右足勿踏實。熊視正前方（圖 3-19、圖 3-20）。

2. 熊形單把右式

單把右式轉身與左式同法，唯方向相反。接上動不停，鼻吸氣，直貫丹田，斂臀束蹲，身略向左擰。右足邁出，左足跟進；同時，內提穀道，丹田吃住勁兒。左掌食指觸附於右掌食指，右掌用力向前推出，力在勞宮。鷹視右足前 3～5 尺遠處（圖 3-21）。

圖 3-21

3. 熊形單把拳說

熊形寸步單把，一步進敵之法。前足邁步套踵，繫後足蹬勁送出。後足送出前足後，隨繼跟進，準備連續擊敵，正所謂「消息全憑後腳蹬」也。

陳照瑞老師言單把練習法時云：「後足蹬，前足踩，擰中節，掌發寸。」又言袁鳳儀祖師單把練習法：桌上置一油燈，距燈三尺開外，作定步單把練習。練至用單把能將燈打滅時，在燈盞內加一條燈芯再練。練至用單把能將二芯之燈打滅時，於燈盞內再加一條燈芯繼續練。練到用單把能將三芯之油燈打滅時，單把功成矣。

記得 1968 年春，余情不自禁地向陳照瑞老師報喜：「吾已能將三芯之燈打滅。」並得意地在陳老師寓中驗證。當時，余將三支燈芯併在一起，正欲點燃時，陳老師卻將三支燈芯分開 120° 於燈碗中點燃，笑曰：「汝之燈芯太細，當年吾等練之燈芯，足有汝之燈芯五條粗也。」

應 用

設敵右掌順步向我咽喉處抓掐。我右掌立即抓按敵之右掌，隨側身翻擰；同時，進左足套敵右踵（圖 3-22），舉左前臂砸敵右肘關節。隨即左掌在前，右掌扶佐，單把擊敵鼻。即所謂：「手心通心屬火，鼻尖通肺屬金，火到金回（《心意六合拳譜·十法摘要·五行》）」之意也（圖 3-23）。

圖 3-22

反 擊

設敵擄抓我之右腕，套我右踵，

圖 3-23

圖 3-24

圖 3-25

圖 3-26

砸我右肘（圖 3-24），以單把向我面門擊來（圖 3-25）。我即上左步，以鷂子束身，裹敵單把，乘勢以左拳鞭擊敵之咽喉（圖 3-26）。

第四式　虎形雙把（虎撲雙把、雙推把）

1. 雙把左式

第一動

氣定神閑，面南而立，右足尖內扣 60°，左轉身面向東方，左足尖點地，停於右足尖內側，直脊斂臀束蹲。雙掌

隨落在兩股外側，重心在右足，左大腿近似水平於地面（圖3-27）。同時，唇齒合，鼻吸氣入丹田，熊視正前方。

第二動

接上動不停，左足邁出成左弓步，左足尖內扣如寸。雙掌由兩股外側提起至嘴之高度，右拇指扣左拇指，隨左足踩實左膝弓出，右腿蹬送雙掌向前推擊，力在雙掌掌根。同時，穀道內提，丹田吃住勁兒，以口呼氣。鷹視左足前3～5尺遠處（圖3-28）。

第三動

接上動不停，若行至場地盡頭，弓出之左足尖內扣120°踩實，隨身轉向正西方。雙掌直臂過頭，右足抽回，足尖點地，停於左足尖內側，雙掌由上而下順落於兩股側。熊視正前方，齒合，鼻吸氣貫入丹田（圖3-29）。

2. 雙把右式

接上動不停，右足向前邁出成右弓步。雙掌由兩股外側提起至嘴之高度，左拇指扣右拇指，隨左腿蹬勁，內提

圖3-27　　　　　圖3-28　　　　　圖3-29

穀道，丹田吃住勁兒，以口呼氣，向前用力推出，力在兩掌之掌根。鷹視右足前 3～5 尺遠處（圖 3-30）。

圖 3-30

3. 虎形雙把拳說

陳照瑞老師多次云：「武術之道，一去一回盡矣。」虎形雙把兩掌向前推出去者如虎撲，兩掌抓握回來者如鷹捉。一去一回，一撲一捉，一剛一柔，一呼一吸。虎形雙把如此，其他九形何嘗不如此，悟此者，十二式思悟過半也。

余初習十二式時，總覺虎形雙把與熊形單把相差無幾，其實相去甚遠。以手法言：虎形雙把為雙掌從口前推出；熊形單把為一掌扶佐一掌從口前推出。雖然皆曰：「掌從口中出」。然，虎形雙把為放人法，熊形單把為追魂術也。以中節言：虎形雙把謂窩中節、吞吐法也；熊形單把則為搋中節、轉側術也。以步法言：虎形雙把走踐步，二步進敵之法；熊形單把走寸步，一步進敵之術也。

心意門人口口相傳：李政前輩虎形雙把卓絕，以清瘦之軀能將石碑推倒，人稱「推碑手李政」。

應 用

設敵以左順步拳擊我胸膛。我以右掌向左推按敵左臂，左掌向下扒按敵右臂並貼住敵右乳根處；同時，進左足插敵襠，身束蹲而二肘略彎，借右腿之蹬勁，力由脊發，勁透兩掌，將敵推出（圖 3-31、圖 3-32）。

圖 3-31　　　　　　　　圖 3-32

圖 3-33　　　　　　　　圖 3-34

反　擊

　　設敵若按我臂，插我襠，推我胸（圖 3-33）。我則撤左足，以鷂子入林右式裏截敵掌，上右步扇敵目克之（圖3-34）。

第五式　鷹形展翅（中門頭）

1.鷹形展翅左勢

第一動

　　氣定神閑，面南而立。右足尖內扣 60°，鼻納氣貫入

圖 3-35　　　　圖 3-36　　　　圖 3-37

丹田，左足隨身左轉向東邁出一步，
熊視正前方，右足迅速跟進半步。同
時，兩掌從兩股前握鷹嘴拳，沿腹胸
中線，左拳在上，右拳附於左腕小指
側，距鼻尺餘，隨左足踩實而合力鑽
出，拳高齊眉（圖 3-35）。

第二動

　接上動不停，再出左足，跟進右
足。兩拳變掌臂內旋，由上而下撕拽

圖 3-38

摔拍，兩拇指輕觸兩股外側，直臂停於臀後。同時，內提
穀道，丹田吃住勁兒，口中吐氣，身首向前，力在前額。
鷹視左足前 3～5 尺遠處（圖 3-36）。

第三動

　接上動不停，重複操練，行至場地盡頭，左足尖內扣
120°，隨身向右轉，右足向西邁出一步，熊視正前方，左
足跟進半步。兩掌握鷹嘴拳，沿腹胸中線，右拳在上，左
拳附於右腕小拇側，距鼻尺餘，隨右足踩實而合力鑽出，
拳高齊眉（圖 3-37、圖 3-38）。

2. 鷹形展翅右式

接上動不停，再出右足，跟進左足。兩拳變掌，臂內旋由上而下撕拽摔拍，兩拇指輕觸兩股外側，直臂停於臀後。同時，內提穀道，丹田吃住勁兒，口中吐氣，身首向前，力在前額，鷹視右足前 3～5 尺遠處（圖 3-39）。

圖 3-39

3. 鷹形展翅拳說

鷹展翅又稱中門頭。以頭擊敵面門，擊敵胸膛，古今中外由來已久。據《述異志》記載：「軒轅之初立也，有蚩尤氏七十二人，銅頭鐵額……耳鬢如劍戟，頭有角，以角抵人，人不能向。」可見，至少在西元前 2698 年黃帝軒轅氏初立時期，就有炎帝後人，九黎族首領蚩尤訓練士兵頭戴護具，上陣用頭殺敵了。

直到西元 2006 年 7 月 11 日《北京青年報》圖文報導：「當足球世界盃決賽進行到 110 分鐘時，法國隊進攻犯規，義大利隊反擊到前場，負責盯防齊達內的馬特拉齊與對手一起走出禁區，並有言語上的交談。馬特拉齊最先說了什麼，在兩人走出禁區弧的一刻，齊達內突然轉過身來，一頭撞向喋喋不休的馬特拉齊的胸口。」

且不管馬特拉齊說了什麼，也不管齊達內讓法國人又愛又恨，余只見齊達內右足踏進馬特拉齊之中門，頭頂在馬特拉齊之胸膛處，馬特拉齊轟然倒地。若這一頭撞在馬特拉齊之鼻梁上，馬特拉齊不來個骨折飄紅才怪。中門頭簡單實用，占位借勢，克敵於彈指間。或問「鷹有捉拿之

圖 3-40　　　　　圖 3-41　　　　　圖 3-42

精」者何義？該專指手不空回也。

應　用

或問：何為鷹嘴拳？鷹嘴拳者，拇指抵壓於食指中節而餘指自然蜷握成拳者也（圖 3-40）。

設敵以左右擺拳向我頭部擊來，我速以前足進步中門，後足跟進占位；同時，以鷹嘴拳上鑽敵之面門，截敵擺拳（圖 3-41）。

上動不停，繼以兩拳變掌向下撕拽或拍打敵臂，繼再進前足插襠；同時，以己之前額撞敵之面門或胸膛（圖 3-42）。

反　擊

當敵踏我中門撕拍我臂之時，我若左足在前，即速撤右足半步，出左掌向後領截敵之頭頸，繼以野馬闖槽擊敵。我若右足在前，則速撤左足半步，出右掌向後領截敵之頭頸，繼以野馬闖槽擊敵。陳照瑞老師云：「千金難買半步捶。」此之謂也（圖 3-43、圖 3-44）。

圖 3-43　　　　　　圖 3-44　　　　　　圖 3-45

第六式　鷂形入林（鷂子入林）

1. 鷂子入林左式（鷂子束身、鷂子入林、鷂子翻身）

第一動

氣定神閑，面南而立。右足尖內扣 60°，左足尖蹺起。身向東轉的同時，左手握拳經腹、胸向右向上抄打，與隨之上升之右掌心相觸，共停於距右耳前五寸處。熊視正前方（圖 3-45），此勢心意門中稱之為鷂子束身，為鼻納氣入丹田之過程。

第二動

接上動不停，隨左足向東邁出一步弓出，內提穀道，丹田吃住勁兒，口中吐氣。左右掌呈 90°角向正東正南推出，力在左掌沿，鷹視左足前 3～5 尺遠處（圖 3-46）。此勢心意門中稱之為鷂子入林。

第三動

接上動不停，鼻納氣貫入丹田，左掌向前向左下向右上畫弧變拳抄打，右掌向右向下向上與左拳輪相觸共停於

圖 3-46　　　　　　圖 3-47　　　　　　圖 3-48

右耳前五寸處。同時，左足跟擦地而起，停於高地尺餘處，力在足掌，熊視正前方（圖 3-47），此勢中左足擦地而起謂刮地風腿是也。

第四動

上動不停，行至場地盡頭。左足尖內扣 120°，隨身向右轉，右足撒半步，並足尖蹺起，面向正西。同時，以鼻納氣貫入丹田，右拳向下向左向上經腹胸畫弧抄打，與向下向前向上畫弧之左掌心相觸，停於左耳前五寸處，熊視正前方（圖 3-48）。此勢在心意門中稱之為鷂子翻身。

2. 鷂子入林右式

接上動不停，穀道內提，丹田吃住勁兒，口中呼氣，右膝隨右足向西邁步弓出。右、左掌呈 90°角向正西和正北推出，力在右掌沿，鷹視右足前 3～5 尺遠處（圖 3-49）。右式與左式法同，唯方向相反也。

圖 3-49

3. 鷂形入林拳說

鷂有側翅之力，素有入林不損身之說，因藏刮地風腿，故在十二式中，可謂舉足輕重。陳照瑞老師云：「足起望膝，膝起入懷；手起熄燈，肘起索命」，盡在鷂子入林一式中也。鷂子束身曰足起，卻內藏膝起。鷂子翻身曰手起，卻暗接肘起，足跟擦地而起，足掌離地尺餘，似風之刮地，由腿撲身，故名曰：刮地風，言之快捷也。正抬足為擊臁，而踩蹤、跺脛、踹膝皆為變藝也。

當年陳照瑞老師傳授余鷂形入林時，曾講起趙鳳岐同學之往事：趙鳳岐老師精心意、擅查拳、素喜八卦，供職於漯河橡膠廠。那是 1959 年全國第一屆全運會籌備期間，趙鳳岐老師被選入河南省武術代表隊。初入隊，一日晨練，引同隊一操太極者駐足觀看：「你四趟拳（查拳）練得不錯，跟誰學的？」「馬老師，馬……」不等趙鳳岐老師言畢，此人即曰：「這孩子，現在何處？」對己已故恩師如此不敬，令趙鳳岐老師滿腹不快。見其與人言推手，趙鳳岐老師迎面上去。掤捋擠按，進三退二……未見幾個來回，即散手相見：趙鳳岐老師踩其足，裹其臂，下驚上取，一個鷂子入林反背掌，彼粘連無術，鼻嘴立馬流紅。因此事，趙鳳岐老師最終被取消代表資格。或問：「後悔否？」趙鳳岐老師淡然一笑：「俺替他老師，管管這個無口德的學生，不中？！」

應　用

設敵右順步拳照我頭面擊來，我以左臂領截敵右腕，熊視敵耳之垂線，左起刮地風腿側踹敵右脛膝（圖 3-50）。繼之落地踩實，再以左掌反背抽擊敵雙目（圖 3-51）。

圖 3-50

圖 3-51

圖 3-52

圖 3-53

反　擊

　　若敵領我右腕，截我右膝，欲扇擊我目，當如何？我速提右膝避敵之踹腿，舉左掌護我目，速進步右足，出熊形單把右式擊敵之面門也（圖 3-52、圖 3-53）。

第七式　猴形登撲（猴形入懷、猴形倒打）

1. 猴形登撲（左右合演）

第一動

　　氣定神閑，面南而立。右足尖內扣 60°，隨身左轉，

圖 3-54　　　　　圖 3-55　　　　圖 3-56

鼻納氣貫入丹田，左足向正東方向邁步弓出。左掌在前，右掌在後，與肩齊高，向前向下用力抓回到胸前，左掌置於右肩前，掌指朝上，掌心向左，護右腮；右掌置右腰際，掌指朝下，掌心向前。右膝提起，右足尖略向上蹺，右膝高於胯與左肘尖相觸。同時，內提穀道，丹田吃住勁兒，口中吐氣（圖 3-54、圖 3-55）。

第二動

接上動不停，左右二掌臂內旋，左掌附於右掌拇指處，熊視正前方，二食指相觸，用力向前推出，力在右掌心。同時，右足跟向身右後方掃出並隨即蹬直，左膝弓出。鷹視左足前 3～5 尺遠處，身成牮柱式（圖 3-56）。

第三動

接上動不停，左右合演至場地盡頭，若左足在前則左足尖內扣 120°，隨身向右轉，右腿向正西方向邁出，鼻吸氣貫入丹田。左右掌用力抓回胸前。同時，左膝提起，足尖上蹺，膝尖與停於胸前之右肘尖相觸。右掌護腮，掌指朝上，掌心向左，左掌停置於左腰際，掌心朝前，掌指向

圖 3-57　　　　圖 3-58　　　　　　圖 3-59

下，提膝時，內提穀道，丹田吃住勁兒，口中呼氣，熊視正前方（圖 3-57、圖 3-58）。

第四動

接上動不停，兩掌臂內旋，右掌心附於左掌拇指處，二食指相觸，用力向前推出，力在左掌心。同時，左足跟向身左後方掃出，隨即蹬直，右膝弓出，身成牮柱式（圖 3-59）。鷹視右足前 3～5 尺遠處。

2. 猴形登撲拳說

心意門之猴形，不類象形拳之猴拳，博採搔腮、觀望、翻滾諸姿，專取其形似。心意門之猴形獨取猴有縱身之靈。縱身者，蹬撲之謂。手曰撲，足曰蹬，其勢言捷，其效言靈，專取其神似也。猴形蹬撲，貴在心意門中之掃邊風腿。掃邊風又稱掃地風，類如笤帚掃地之橫風也。以技擊言之，不外絆摔與掛跌，絆摔者走外胯絆敵腿，掛跌者插襠內掛敵踵也。

應用

與敵纏抱，我左足在前，速以頭撞其面，令敵仰（圖

3-60）。若敵右腿在前，我速上右腿走外胯絆敵右腿；同時，以右掌虎口叉壓敵喉並向左後擰推（圖3-61）。若敵左腿在前，我亦速上右腿插敵襠掛掃敵踵；同時，以右掌虎口叉壓敵喉並向左後擰推（圖3-62）。

反　擊

與敵纏抱，謹防被敵頭撞。若已被敵撞，務必鎮定從容處之。敵若叉壓我喉，則逢抓必拿，然後再以野馬闖槽克之（圖3-63、圖3-64）。

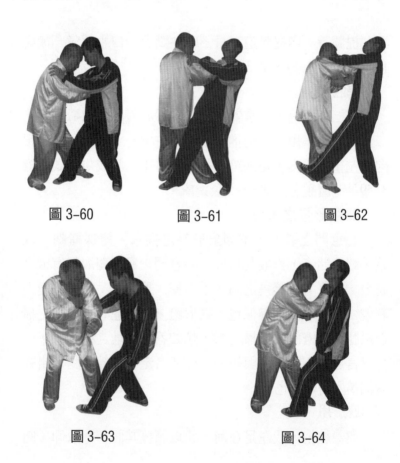

圖3-60　　　　　圖3-61　　　　　圖3-62

圖3-63　　　　　圖3-64

第八式　蛇形撥草（蛇撥草）

1. 蛇形撥草（左右合演）

第一動

氣定神閑，面南而立。右足尖內扣 60°，隨身左轉向正東方向。左掌由下經腹胸向前向下向左後經腹胸畫圓，停於右肩前，掌指朝上，掌心向左，護右腮。與左掌腹胸前畫圓之同時，左足邁出，左足尖外擺 105°，身繼續向左轉。右掌由後向上向前向左劈下，掌指朝下，掌心向左，停於左股外側。右足尖點地，重心在左足，兩膝彎套，鼻尖、左膝尖與左足尖三尖相照。同時，氣由鼻進貫入丹田，熊視正前方（圖 3-65、圖 3-66）。

第二動

接上動不停，右足向東直線邁進成弓步。右掌隨右腿弓出由下向前向上用力畫弧挑出，掌心向上，右肱與右耳相觸，鷹視右足前 3～5 尺遠處；同時，左掌臂內旋，向下經胸腹用力按之，停於襠前，掌心向後，掌指朝下。同時，穀道內提，丹田吃住勁兒，口中吐氣（圖 3-67）。

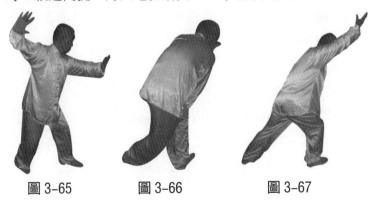

圖 3-65　　　　圖 3-66　　　　圖 3-67

第三動

接上動不停，右足尖外展 40°，左足尖點地。隨身向右轉，右掌由上向前向下經腹胸畫圓停於左肩前，掌指朝上，掌心向右，護左腮；左掌由後向上向前經胸腹用力劈下，停於右股外側，掌指朝下，掌心向右。左足尖點地，重心在右足，兩膝彎套，鼻尖、右膝尖與右足尖三尖相照。熊視正前方，同時鼻納氣貫入丹田（圖 3-68）。

圖 3-68

第四動

接上動不停，左足向東直線邁進成弓步。左掌隨左腿邁出而由下向前向上用力直臂挑出，掌心向上，左肱與左耳相觸；同時，右掌臂內旋向下經胸腹用力按下，停於襠前，掌指朝下，掌心向後。同時，穀道內提，丹田吃住勁兒，口中吐氣，鷹視左足前 3～5 尺遠處（圖 3-69）。

圖 3-69

第五動

接上動不停，行至場地盡頭，若左足在前，即左足尖內扣 120°，右足尖外擺 150°。隨身右轉向正西方，左掌落至左胯前，右足尖繼續外擺 30°；同時，右掌由下向左向上向右，經胸腹向左畫圓，停於左肩前，掌指朝上，掌心向右，護腮；左掌由下向後向上向前畫圓劈下，掌指朝

圖 3-70　　　　　圖 3-71　　　　　圖 3-72

下，掌心向右，停於右股外側。左足尖點地，重心在右足，兩膝彎套，鼻尖、右膝尖與右足尖三尖相照。同時，以鼻進氣貫入丹田，熊視正前方（圖 3-70、圖 3-71）。

第六動

接上動不停，左足向西直線邁進成弓步。左掌用力向前向上直臂挑起，左肱與左耳相觸；右掌用力同時由左腮前經胸腹向下按之，停於襠前。同時，穀道內提，丹田吃住勁，口中吐氣，目向前，鷹視左足前 3～5 尺遠處，鼻尖、左膝尖、左足尖三尖一線（圖 3-72）。

2. 蛇形撥草拳說

陳照瑞老師說蛇形撥草，拳法在首尾相應，練法在腰如軸進。首尾相應者上下兼顧，腰如軸進者手似輪行也。

或曰：蛇形撥草專以邊進立論。非也！蛇形撥草，足踏中門，占位借勢，以丹田擊人，發弓斷弦之靈勁也。

心意六合拳前輩買壯圖對蛇撥草闡發至微，眼察之，足行之，手撥之，柔進剛出，心得頗豐。《十形合一‧四把連環》之沉劈挑嶺就是蛇形撥草之融會變通，進而昇華

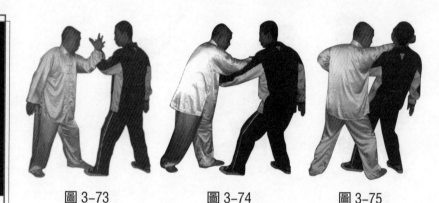

圖 3-73　　　　　圖 3-74　　　　　圖 3-75

成一擊必殺之絕技也。

應　用

設敵為左足在前之左架，我以左掌向敵眼前虛晃，敵若以左臂攔截，我速以右拳劈砸敵之左肘關節；同時，上右足，以右股襯敵之左胯，隨以下砸之右拳變掌直挑敵咽喉；或臂內旋，右掌心向下，隨身右轉向後按壓敵之眉宇間，敵倒。此即是心意門中之望眉斬也（圖 3-73～圖 3-75）。

反　擊

我若不慎被敵左掌花、右襯胯、右挑喉，我則速以右掌攔拿敵之右腕，左掌推敵右肘；同時，身向右轉後撤右足坐胯，將敵右臂掌心向上扛在左肩，並向下拉拽。敵必骨折而過肩摔下也（圖 3-76、圖 3-77）。

第九式　龍形裹橫

1.龍形裹橫右式

第一動

氣定神閑，面南而立。以鼻進氣，氣貫丹田。左足向

圖3-76

圖3-77

圖3-78

南進步，左膝弓出，扣如寸。同時，穀
道內提，丹田吃住勁兒，口中吐氣。左
掌背隨左足邁出向前彈甩，停於左膝
前；右掌背向後同時彈甩停於臀後尺
餘，力在兩掌指梢。兩眼向前鷹視左足
前3～5尺遠處（圖3-78）。此動心意
門中又稱錦雞抖翎。

第二動

接上動不停，右足向左足後插步，

圖3-79

足尖點地，重心移至左足。同時，以鼻進氣，氣貫丹田。
右手經胸向左拍，掌心向左，掌指朝上，停於左肩前；左
掌隨身前移置於右腋下，掌心向右，掌指朝上，熊視正前
方（圖3-79）。

第三動

接上動不停，左足尖內扣120°，身向右轉，右足向正
東方邁進弓出，扣如寸。隨身轉向正東，右掌由下向上過
頂向右向下向左經胸變拳向右擺出，拳心向上，拳面朝

圖 3-80　　　　　　圖 3-81　　　　　　圖 3-82

前，停於鼻前尺許，力在右拳眼；左掌隨右掌由下向上向右經胸變拳置於右肘窩，同時向右擺出。兩眼鷹視右足前3～5尺遠處，穀道內提，丹田吃住勁兒，口中吐氣（圖3-80、圖3-81）。此動心意門中又稱烏牛擺頭。

　　第四動

　　接上動不停，鼻進氣入丹田，隨左足向北邁進弓出。左右兩掌分別同時向北向南彈甩，力在兩掌指梢。同時，穀道內提，丹田吃住勁兒，口中吐氣，兩目鷹視左足前3～5尺遠處（圖3-82）。

　　第五動

　　接上動不停，右足向左足後插步，足尖點地，重心移至左足。同時，以鼻進氣貫入丹田，右手經胸向左拍，掌心向左，掌指朝上，停於左肩前；左掌隨身前移，置於右腋下，掌心向右，掌指朝上，熊視正前方（圖3-83）。

　　第六動

　　接上動不停，左足尖內扣120°，身向右轉；右足向正西方邁進弓出，扣如寸。隨身轉向正西，右掌由下向上過

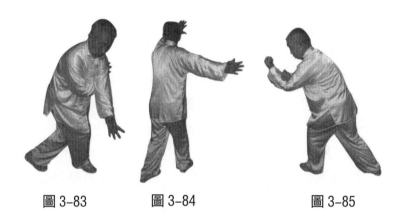

| 圖 3-83 | 圖 3-84 | 圖 3-85 |

頭頂向右向下向左經胸變拳向右擺擊，拳心向上，拳面朝前，停於鼻前尺許，力在右拳眼；左掌隨右掌由下向上向右經胸變拳置於右肘窩，同時向右擺擊。兩眼鷹視右足前3～5尺遠處，穀道內提，丹田吃住勁兒，口中吐氣（圖3-84、圖3-85）。

2. 龍形裹橫左式

依次正南、正東、正北、正西操練直到滿意為止。再接第六動不停，左足尖外擺90°隨右足向正南邁進弓出。右掌、左掌隨身左轉向膝前臀後用力彈甩，兩眼鷹視右足3～5尺遠處。同時，穀道內提，丹田吃住勁兒，口中吐氣。

龍形裹橫左式與右式動作相同，唯方向相反，依次正南、正西、正北、正東反覆行之。

3. 龍形裹橫拳說

龍形裹橫專為敵眾我寡而設。龍無定形，以游走稱著。在游走中施展身手，故有「雲龍九現」、「神龍見首不見尾」之說。龍形裹橫以寬身剪步，分走四門，游擊八

方。其執陰陽兩儀，暗藏八卦之數，足見姬祖當年創拳用心良苦。

余嘗問陳照瑞老師：「譜曰：『龍有搜骨之法』，何為搜骨法？搜何處骨也？」陳老師云：「搜骨者，專斷脊樑骨也。」

應　用

設敵眾向我撲來。我速沉身以錦雞抖翎彈擊近身敵襠，插步以右掌直撲正面來敵之面，轉身視隙「走為上」。（《三十六計》）正所謂：「凡與敵戰，若敵眾我寡，地形不利，力不可爭，當急退以避之，可以全軍。」（《百戰奇略・退戰》）「打不贏就走」，在走之中，先打近身之敵也。

搜骨法：設敵左架，我進左足，左掌背撩敵襠，若不中即反背掌撲敵面。敵若以右臂領截，我速進右足出右臂挑敵右肘關節處，以左掌推敵脇背，再進半步右足，以右反背捶擊敵頸椎骨（圖3-86～圖3-88）。

圖3-86　　　　　圖3-87　　　　　圖3-88

第十式　燕形取水（燕子汲水）

1. 燕形取水（左右合演）

第一動

氣定神閑，面南而立（圖3-89）。左掌由下向左向上向右畫弧至右胸前時，右掌心向上，從左掌背上斜向上穿出，兩眼熊視右掌；左掌停於右腋前五寸處，掌心向後，掌指朝上。同時，鼻吸氣貫入丹田（圖3-90）。

第二動

接上動不停，隨右掌臂內旋，掌心繼續向上。左足向左正東方橫出一步仆下。左掌亦臂內旋，掌心向上沿左腿插下停於左足外踝前。同時，穀道內提，丹田吃住勁兒，口中呼氣，鷹視左足前3～5尺遠處（圖3-91）。

第三動

接上動不停，右足向左足併攏。右掌從右向上向左起身畫弧至左胸前時，左掌心向上從右掌背上斜向上穿出，兩眼熊視左掌；右掌停於左腋前五寸處，掌心向後，掌指

圖 3-89

圖 3-90

圖 3-91

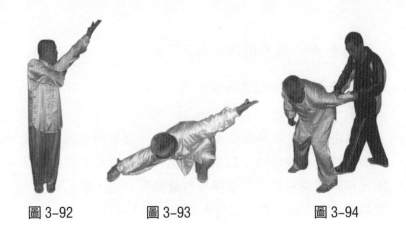

圖 3-92　　　　　圖 3-93　　　　　圖 3-94

朝上。同時，鼻吸氣貫入丹田（圖 3-92）。

第四動

接上動不停，隨左掌臂內旋，掌心繼續向上。右足向右正西方橫出一步仆下。右掌亦臂內旋，掌心向下沿右腿插下停於左足外踝前。同時，穀道內提，丹田吃住勁兒，口中呼氣，鷹視左足前 3～5 尺遠處（圖 3-93）。

第五動

接上動不停，左足向右足併攏。左掌從左向上向右起身畫弧至右胸前時，右掌心向上，從左掌背上斜向上穿出，兩眼熊視右掌；左掌停於右腋前五寸處，掌心向後，掌指朝上。同時，鼻吸氣貫入丹田。週而復始。

2. 燕形取水拳說

李時珍在其巨著《本草綱目・燕》中寫道：「京房云：人見白燕，主生貴女，故燕名天女。」見白燕，能否生貴女未作驗證，但燕名「天女」卻有來歷。天女在上，取水在下。燕形一勢乃上驚下取險中取勝之法也。

圖 3-95　　　　　圖 3-96　　　　　圖 3-97

應　用

設敵拿我左腕，推我左肘。我已受制於敵，即向左後撤步；同時，彎腰用右手掏搬敵右腿（圖 3-94、圖 3-95）。

反　擊

設敵敗勢、撤步、搬掏我腿。我以猴形蹬撲後掃敵足，前按敵頸，推敵背以解之（圖 3-96、圖 3-97）。

第十一式　雞形顛腿（掂腿、高雞腿）

1. 雞形顛腿左式

第一動

氣定神閑，面南而立，鼻吸氣貫入丹田。左足外擺 90°，身向左轉，面朝正東方，熊視雙掌，由身前臂外旋鑽起，隨右膝向左擺動提起，足尖上蹺。雙掌臂內旋掌心向下向右後拍領，力在右膝。同時，穀道內提，丹田吃住勁兒，口中吐氣，鷹視右膝前正東方 3～5 尺遠處（圖 3-98）。

圖 3-98

第二動

接上動不停，右足落地內扣 90°，身向右轉，面朝正北方熊視，鼻吸氣貫入丹田。雙掌由身側臂外旋鑽起，隨身向左轉，左膝提起，足尖上蹺，力在左膝尖。雙掌臂內旋，掌心向下向左後拍領。同時，穀道內提，丹田吃住勁兒，口中呼氣，鷹視左膝前正北方 3～5 尺遠處（圖3-99）。

圖 3-99

第三動

接上動不停，左足落地外擺 90°，身向左轉，面朝正西方熊視，鼻吸氣貫入丹田。雙掌由身側臂外旋鑽起，隨身向左轉，右膝向左擺動提起，足尖上蹺，力在右膝尖。雙掌臂內旋，掌心向下向右後拍領。同時，穀道內提，丹田吃住勁兒，口中呼氣，鷹視右膝前正西方 3～5 尺遠處（圖 3-100）。

圖 3-100

第四動

接上動不停，向南、向北、向西，週而復始，練至滿意，始作右轉身雞形顛腿右勢。

接圖 3-100，右足落地內扣 90°，鼻中吸氣貫入丹田，熊視正南方向，左足向正東撤半步。隨身向左轉，左掌順落於左臀後，掌心向裏，掌指觸左臀；右掌順落

圖 3-101

於左股前外側，掌心向裏，右小指觸股前近膝處（圖3-101）。

2. 雞形顛腿右式

接上動不停，右膝向正東提起。雙掌隨右膝提起，順勢向右膝外拍領，力在右膝尖。同時，內提穀道，丹田吃住動，口中吐氣，鷹視右膝前3～5尺遠處（圖3-102）。依次正南、正西、正北、正東練習。雞形顛腿右式轉身與左式法同而方向相反也。

圖3-102

3. 雞形顛腿拳說

雞形顛腿乃心意門中之捲地風腿也。捲地風俗稱旋風，其巨者謂龍捲風。捲地風腿以勾、別、頂、搬諸法克敵，寓意將敵置於風之旋渦中不能自控者也。施技之關鍵在於扭腰變臉一刹那也。

圖3-103

應 用

設敵右足在前之右架。我以鑽拳直奔敵面門（圖3-103），乘敵避而抱敵頸，再提右膝擊敵胃脘（圖3-104），繼而，抱敵頭挾敵頸以右腿絆摔也（圖3-105）。

圖3-104　　圖3-105

圖 3-106　　　　　圖 3-107　　　　　圖 3-108

反　擊

設敵抱我頸項以右膝擊我胃脘。我速外擺左足尖；同時，以右膝向左擺提攔截，並繼以右足跟側踹敵左膝也（圖 3-106、圖 3-107）。

第十二式　猴形蹲丹田（蹲中節）

1. 猴形蹲丹田（左右合演）

第一動

氣定神閑，面南而立。兩掌由股外側提至胸前向南推出，拇指指端相觸，兩掌掌指朝上，掌心向前（圖 3-108）。以鼻納氣貫入丹田。同時，兩掌分別向左右畫弧變拳至腰際，熊視正前方（圖 3-109）。

第二動

接上動不停，隨左足向左朝正東橫跨成馬步，兩足間距為己之三足長。而拳從腰際沿己之中線向前向上變掌鑽出，兩掌小指、無名指、中指依次相觸，掌指朝上，掌心斜向外，掌高齊眉，距鼻尺餘，停於面前。同時，穀道內

圖 3-109

圖 3-110

圖 3-111

提，丹田吃住勁兒，口中呼氣，臀向下坐，從兩臂際中鷹視襠前 3～5 尺遠處，力在臀尖（圖 3-110）。

第三動

接上動不停，左足收回向右足併攏。兩掌向前推並分別向左右畫弧變拳停於腰際。同時，鼻吸氣貫入丹田，熊視正前方（圖 3-111、圖 3-112）。

圖 3-112

第四動

接上動不停，隨右足向右正西橫跨成馬步，兩足間距為己足三足長。兩拳從腰際沿己之中線向前向上變掌鑽出，兩掌小指、環指、中指依次相觸，掌指朝上，拳心斜向外，掌高齊眉，距鼻尺餘，停於面前。同時，穀道內提，丹田吃住勁兒，口中呼氣，臀向下坐，從兩臂際中鷹視襠前 3～5 尺遠處，力在臀尖（圖 3-113）。左

圖 3-113

圖 3-114　　　　　圖 3-115　　　　　圖 3-116

右反覆進行，直到自己滿意為止。

2. 猴形蹲丹田拳說

猴形蹲丹田係心意門臀打之法，從屬於胯打之列，為坐胯者也。蹲丹田靜者養氣，動者練氣，靜動陰陽積成真氣。門內有人練蹲丹田專用木凳或椅作試力者也屬一法，估計是從尚學禮老師斷凳一法變出，不妨試試。

圖 3-117

應　用

設敵從後將我連腰帶手一併抱住（圖 3-114）。我即以仰頭擊敵面（圖 3-115）。並靠坐敵胯，掏搬敵踵也（圖 3-116）。

反　擊

從後擊敵鎖喉法強於抱腰，若抱之，須防敵仰首撞面，提踵跺蹠，掌拍抓禧。若敵彎腰掏踵，我則以前胯尖頂敵臀，使敵仆（圖 3-117）。

十二式本身就是絕招，得機得勢，是沒有破解法的。

余之所以每式均選用反擊破解，無非是證明死練活用之意也。陳照瑞老師云：「一打膽，二打步，三打手快憑功夫。」十二式，余從「眼有緊查之精，手有撥轉之能，腳有行程之功」三方面作一介紹，望學子能認真體悟：三尖、三彎、三心之古規，體悟呼吸內勁之家法，反覆思悟姬祖之教誨：「心要動，內要提，外要隨。起要橫，落要順。打要連，氣要催。躦身平，進中間，手起似虎撲，腳起不落空。遇敵防奈戰，放膽盡成功」。（姬隆豐《四拳勢論》）

第二節　十形合一

　　十形合一由四把連環、四把捶、五肘三個小套路組成。是心意門先賢實踐十大真形・十二勢的臨陣經驗之融合與昇華。如果說十大真形・十二勢是在明眼前、明腳前、明手前上做好文章，那麼正如陳照瑞老師云：「十形合一要在踩撲裹束決，五星連珠上下足工夫。為日後陣前殺敵計，心明體悟每把每勢，每種組合如何去踩到位、撲上去、裹其臂、束己身、決發出。」確實乃吾心意門之首務，向師討教真消息處也。

　　《心意門・十形合一歌》曰：

　　聞雞起舞頭頂天，心意六合姬祖傳。陰陽手護熊出洞，猛虎撲人占胸膛。

　　雞步進斂猴束蹲，搬截劈掛出橫拳。鷂子入林轉身走。鯉魚摳腮過步難。

　　丹鳳朝陽槃日月，雲龍沉劈潛入潭。恨地無環蛇挑

嶺，恨天無把頭斷山。

臥虎巧運金雞步，蹲猴招招不一般。上尋井口下會陰，心窩穴裏演橫拳。

燕子取水出絕地，鐵壁迎門站中間。進步栽捶搗六宮，穴打山根醫者難。

懷抱頑石憑雞腿，雙把推胸向井泉。鷹捉虎撲拳中魂，雷出丹田敵膽寒。

走馬觀花瞭敵陣，風虎足踏敵踵邊。熊形單把打罩藝，魂離天心赴黃泉。

左起肘雲虎抱頭，龍擺尾曰右肘盤。轉身遮雲蔽月肘，投懷送抱一身膽。

撤步地炮肘打後，夜馬奔槽拳向前。仙人脫衣熊入洞，十形合一傳孝賢。

陳照瑞老師云：「四把者，四拳也。足為一拳，胯為一拳，膀為一拳，頭為一拳。」又云：「四把連環者，虎拳之謂也。虎為山獸之君，以三絕服眾。虎嘯林泉一撲，蹄馳雄風二掀，尾甩如鞭三剪。轉身者鷹鷂之屬，總不離虎猛鷹揚四字也。」

《心意門・四把連環歌》贊曰：
出手橫拳勢難招，展開中平前後梢。
轉身挑嶺陰陽勢，鷹捉虎撲足下拋。

一、四把連環

1. 熊出洞（六合勢）

面南而立，氣定神閑（圖3-118），鼻納氣直貫丹

田。右足尖內扣 60°，隨身向左轉，左足跟點地，置於右足尖前 2～3 寸處，二肩隨胸略向右轉，左肩與鼻尖、左膝尖、左足尖同處一矢面。左掌隨上半身動屈掌，肘略彎而置於左股正前；右掌上提至左胸前，屈掌護心，兩肱貼脇，熊視正東左足前 3～5 尺遠處。同時，穀道內提，丹田吃住勁兒，口中吐氣（圖 3–119）。

圖 3-118

力在右足五趾合湧泉間，三心圓實。上動略停，鼻納氣，貫入丹田。心意門中戲稱此勢為「捆身子」，意取全神貫注束勁也。若村姑之衣著緊身，猶今之女性束胸、束腰、束腹、束臀，以靚其瘦身，弱不禁風狀。源自姬祖《四拳勢論》中所云：「見之如婦」也。陳照瑞老師言熊出洞：「單足負重曰雞腿，左肩向前曰龍腰，掌屈如鉤曰鷹爪，兩肱護肋曰熊膀，首項靈頂曰虎抱頭，丹田鼓蕩曰雷聲，此即六合之身也。」

圖 3-119

2. 虎撲（狸貓捕鼠）

接虎撲，左足向正東邁進成弓步，左足尖內扣如寸。兩掌隨身成牮柱式，於膝內、襠前按插，左掌心向下，掌指朝前，停於左膝內側；右掌心向襠，掌指朝下，護於襠前，左肩相照於左膝尖、左足尖與鼻尖。同時，穀道內提，丹田吃住勁，口中吐氣，鷹視左足前 3～5 尺遠處，力在左掌沿、右掌指（圖 3–120、圖 3–121）。

圖 3-120（側）　　　圖 3-121（正）　　　圖 3-122

技擊精說

設敵進右足出右掌抓掐我咽喉。我
速以右掌按住敵右掌；同時，右肩後
撤，左肘上揚掄切敵右掌尺骨小頭處，
並趁勢用力下按。上動不停。左足進步
過敵右足套踵，並以左肩撞擊敵胸膛
（圖 3-122、圖 3-123）。

3. 雞步踐竄・猴束蹲

接虎撲，右足直線向東邁進，左足

圖 3-123

跟進，足跟點地，位於右足尖前內側 2～3 寸處。左掌停於
左腿內側，掌心朝右，掌指向下，小指與左內踝相觸；右掌
停於右臀後，掌心朝左，掌指向下，兩股略高於水平，左
肩、左膝與左足同向正東，鼻尖與右膝尖、右足尖相照。以
鼻納氣，貫入丹田，熊視正前方（圖 3-124、3-125）。

4. 橫　拳

接上動不停，左足向正東前進一步，左膝弓出。右掌
變拳屈肘隨左掌上揚由下斜向上勾擊，右拳面向上，拳心

圖 3-124　　　　圖 3-125　　　　圖 3-126

向左，食指中節與左掌中指掌關節
處相觸，停於鼻前，距鼻尺餘處。
重心在左足，右足蹬送，右膝略
彎。同時穀道內提，丹田吃住勁，
口中吐氣，鷹視左足前 3～5 尺遠
處，力在右拳面（圖 3-126）。鼻
尖、右拳與左膝尖、左足尖共處同
一矢面。陳照瑞老師云：「右拳上
勾時，肘不可離脅太近，右肘窩如

圖 3-127

掛一竹籃，同時甩出，故心意門中戲稱此勢為『挎籃
子』，意在勾掛敵腋將敵如籃子一樣甩出。」如村姑挎籃
採茶，見蝶撲蝶而將竹籃甩出之動人神態也。

　　技擊精說

　　設敵右足在前以右、左擺拳向我頭部輪番擊來。我速
以左掌臂向右下按劈敵右拳，隨之以右臂向上截掛敵左
腋。同時，進左足，再進右足，向左轉身，將敵甩出（圖
3-127～圖 3-129）。

圖 3-128　　　　　　　圖 3-129　　　　　　　圖 3-130

5. 轉身鷂子入林

　　接橫拳，左足尖內扣 120°，隨身向右轉，向正西方，右足回撤並足尖點地。左掌由下向後向上畫弧舉起，停於左面前，肘屈 90°，掌指向上，掌心朝後；右掌同時向右向下向上畫弧，停於左肘下，掌指向左，掌心朝前，右肩與右膝尖、右足尖、鼻尖共處同一矢面。面朝正西方，以鼻進氣，貫入丹田，兩目熊視正前方（圖 3-130）。心意門中戲稱此勢轉身為「撂挑子」，若村姑挑擔途中歇腳，轉身招呼同伴之情景狀。把意在跌法。

　　技擊精說

　　接橫拳技擊，若敵攔中節避過我之右拳。我速進左足半步插敵襠；同時，右拳變掌挑抓敵右肘關節上部，左掌搬摟敵右膝窩向上，迅速向右轉身變臉使敵跌仆（圖 3-131、圖 3-132）。

6. 過步・丹鳳朝陽

　　接轉身鷂子入林，兩掌略停不動。右足向正西前進半步，隨即左足向正西前進一步，右足過左足再向西前進半

圖 3-131　　　　　圖 3-132　　　　　圖 3-133

步，足跟點地，腳尖上蹺。左掌同時經胸腹下按，停於襠
前，掌心向襠，掌指朝下；右掌隨左掌下按而直臂向上舉
起，右肱與右耳相觸，掌心向後，掌指朝上。同時，穀道
內提，丹田吃住勁兒，口中呼氣，兩目鷹視右足前 3～5 尺
遠處，下按上舉，力在兩掌（圖 3-133）。

　　技擊精說

　　設敵右手抓我右腕向後領帶。我則以右足向前進一
步，左足跟進半步，再進右足，迅速再上左足繞到敵背
後，以左掌繞敵頸
摳敵右腮向左擰。
俗云：鯉魚摳鰓
（圖 3-134、圖 3-
135）。此步亦稱
過步，三步進敵之
步也。
　　設敵以右順步
拳擊我。我則以左

圖 3-134　　　　　圖 3-135

圖 3-136　　　　　圖 3-137　　　　　圖 3-138

臂截按敵右肘關節；同時，以反背掌直貫敵之雙眼（圖 3-136、圖 3-137）。此為丹鳳朝陽，即當年尚學禮老師將驚馬打翻在地之招式也。心意門中將左眼為陽為日，右眼為陰為月，故也。四把連環中以右臂朝陽，左右同法，當舉一反三，不贅也。

7. 龍形沉劈

接丹鳳朝陽，以鼻吸氣貫入丹田，熊視正前方。右掌由上而下用力劈擊，停於右足內側，掌心向左，掌指朝下，右第五指觸右內踝；左掌由襠前經腹胸臂外旋停於右腮前，掌心向左，掌指朝上，左腕尺側觸右鎖骨，束身下蹲，兩股不得低於水平，鼻尖與左膝尖、左足尖共處同一矢面，右肩與右足尖、右膝尖共處同一矢面。同時，口中呼氣，內提穀道，丹田吃住勁兒，雙目鷹視右足尖前方3～5尺遠處（圖 3-138）。

8. 蛇挑嶺（恨地無環）

接龍形沉劈，略停，鼻進氣貫入丹田，兩眼熊視正前方。隨左足蹬送，右足向正西邁進成弓步。右掌握拳似大

地有環而提之，以腰腿助右拳由下斜向前向上直臂挑出，變掌，掌心向上，掌指朝前，右肱與右耳相觸；左掌隨右拳上挑之時用力經胸腹下按落在襠前，掌指朝下。同時谷道內提，丹田吃住勁兒，口中呼氣，鷹視右足前 3～5 尺遠處，力在兩掌（圖 3-139）。心意門中戲稱此勢為「掀裙子」，如村姑撩掀

圖 3-139

玩伴羅裙之調皮憨態。陳照瑞老師云：「恨地無環乃十大真形鑽翻藝（意）之總綱。恨不得大地有環，右手欲提起而拋之也。」

技擊精說

設敵左足向我側踹，我速讓右足半步，避其鋒芒；同時，外擺左足尖舉右掌向下劈截敵左足，繼上右足，以右反背捶斜擊敵胸頸，使敵跌出（圖 3-140～圖 3-142）。

圖 3-140

圖 3-141

圖 3-142

圖 3-143　　　　　　　圖 3-144　　　　　　圖 3-145

9. 撤步鷹捉（恨天無把）

接蛇挑嶺，撤回右足與左足併攏，重心在左足。隨右足撤回，右掌不動如前；左掌經腹胸上提輕觸右肱，沿右臂斜向上推出，隨右掌臂內旋而至右掌背，左虎口貼住右食指根，雙掌高於頭，與上身呈 45°角。撤右足時鼻吸氣貫入丹田，左掌向上推出時，穀道內提，丹田吃住勁，口中呼氣，雙目熊視兩掌，力在兩掌指端，作欲抓狀（圖 3-143）。心意門中戲稱此勢為「摸臉子」，若村姑以指刮同伴面之惟妙惟肖狀。陳照瑞老師云：「恨天無把即十大真形罩藝（意）之統領。意在如天有柄，雙手欲抓握之將天撕塌之狀。」

10. 虎　撲

接撤步鷹捉，鼻進氣貫入丹田；同時，內提穀道，丹田吃住勁兒，口中吐氣。左足向正西邁出，右腿蹬直成左弓步。左肩向前栽，兩掌凌空下劈，左掌停在襠前，右掌甩至右胯後。繼左肩向前頂全身成牮柱勢，左掌隨置於左膝內側，掌心向下，掌指朝前；右掌置於襠前，掌心向

圖 3-146　　　　　　圖 3-147　　　　　　圖 3-148

襠，掌指朝下；左肩與左膝尖、左足尖、鼻尖相照。兩眼
鷹視左足前 3～5 尺遠處（圖 3-144、圖 3-145）。心意門
中戲稱此勢為「吃奶子」，如村姑依偎玩伴胸前浪漫無羈
之傳神狀。把意在腳踏中門以頭擊人。

技擊精說

敵進，我撤右足引領，並以右掌撲抓敵面，敵以臂攔
截（圖 3-146）。接上動不停，我右掌向下按壓敵臂；同
時，再出左掌撲抓敵面（圖 3-147），隨即向下撕扒敵
臂，進左足入敵中門，以前額擊敵胸膛（圖 3-148），撤
步鷹捉「摸臉子」，進步虎撲「吃奶子」。陳照瑞老師
云：「要想打得慘，還得臉對臉。」此之謂也。

11. 雞步踐竄·猴束蹲

接虎撲，右足向西北方斜出一步下蹲，右大腿略高於
地面水平；左足跟進，足尖上蹺，位於右足尖前內側 2～3
寸處。左掌停於左腿內側，左掌心朝右，掌指向下，小指
與左內踝相觸；右掌停於右臀後，掌心朝左，掌指向下，
左肩與左膝、左足尖向正西方向。鼻尖與右膝尖、右足尖

圖 3-149　　　圖 3-150　　　　　圖 3-151

相照，鼻納氣入丹田，熊視正前方
（圖 3-149、圖 3-150）。

12. 橫　拳

接上動不停，左足向西南方邁
進，左膝弓出。隨右足蹬送，左掌向
前上揚，右掌握拳屈肘，由臀後斜向
上勾擊，右拳面向上，拳心向左，食
指中節與左掌中指掌指關節處相觸，

圖 3-152

停於鼻前，距鼻尺餘處。重心在左
足，穀道同時內提，丹田吃住勁兒，口中吐氣，兩眼鷹視
左足前 3～5 尺遠處，力在右拳拳面。鼻尖、右拳、左膝
尖、左足尖共處同一矢面（圖 3-151）。

技擊精說

設敵兇猛向我撲來，我右足向右斜上半步，避敵鋒
芒，以左掌臂向上挑敵肘臂；同時，進左足踏敵中門以右
拳勾擊敵心窩穴處（圖 3-152）。陳照瑞老師云：「心窩
穴，血頭於每日子時流注，若此時擊之，傷重一籌。」心

第三章　技擊篇・十大真形

意門中又稱「半步捶」，看前心打後心，俗稱黑虎掏心是也。

　　下動再接轉身鷂子入林、過步、丹鳳朝陽……至橫拳，再接轉身鷂子入林、過步、丹鳳朝陽……如環之無端，故心意門內稱之為「四把連環」。由虎撲（一步）到雞步踐竄（二步）、猴束蹲至出橫拳（三步），心意門內又稱之為「快三步一拳法」。故足為一拳（一把）；鷂子入林，以「裹膀搶步」轉身「摺挑子」，故膀為一拳（二把）；沉劈挑嶺，功在臂膀，故膀為一拳（三把）；鷹捉虎撲，中門頭簡捷實用，故頭為一拳（四把）。局外人不知膀拳龍脈，只曉橫拳、挑嶺、鷹捉虎撲三拳風光，故俗稱：「心意門三步三拳不傳人」也。

二、四把捶

1. 車輪（燕子取水）

　　接四把連環・12 橫拳動作不停，鼻納氣貫入丹田，右足尖內扣 30°，隨身向左轉，左足向身後正東方向仆步，重心在右足。左掌經胸腹臂內旋反掌順左腿下插至左足外踝前，掌心向上，掌指朝下；右掌停置於右膀側，掌心向下，掌指朝南。同時，口中呼氣，穀道內提，丹田吃住勁兒，雙目鷹視左足前 3〜5 尺遠處（圖 3-153）。心意門中戲稱此勢為「鑽凳子」，若村姑頑皮從四腿條凳下鑽出狀。

圖 3-153

圖 3-154　　　　　圖 3-155　　　　　圖 3-156

把意在攻取下盤以跌人也。

技擊精說

設敵右順步拳擊我頭面（圖 3-154），我以右掌領截敵臂，進左步鎖定敵腿，乘勢下蹲成仆步，以左掌從敵襠插進搬敵左腿，以頭及左肩背靠敵腹，敵必人仰馬翻（圖 3-155）。此即心意門中「燕子取水」之跌法。

2. **黏手**（迎門鐵壁）

接車輪動作不停，左足尖外展 90°，起身直立，重心在左足。鼻吸氣入丹田，隨之右足屈膝上提，足尖上蹺。右掌握拳亦隨右膝上提而向上抄打，拳心向裏，拳面向上，拳眼向右，右拳高與鼻齊，距鼻尺餘；左掌隨右拳向上而依附右腕側，掌心向右，掌指朝上，右肘與右膝相觸。同時，穀道內提，丹田吃住勁兒，口中呼氣，雙目熊視右拳（圖 3-156）。心意門中戲稱此勢為「提鞋子」，如村姑鞋脫提鞋狀。意在兵行詭道，佯作提鞋而擊敵也。

技擊精說

姬祖在《四拳勢論》中云：「在中見他不鎖門勢，是

圖 3-157　　　　圖 3-158　　　　　圖 3-159

勢定於咽喉。」黏手之謂也。設敵
直立，五行亂髮。我上左足踏其中
門，右拳挑分敵臂而擊敵頷，右膝
撞陰（圖 3-157）。

3. 進步栽捶

接黏手動作不停，鼻吸氣貫入
丹田，右拳變掌隨左掌落於兩胯
前。隨左足蹬送，右足向西邁進成
右弓步，而右拳握雞心拳依鼻尖、

圖 3-160

右膝尖及右足尖之矢狀面斜向下用力直出，停於右膝前尺
餘，拳面斜向下，拳眼向左；左掌附於右肘裏側，掌心向
右，掌指斜向上。同時，口中呼氣，丹田吃住勁兒，穀道
內提，力在右拳，兩目鷹視右拳（圖 3-158）。

技擊精說

我抱敵頸，以右膝擊敵腹後，隨右足踏敵中門而右雞心
拳下插敵臍（圖 3-159、圖 3-160）。臍又名六宮穴，血頭
亥時流注此穴，遇時插打，傷重一籌。栽捶插擊敵腹，易造

圖 3-161　　　　圖 3-162　　　　圖 3-163

成臟器移位，《拳傷辨》云：「向上為順氣，平拳為寒氣，倒插為逆氣最凶，各樣內傷總怕倒插。血隨氣轉，氣逆血只凝故也。心前背後相對處，傷久成怯，小膀肚腹打傷，久必成黃病。」（《中醫骨傷科薈萃‧少林真傳傷科秘方》）

　　進步栽捶亦可變藝為左掌掩按敵臂，右雞心拳直擊敵山根穴（圖 3-161）。山根穴若遇卯時血頭流注之際被擊，頭大如斗，醫者亦為難也。何為雞心拳？以拇指抵壓中指末節指甲，中指指間關節突出拳面，狀如雞心，專打穴道者也（圖 3-162）。

4. 懷抱頑石

　　接進步栽捶動作不停，鼻進氣，氣貫丹田。左足向東北方斜出半步，右膝隨之屈曲，兩掌呈抄抱狀停於左脛左臂外側，右肘與左膝相觸，鼻尖與左膝尖、左足尖相照，內提穀道，丹田吃住勁兒，口中呼氣，兩眼熊視正前方3～5尺遠處（圖 3-163）。

5. 雙推把

　　接懷抱頑石動作不停，鼻進氣，氣貫丹田。右足向東

圖 3-164　　　　圖 3-165　　　　圖 3-166

南方向邁進一步，左足隨之與右足併攏，雙膝略彎。兩掌
如抱頑石狀停於腹前，經胸上提至嘴之高度，雙掌拇指相
搭，右掌在前，以兩腿蹬力相助向東方用勁推出。同時，
穀道內提，丹田吃住勁兒，口中呼氣，雙目熊視兩掌（圖
3-164）。

技擊精說

設敵兒猛向我撲來，我左足向左斜上半步，蹲潛避敵
鋒芒（圖 3-165）；同時，進右足踏敵中
門，以雙掌推敵胸膛（圖 3-166）。

6. 鷹　捉

接雙推把動作不停，雙掌斜向上舉，左
掌虎口貼右食指掌指關節處，掌心向前，掌
指朝上。同時，以鼻進氣，氣貫丹田，兩眼
熊視雙掌（圖 3-167）。

7. 虎撲・雷聲

接上動不停，左足向正東邁進一步弓
出，右腿蹬直。雙掌凌空劈下，恨天無把，

圖 3-167

圖 3-168　　　　圖 3-168　　　　圖 3-170

左掌停於襠前，掌指朝下，掌心向襠，右掌甩於後。同時，內提穀道，丹田吃住勁，氣由丹田生，喉中發出「噫」字聲。隨繼頭與左肩向前頂扛，左掌隨之按於左膝內側，掌心向下，掌指朝前；右掌停於襠前，掌心向襠，掌指朝下，力在左肩（圖 3-168）。兩目鷹視左足尖前 3～5 尺遠處。

技擊精說

設我右掌掐抓敵嗉（咽喉），敵以右掌按壓我右掌，欲左轉身以左肘轉切我左腕尺骨小頭處。我速以左掌徑直抓撲敵面，上驚下取，進左腿套敵右踵，左掌劈插敵襠搬掏敵左腿，以頭肩合力將敵別倒（圖 3-169～圖 3-171）。心意門中亦將此勢稱為「嬰兒撲食」。

四把連環接車輪·黏手、進步栽錘、懷抱頑石把（雙推把）、鷹捉虎撲·雷聲，構成所謂「鬥金」難換之四把錘。心意門·四把捶雖各地門人操練略有不同，但整個拳架結構、用氣發力，還是大同小異。所謂小異者，皆是各地心意門後賢融入自己之經驗體會罷了。當年，余曾請教陳照瑞老師：「拳套畢，原地立。為何四把捶練至雷聲，

圖 3-171　　　　　圖 3-172　　　　　圖 3-173

回不到原地？」當年往事，歷歷在目，但見陳照瑞老師眼
角溢笑：「就你能。」於是，起身傳余五肘。

三、五　肘

1. 走馬觀花（霸王觀陣）

接四把捶‧虎撲‧雷聲　動作不停，重心右移，左足內
扣 120°，身向右轉，重心移在左腿，左膝微屈，右足不
動。雙掌變拳隨身向右轉停於胯側，左拳眼向前，右拳眼向
後，兩肘微屈，鼻尖、右肩與右膝尖、右足尖置同一矢面。
兩目熊視正西方，以鼻納氣貫入丹田（圖 3-172）。

2. 虎形雙把

接上動不停，右足尖外擺 150°向正西，右膝半蹲；左
足上步，左足尖點地停於右足尖內側 2～3 寸處。兩掌掌心
相對，掌指朝下，分別停於兩股外側。口中呼氣，丹田吃
住勁兒，穀道內提，熊視正前方（圖 3-173）。以鼻進
氣，氣貫丹田，左足向前邁進弓出，右腿蹬直。兩掌提至
同嘴一樣高度，左掌在前，右掌在後，右拇指搭左拇指，

圖 3-174

圖 3-175

圖 3-176

掌指朝上，掌心向前，立掌向正西推
出，三尖相照。同時，口中呼氣，內提
穀道，丹田吃住勁兒，兩眼熊視雙掌
（圖 3-174）。

技擊精說

設敵左順步拳擊我頭面，我速以兩
掌拍領敵臂；同時，進左足踏中門，雙
掌推敵胸（圖 3-175、圖 3-176）。

圖 3-177

3. 熊形單把（罩藝）

接虎形雙把動作不停，鼻納氣貫丹田。右足向西邁
進，左膝微屈蹬送。同時，右掌掌屈，掌心向下，掌指朝
前；左掌扶貼右掌，虎口相觸，由下提至右腮前，隨右足
踏實，兩掌用力下按，力在右掌根。同時，穀道內提，丹
田吃住勁，口中呼氣。右掌食指與鼻尖、右膝尖、右足尖
共處同一矢面上（圖 3-177、圖 3-178）。

技擊精說

設敵突進，下蹲抱我右腿（圖 3-179）。我速以右掌

圖 3-178

圖 3-179

圖 3-180

下按敵頭，乘敵仰首，雙手則搬敵頦向
左擰之，俗稱「扭羊頭」（圖3-
180）。

4. 虎抱頭（左起肘）

接熊形單把動作不停，鼻納氣入丹
田。左足向西邁進，左膝略弓出，右腿
微屈跟進。隨左足進步，左掌變拳屈肘
以肘尖向前挑起，力在肘尖，右掌心向
左護在左肘內側。同時穀道內提，丹田
吃住勁兒，口中呼氣，雙目鷹視左足前
3～5尺遠處（圖3-181）。

圖 3-181

技擊精說

設敵以右擺拳擊我頭。我進左足踏
敵中門，左起肘護頭並以左肘尖挑擊敵
胸（圖3-182、圖3-183）。心意門中
戲稱此勢為「盤辮子」，若村姑對水梳
妝、補妝之精彩狀。意在兵不厭詐，佯

圖 3-182

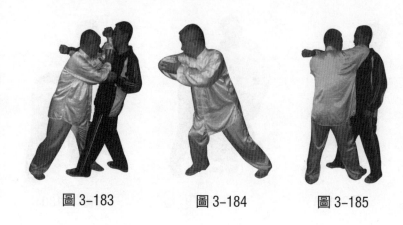

圖 3-183　　　　　圖 3-184　　　　　圖 3-185

作盤頭髮而起肘擊敵也。

5. 龍擺尾（右盤肘）

接虎抱頭動作不停，鼻納氣，入丹田。右足向正西邁進一步弓出，左腿蹬直。右掌握拳屈肘向左盤擊，左掌心向右，掌指朝前，迎拍右肘於胸前，右肘尖與鼻尖、右膝尖、右足尖同處一矢面，力在右肘尖。同時，口中呼氣，穀道內提，丹田吃住勁兒，兩眼熊視肘前方（圖 3-184）。

技擊精說

此肘即尚學禮老師開封打擂，搖扇把套藝龍擺尾，獲勝之肘。三石一鳥，堪稱經典。常與虎抱頭連用。當敵遭我左肘挑胸，欲向後退，我即進右足插敵中門，盤右肘擊敵胸頸（圖 3-185）。

6. 轉身遮雲蔽月肘（窩心肘）

接龍擺尾動作不停，鼻納氣，入丹田。右足尖內扣120°，身向左轉向正東。左拳屈肘於胸前，拳心向下，右掌心擠推左拳面，隨左足向東進半步弓出，左肘尖用力向

圖 3-186

圖 3-187

圖 3-188

前頂。右腿蹬直，身成牮柱勢。左肘尖與鼻尖、左膝尖、左足尖同處一矢面上。同時，穀道內提，丹田吃住勁兒，口中吐氣。兩眼熊視左肘尖前方（圖3-186）。

技擊精說

設敵拿我右腕，拉我右肘撕翅。我順敵力，屈右肘過頭向左向後轉身，與左足進步的同時，屈左肘，以肘尖擊敵胸肋。敗中取勝法也（圖3-187、圖3-188）。

7. 撤步地炮肘（拉錨斷繩）

接轉身遮雲蔽月肘動作不停。隨右足上步與左足併攏。同時，左掌心掩右拳向前伸直（圖3-189）。鼻納氣入丹田。前動不停，隨右足後撤一步，右腿半蹲，重心在右腿，左足伴重心移至右腿而擦地拖。同時，左掌心向後推擠右拳拳面，右拳心朝上，隨右擰中節而右肘向身後猛擊，力在右肘尖。同時，口中呼氣，丹田吃住勁兒，穀道內提，鼻尖與右膝尖、右

圖 3-189

圖 3-190　　　　　圖 3-191　　　　　圖 3-192

足尖處同一矢面，雙目鷹視左足前 3～5
尺遠處（圖 3-190）。

　　技擊精說

　　設敵從後面連雙臂及腰一塊將我摟
抱。我速將左足前邁；同時，抬雙臂，撐
開敵臂，繼向後撤右足，以右肘擊敵胸
（圖 3-191～圖 3-193）。

圖 3-193

　　此肘即為袁鳳儀祖師打豹肘。有觸即
應，一動即靈，實乃六藝上身之準繩也。

　　8. 夜馬奔槽

　　接撤步地炮肘動作不停，鼻納氣入丹田，左足向正東
前邁一步。兩手握拳由下向前、向上抄打。兩拳輪相觸，
拳心向裏，拳面向上，停於距鼻尺餘之前方。同時，口中
呼氣，穀道內提，丹田吃住勁兒，雙目鷹視雙拳，鼻尖、
雙拳相觸處，與左膝尖、左足尖同處一矢面（圖 3-
194）。心意門中戲稱此勢為「抿褲子」，意在如村姑雙臂
提攜褲狀，麻痹敵人而我雙拳突至矣。恰如姬祖所云：

圖 3-194

圖 3-195

圖 3-196

「動之如虎」（《四拳勢論》）
也。

技擊精說

設敵兩手抓我肩。我兩肘同時
向裏掄切敵左右腕之尺骨小頭處，
並向裏向下按壓，雙拳護我面之同
時，以雙拳擊敵面也（圖 3-195～
圖 3-197）。

圖 3-197

9. 熊入洞（仙人脫衣）

接夜馬奔槽動作不停，隨左足
收回向右足併攏，兩拳變掌經襠前
同時由下直臂從身兩側畫圓至身前
中線向下落至襠前，掌指相對，掌
心向上，折腕以指分別撣擊衣襟，
如撣塵土狀。同時，口中呼氣，全
身鬆靜，氣定神閑（圖 3-198～圖
3-201）。

圖 3-198

圖 3-199

圖 3-200

圖 3-201

技擊精說

設敵立我身側。我佯作捂面，先以反背掌扇擊敵之目，再以反背掌落下扇擊敵襠也（圖 3-202、圖 3-203）。

圖 3-202

當年，余學習五肘數月後，突然發現五肘只見左起肘、右盤肘、轉身窩心肘、撤步地炮肘四肘，左數右數還差一肘，忍不住又問陳照瑞老師。陳老師笑曰：「真是『自思不到，道我無理』」（姬隆豐《論演武思悟之道》），邊說邊做虎抱頭拳姿，隨之將兩手垂下。余恍然大悟：「落肘！」落肘者，敵我纏抱，克敵抓我肩，乃進身之絕技也。

十形合一以四把連環、四把捶、五肘巧妙地將虎鷹、雞猴、馬燕、龍

圖 3-203

蛇、鷂熊十大真形糅合在一起，極盡攻防之能事。且短小精悍，氣勢雄渾，拳架簡樸，內功精湛，出招老辣，動之即靈，不問男女，老少咸宜。然，緣於心意門擇徒甚嚴，故十形合一流傳非廣。坊間能得一見者多為四把連環或四把捶，至於五肘皆被心意門人深藏不露，如懷和氏璧也。

第三節　六合大排撞

六合大排撞由雙人大排撞、盤樹大排撞和四把對拳三部功法組成。姬祖設六合大排撞專為勁整而決，決久悟轉能化，化久靠借即靈矣。故陳照瑞老師不念其煩，開口便云：「千遍為化，萬遍為靈。」

欲達靈化之彼岸，六合大排撞乃渡海之舟也。

一、雙人大排撞

1.弓步跪腿

甲乙兩人面朝東西，相向間距一臂，對視而立。

甲乙兩人俱出左腿，以膝脛相觸，步呈不丁不八。甲重心前移左膝成弓步用力擠跪乙膝。乙左足尖蹺起，重心後移至不能讓時（圖3-204），再用力以左膝擠跪甲左膝成弓步（圖3-205）。兩人手臂鬆垂

圖 3-204

圖 3-205 　　　　　圖 3-206 　　　　　圖 3-207

身側。你擠我讓，沾連黏隨，擠時
呼，讓時吸，反覆進行。至力盡，
甲乙兩人始調換方向，再以右腿同
法排之。

2. 馬步靠臂

甲乙兩人面朝東西，相向間距
一臂，呈馬步抱拳，對視而立。

甲乙兩人均出左拳，隨腰胸右

圖 3-208

轉向右掄擊。甲乙兩前臂外側排打
於腹襠前，甲乙兩拳拳眼向下，拳心隨臂內旋而向外；同
時，口中呼氣，穀道內提，丹田吃住勁兒（圖 3-206）。

上動不停，兩人屈肘以左前臂外側上提對排相交於面
前，同時，鼻吸氣，貫入丹田（圖 3-207）。

上動不停，左拳同時收回腰際，兩人再同出右拳，隨
腰胸左轉，向左掄擊。甲乙兩人前臂外側對排於腹襠前，
甲乙兩拳拳眼向下，拳心隨臂內旋而向外；同時，口中呼
氣，穀道內提，丹田吃住勁兒（圖 3-208）。

圖 3-209

圖 3-210

上動不停，兩人屈肘以右前臂外側上提對排相交於面前；同時鼻吸氣入丹田（圖3-209）。左右交替，力盡為止。

3. 弓步靠臂

甲乙兩人面朝東西，呈左弓步抱拳，兩前足尖平齊，兩前足尖間距一足，相視而立。

圖 3-211

甲乙兩人均同時出右拳隨胸腰左轉向左掄擊，甲乙兩前臂外側對排於左膝前，兩拳拳眼向下，拳心隨臂內旋而向外；同時，穀道內提，丹田吃住勁兒，口中呼氣（圖3-210）。

上動不停，兩人屈肘以右前臂外側上提對排相交於面前，同時鼻吸氣，貫入丹田（圖3-211）。

上動不停，兩人右拳同時收回腰際，同出左拳，隨胸腹向右轉，向右掄擊，甲乙兩前臂外側對排於左膝前，兩

圖 3-212

圖 3-213

拳拳眼向下，拳心隨臂內旋而向外；同時，口中呼氣，穀道內提，丹田吃住勁兒（圖 3-212）。

上動不停，兩人屈肘同時以左前臂外側上提對排相交於面前；同時，鼻吸氣入丹田（圖 3-213）。左右交替，排撞力盡，再換右弓步並調換朝陽方向排撞法同。

圖 3-214

4. 馬步鎖肘（鎖把）

甲乙兩人面朝東西，間距一臂，呈馬步抱拳，相視而立。隨兩人同出右拳交搭於胸前，兩人同時拳變掌，抓鎖對方臂肘處（圖 3-214）。

上動不停，兩人抓緊對方臂時後同時下蹲，用腰襠力扯拽對方；同時，穀道內提，丹田吃住勁兒，口中呼氣（圖 3-215、圖 3-216）。左右交替，鎖至力盡為止。

5. 弓步鎖肘（鎖把）

甲乙兩人面朝東西，呈左弓步抱拳，兩足尖平齊相

圖 3-215

圖 3-216

圖 3-217

圖 3-218

對，間距一足。隨兩人同出右拳交搭於胸前，同時拳變掌抓鎖對方臂腕。上動不停，兩人抓緊對方臂肘處後；同時，身略向右轉，以腰襠力扯拽對方；同時，口中呼氣，穀道內提，丹田吃住勁兒（圖3-217）。

上動下停，換左拳交搭，兩拳同時變掌鎖抓對方臂肘。上動不停，兩人抓緊對方臂肘後；同時，身略向左轉，以腰襠力扯拽對方；同時，穀道內提，丹田吃住勁兒，口中呼氣（圖3-218）。左右交替，力盡再換右弓步

圖3-219

圖3-220

圖3-221

並調換朝陽方向，鎖肘法同。

6. 上下連環（手足連環）

甲乙兩人面朝東西，間距一臂，相視而立。

甲乙兩人同時向北，向南左弓步邁出；同時，出右拳向左掄擊，兩臂掌側排撞於腹襠前（圖3-219）；同時，口中呼氣，穀道內提，丹田吃住勁兒。

動作不停，右掌背側屈肘上提對排；同時，右足跟擦地互相勾挑對方足踵（圖3-220）。

動作不停，右足解脫落地，右足尖內扣60°，隨身向左轉以右前臂背側落下互相對排；同時，以左足尖擦地，用左足跟相互掛掃（圖3-221）；同時，口中呼氣，穀道內提，丹田吃住勁。上下連環，左掃右勾，交替進行。力盡換方向，右掃左勾。手足連環方向相反，方法相同也（圖3-222～3-224）。

7. 肩 打

甲乙兩人分站東西，間距一步，相視而立（圖3-225）。鼻納氣入丹田，兩人同出左足插入對方襠內，兩手

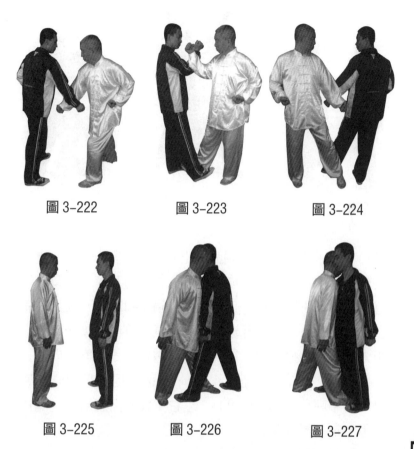

圖 3-222　　　　　圖 3-223　　　　　圖 3-224

圖 3-225　　　　　圖 3-226　　　　　圖 3-227

鬆垂身側，以肩鎖處互撞；同時，口中呼氣，穀道內提，丹田吃住勁兒（圖 3-226）。

　　兩人同撤左足回歸原地，鼻納氣入丹田。動作不停，兩人再進右足插入對方襠內，以右肩鎖處互撞；同時，口中呼氣，穀道內提，丹田吃住勁兒（圖 3-227）。左右交替，滿意為止，調換朝陽方向，週而復始。

8. 肋　打

　　甲乙兩人分站東西，間距一步，相視而立（圖 3-

圖 3-228　　　　圖 3-229　　　　圖 3-230

228），鼻納氣入丹田。兩人同出左足插入對方襠內，隨之左臂上舉，掌心向上，肱耳相觸，以左肋互撞；同時，穀道內提，丹田吃住勁，口中呼氣（圖 3-229）。兩人同撤左足，回歸原地，左臂鬆垂，鼻納氣入丹田。動作不停，兩人再進右足插入對方襠內，隨之右臂上舉，掌心向上，肱耳相觸，以右肋互撞；同時，穀道內提，丹田吃住勁兒，口中呼氣（圖 3-230）。左右交替，滿意為止。調換朝陽方向，週而復始。

9. 丹田打

　　甲乙兩人分站東西，間距一步，相視而立（圖 3-231）。鼻納氣入丹田。兩人同出左足插入對方襠內，兩手鬆垂身側，以丹田（腹部）互撞；同時，口中呼氣，穀道內提，丹田吃住勁兒（圖 3-232）。兩人同撤左足，回歸原地，鼻納氣入丹田。

　　動作不停，兩人再同進右足插入對

圖 3-231

圖 3-232　　　　　圖 3-233　　　　　圖 3-234

方襠內，兩手鬆垂身側，以丹田（腹部）互撞；同時，口中呼氣，穀道內提，丹田吃住勁兒（圖 3-233）。左右交替，滿意為止，調換朝陽方向，週而復始。

10. 膀　打

　　甲乙兩人分站東西，間距一步，相視而立（圖 3-234）。鼻納氣入丹田。兩人同出左足插入對方襠內，右手握左腕，以左膀（三角肌處）互撞；同時，口中呼氣，穀道內提，丹田吃住勁兒（圖 3-235）。兩人同撤左足，回歸原地，鼻納氣入丹田。

　　動作不停，兩人再同進右足插入對方襠內，左手握右腕，以右膀（三角肌處）互撞；同時，口中呼氣，穀道內提，丹田吃住勁兒（圖 3-236）。左

圖 3-235

圖 3-236

圖 3-237　　　　　　圖 3-238　　　　　　圖 3-239

右交替，滿意為止，調換朝陽方向，週而復始。

11. 胯　打

甲乙兩人分站東西，間距一步，相視而立（圖 3-237），鼻納氣入丹田。兩人同時出左足，邊走對方左足外側；同時，左臂上舉，掌心向上，肱耳相觸，以外胯互撞；同時，穀道內提，丹田吃住勁兒，口中呼氣（圖 3-238）。兩人同撤左足，回歸原地，左臂鬆垂，鼻納氣入丹田。

動作不停，兩人再進右足，邊走對方右足外側；同時，右臂上舉，掌心向上，肱耳相觸，以外胯互撞；同時，穀道內提，丹田吃住勁兒，口中呼氣（圖 3-239）。左右交替，滿意為止，調換朝陽方向，週而復始。

12. 命門打

甲乙二人分站東西，間距一步，相視而立（圖 3-240），鼻納氣入丹田。兩人同出左足，邊走對方左足後側，兩拳屈肘上鑽，身向右轉，兩人面向南北，以命門處呈高馬步互撞；同時，穀道內提，丹田吃住勁兒，口中呼

圖 3-240

圖 3-241

圖 3-242

氣（圖 3-241）。兩人同撤左足，回歸原地，兩臂鬆垂，鼻納氣入丹田。

動作不停，兩人再同出右足，邊走對方右足後側，兩拳屈肘上鑽，身向左轉，兩人面各北南，以命門處呈高馬步互撞；同時，穀道內提，丹田吃住勁兒，口中呼氣（圖 3-242）。左右交替，滿意為止，調換朝陽方向，週而復始。

圖 3-243

二、盤樹大排撞

1. 雙把推樹

擇一粗細適中之樹，以雙把推樹，推樹時謹記內提穀道，丹田吃住勁兒，口中呼氣。分左右弓步盤之，力盡為止（圖 3-243）。

圖 3-244　　　　　圖 3-245　　　　　圖 3-246

2. 腳掌踢樹

擇一粗細適中之樹，以足掌擊樹幹離
地尺餘處，分左右足擊之。擊樹時勿忘：
內提穀道，丹田吃住勁兒，口中呼氣，力
盡為止（圖 3-244）。

圖 3-247

3. 腳跟踹樹

擇一粗細適中之樹，以足跟踹擊樹幹
離地 2～3 尺處。分左右足跟踹之。踹之
時口中呼氣，穀道內提，丹田吃住勁兒，
力盡為止（圖 3-245）。

4. 前臂靠樹

高馬步立於一粗細適中之樹前，以馬步靠臂法，左右
臂輪番靠樹。逢向下擊打時口中呼氣，穀道內提，丹田吃
住勁兒，力盡為止（圖 3-246、圖 3-247）。

5. 掌臂撞樹

左弓步立於一粗細適中之樹前，屈肘，以左前臂背側
和右掌同時撞擊樹幹。收回時鼻吸氣入丹田，撞擊時口中

圖 3-248　　　　　　圖 3-249　　　　　　圖 3-250

呼氣，穀道內提，丹田吃住勁兒（圖 3-248）。左與右同法，交替進行，力盡為止。

6. 連環擊樹

擇一粗細適中之樹，以上下連環法擊樹，先以左弓步右前臂掌側擊樹幹，繼以右前臂背側擊樹幹；同時，以右足勾挑樹根部，再向左後轉身以左足跟掛掃樹根部；同時，以左前臂背側擊樹幹。左右同法，擊打時配合口中吐氣，穀道內提，丹田吃住勁兒，力盡為止（圖 3-249～圖 3-251）。

7. 肩打樹

擇一粗細適中之樹，以雙人大排撞‧肩打法打樹（圖 3-252）。

8. 肋打樹

擇一粗細適中之樹，以雙人大排撞‧

圖 3-251

圖 3-252

圖 3-253　　　　　圖 3-254　　　　　圖 3-255

肋打法打樹（圖 3-253）。

9. 丹田打樹

擇一粗細適中之樹，以雙人大排撞・丹田打法打樹（圖 3-254）。

10. 膀打樹

擇一粗細適中之樹，以雙人大排撞・膀打法打樹（圖 3-255）。

11. 胯打樹

擇一粗細適中之樹，以雙人大排撞・胯打法打樹（圖 3-256）。

圖 3-256

12. 命門打樹

擇一粗細適中之樹，以雙人排撞・命門打法打樹（圖 3-257）。

1986 年 7 月，余專程赴武漢探望闊別 16 年，已 77 歲高齡的恩師陳照瑞先生。先生精神矍鑠，慈祥依舊。對余迢迢訪親，喜出望外。三天小住，促膝長談，每每不覺晝

圖 3-257

長夜深。先生講全國武術觀摩交流大會，講李青山76歲的人啦，還照樣舉90斤重的大刀，舞關公十八刀。講趙鳳岐一趟三才劍依舊輕靈飄逸，讓人目不暇接。講呂瑞芳的老架四把錘，威風不減當年……講心意門健在之老拳師的聚會與合影，講得最多的還是丹田功、十大形。並和當年一樣與我雙人大排撞。先生再次講起尚學禮老師盤樹大排撞，直到古稀。

三、四把對拳（龍虎鬥）

2007年10月30日，中央電視臺「武林大會」如時播出：心意六合拳弟子爭奪年度總冠軍。儘管距還原買壯圖大師「靈勁上身天地翻」尚差一步之遙，但人人虎猛鷹揚，確實已打出了心意門的雄渾氣勢。余為心意六合拳一脈相承，代有傳人，興奮不已，夜不能寐，披衣伏案，將師傳心法——四把對拳・龍虎鬥公然紙上。

圖 3-258

甲：撲面鑠金　乙：丹鳳朝陽

甲乙均左架（圖3-258）。甲左足上步，右足跟進，左掌由下而上抓撲乙面。乙出左臂領截甲肘臂（圖3-259）。

甲：大劈裹橫　乙：背包化轉

接上動，甲領按乙左臂腕，上

圖 3-259

圖 3-260　　　　　圖 3-261　　　　　圖 3-262

右足襯乙左胯，出右拳砸乙左肘關節，繼而橫截乙咽喉（圖 3-260）。

乙出右掌攔截甲右臂腕；同時，左足尖內扣，撤右足與左足平齊，身向右轉坐胯，將甲右臂掌心擰上扛於左肩上，雙手握甲右腕向下拉拽、背包（圖 3-261）。

甲：鷹捉虎撲　乙：出手橫拳

接上動，甲右肘下沉，從乙左足邊急過右足；同時，外擺足尖，再進左足，足尖內扣，身向右轉，撤半步右足，出左掌抓撲乙面。繼進左足半步以頭撞擊乙胸（圖 3-262）。

乙向身右後斜撤右足半步，左臂同時向右裹截甲頭，再進左足半步，出右拳橫擊甲頭（圖 3-263）。

甲：鷂子入林　乙：撅臂截腕

接上動，甲上右足半步，以右臂攔截乙左臂，鑽裹右拳支撐左掌上舉、攔截乙擊頭橫拳，再出右掌反背扇擊乙面（圖 3-264）。

乙抽回右拳變掌攔截甲右腕，左掌推甲右肘撅臂（圖

武醫心要

第三章 技擊篇·十大真形

208

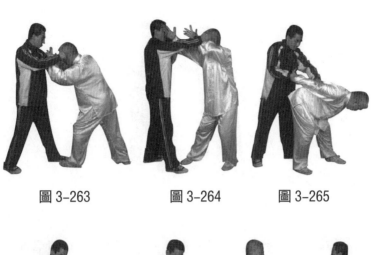

圖 3-263　　　　　圖 3-264　　　　　圖 3-265

圖 3-266　　　　圖 3-267　　　　　圖 3-268

3-265）。

　　甲：烏牛擺頭　乙：單把回還

　　接上動，甲順勢折中節，右足尖內扣，左轉身向後插左足於乙右足後，左掌下搬乙左膕（圖 3-266）。

　　乙左掌按甲頭，右掌扳甲頦扭羊頭（圖 3-267）。

　　甲乙同時鬆手。甲撤左足，乙撤右足，同時起身相對而立（圖 3-268）。

　　乙撲面鑠金，甲丹鳳朝陽（圖 3-269）……

圖 3-269

　　陳照瑞老師云：「英雄放對，五行亂發。可貴者進身
如虎猛，翻身如鷹揚，有觸即應，七拳向敵。絕妙者靈勁
上身，軀幹禦侮，占位借勢，斷弦反弓，渾身一顫，打人
不露形。故，又不唯一招、一勢、一拳、一足、一技也。
然，勢勢不離虎撲，把把不離鷹捉，步步不離雞行，捶捶
不離雷聲，才是心意六合拳。」

第四章
療傷篇・跌打治驗法

　　中醫骨傷科由來已久，歷代經典層出不窮。如唐・藺道人之《仙授理傷續斷秘方》；元・危亦林之《世醫得效方》；明・異遠真人之《跌損妙方》、薛己之《正體類要》；清・吳謙等人之《醫宗金鑒・正骨心法要旨》、錢秀昌之《傷科補要》、趙廷海之《救傷秘旨》等等，不必盡述。然，武醫療法，這枝奇葩靜植其中，卻以法簡效速，亮人耳目。

　　試觀現代中醫骨傷科十大名家：王子平、石筱山、劉壽山、杜自明、何竹林、林如高、鄭懷賢、高雲峰、梁鐵民、魏指薪，其間武林翹楚，十過其半。誠如明・異遠真人所云：「療折傷方藥，習拳技家多有之。武夫當場，往往制以待用，而秘不示人，何其私也，濟世婆心，老而未艾。」（《跌損妙方・通用門第七》）

　　信哉其言，擅治跌打損傷者，多擅長國術武功；而精於國術武功者，又多能正骨療傷。究其因，凡操練國術武功者，平素易遭受跌打諸傷，久之則熟諳救治之法。此其一。其二，凡事正骨傷科醫業者，須身強力壯，方能分筋正骨，勝任此道。故平素亦多習國術武功者也。二者相輔相成，武醫淵遠。

第一節　心意門跌打救治概說

姬隆豐師祖脫槍為拳，創心意六合門，原為「若太平之日，刀槍入鞘，倘遇不測，將何以禦之？」（清・王自誠《心意六合拳譜・十法摘要・序》）故，心意門跌打救治多為拳腳損傷而立。有穴道傷、臟腑傷和筋骨傷之分。治法上推崇：手法理傷、驗方祛傷和運功療傷。

陳照瑞老師家學淵源，深知心意六合拳十形老辣、四把狠毒，不動則已，動則非死即傷。故對理傷手法、方藥，博採眾長，精益求精，結晶心法十六字訣云：望摸問叩，服貼洗練。分點搖定，拉擠提按。

又嘗教訓余曰：「傷科正骨，雖不懈努力，精乎此，難矣。穴道臟腑，命繫汝手。骨傷折錯也決非偶染風寒小恙，驅以麻桂，數日可瘥，縱然未瘥易醫，亦不致留終生殘畸，故有志斯道者，慎之。路修遠而上下求索，勤覓古訓，篩選今驗。不可拘泥一家之言，與時俱進，刻意簡練，心存真要，為骨傷患者，以燃燈之薪，解倒懸之苦，豈容涉淺者問津乎？」

余從恩師陳照瑞先生學習有年，於心意門四把捶及跌打救治粗知梗概。生逢「文化大革命」、「知青」「插隊」，余遂以恩師之武醫療傷法施治村野，凡四十餘年。隨積驗日多而醫聲漸遠。每遇患者傷癒之時，余深感恩師療傷手法之簡，療傷方藥之廉，療傷效果之快，療傷醫德之厚也。

一、穴道傷

心意六合拳屬貼身近戰武藝，多以「三石」擊人，俗稱「三石一鳥」。三石者，頭、肘、膝是也。擊打部位多取人身任督二脈之十二正穴，以期循時截阻流注之血頭，增加打擊效果，為身小弱薄之人助力云爾。

血頭之說，始於成書先秦之《內經・靈樞・營氣》篇，後經歷代武術家與醫家實踐，編撰成訣則見於明代異遠真人所著之《跌損妙方・血頭行走穴道歌》。如同漢之賦、唐之詩、宋之詞、元之曲，武術中穴位點打與救治在明清二季可謂鼎盛。成書於清代咸豐初年之《救傷秘旨》中，就有人身「三十六大穴圖說」及症治，此則係少林寺傷科學派治傷經驗之總結。

陳照瑞老師云：「習武之人，多為內堅外勇之士。若循血頭入注之時，點穴截打則事半功倍。此乃殺敵術，不可亂用。若誤傷，先以手法催醒，若不醒則屬險候。速灌藥或許有救。」

師傳穴道名稱與定位及救治解穴手法，請閱本章附錄之拙文《點穴救治遇時遇穴淺說》，為行文簡潔，此處不贅。現遵異遠真人心得，參以師說，將遇時遇穴之救治方藥分述如下。

1. 子時

心窩穴即鳩尾穴，多為橫捶、顛腿所傷。症見吐血不食，冷汗不乾，夜間煩躁。服藥再看，不可包好。

金沙、銀沙、肉桂、神麴各 2.4g，當歸、紅花、麥冬、枳殼、龍骨、沉香、橘紅、三棱、莪朮、甘草各

1.5g，生薑引酒燉服。

2. 丑時

泉井穴即膻中穴多為中門頭、虎撲、遮雲蔽月肘所傷。傷正穴不治，傷兩乳症見四肢麻閉，可投下方。

桂枝、羌活、細辛、猴骨、牛蒡子、乳香、沒藥各3g，當歸、紅花、射干 4.5g，木香 2.4g，灶心土 3g，引酒燉服。

未癒再服下方：川芎、當歸、半夏、杏仁、參三七、雲皮、菟絲子各 3g，紅花 4.5g，沉香 2.4g，大棗十枚，便引酒燉服。

3. 寅時

井口穴即廉泉穴，又稱咽喉穴，多為黏手、虎抱頭所傷。症見飲食不通，要開他關節。用五虎下西川方。

麝香 0.6g，馬兜鈴、青木香、半夏、山楂、元參各3g，共為末服之。不納。用千金分氣散、半夏、桂枝、赤芍、羌活、桑皮、腹皮、陳皮各 3g，茯苓、紅花、乳香、沒藥各 4.5g，木通、甘草、青皮、紫蘇各 3g，好酒燉服。

如氣血不行再用後方：麝香、木香、羌活、桃仁、茯苓、木通、生地、獨活、參三七、陳皮、甘草、藕節引酒燉服。

注：開關節法：連發將頭項拎起，以虎口或拇指迎鳳頭穴向前擠之。

4. 卯時

山根穴即王宮穴，多為栽捶之變藝擊點所傷，不斷者可治，斷則不治。若頦內血流不止，神氣昏迷，飲食不進，氣虛目閉面黃者，八日死。

當歸、生地、川芎、細辛、白芷、茯苓、虎骨、陳皮、甘草、共為末，蔥引酒下 0.9g。

5. 辰時

天心穴即百會穴，多為落肘、單把罩藝所傷。頭出腦漿者不治，頭出冷汗者不治，氣出不收者不治，鼻流黃水者亦不治。症見口鼻出血、手足不動。

金沙、銀沙、自然銅、參三七、血竭各 3g，山羊血（如無以地鱉蟲代之）、甘草 1.5g，虎骨、桔梗、人中白各 4.5g，燈芯引，水酒對煎。

又方：人參、地鱉蟲、地龍、當歸、升麻、白芷、自然銅，水煎服。

6. 巳時

鳳頭穴即風府穴，又稱對口穴，多為龍形裏橫、沉劈所傷。天柱骨斷者不治。頭目青黑，眼小目瞪，四肢無用者亦不治。

症見：舌頭露出、飲食不進、言語不清。先拿封門穴，再服後方。

肉桂、茯苓、白芷、雲皮各 3g，紅花、熟地各 4.5g，枳實、木香各 2.4g，麝香 0.6g，甘草 1.5g，桂圓肉五枚，酒引煎服後舌不收再服蘿蔔湯即癒。

注：拿封門穴法：封門穴者即穀道也，左掌托定，右掌拇指沿督脈向上推長強穴三十呼。

7. 午時

中原穴即脊中穴，又稱背漏穴，多為龍形裏橫、落肘所傷。脊斷者不治。症見久咳黃腫、四肢無力、下午潮熱。

當歸、狗脊、澤蘭、乳香、沒藥各 4.5g，桑寄生、骨碎補、川芎、地榆、續斷、紫蘇、秦艽各 3g，黑棗引酒煎，再服平胃散。蒼朮、厚朴、黃芪、砂仁、杞子、香附、菟絲子各 3g，陳皮 2.4g，黃芩 1.8g，共為末，蜜丸，酒送下 9g。忌蔥。

8. 未時

蟾宮穴即腎俞穴，多為龍形裏橫所傷。症見嘔吐不止、全身難動、掙坐不起、睡臥不安。

生地 3g，破故紙、天仙子、烏藥各 3.6g，黃蘗、牡蠣、元胡索、小茴、澤蘭、紅花、紫草、蘇木、乳香、木香、杜仲各 2.4g，不加引水煎服。

9. 申時

鳳尾穴即長強穴，多為挑嶺、橫拳所傷。傷重者，立時癱軟，不痛者凶，痛者次之。症見腰眼痛極，大便不通，必定打斷鳳翅，積血有餘，服後方。

桑寄生、合夕風、半夏、破故紙、五加皮、紅花、穿山甲、乳香、沒藥、甘草各 3g，乾葛、木通、肉桂各 2.4g，地鱉蟲六個，虎骨 3.6g，升麻 1.2g，五龍草一把，藕節引酒燉服。

外用敷藥方：乳香、沒藥、紅麴、地鱉蟲、麻根、五龍草，加蔥薑共搗爛，用糯米飯敷上。

10. 酉時

屈井穴即會陰穴，又稱騎當穴，多為挑嶺、橫拳所傷。症見傷處虛腫、小便不通。

白芍、乳香、沒藥、元胡、黃芪、升麻、熟附、小茴、茯苓、茯神、血竭、沉香、甘草，紅棗三枚引。

11. 戌時

丹腎穴即關元穴，又稱小腸穴，多為栽捶、顛腿所傷。症見昏暈發熱、口中亂言。不分陰陽者不治。

歸尾、赤苓、參三七、澤瀉、廣木香、栀仁、自然銅、肉桂、車前、桃仁、三棱、蓬朮、甘草，燈芯引酒煎服。

12. 亥時

六宮穴即神闕穴，肚臍也，多為栽捶、顛腿所傷。症見汗下如雨、四肢麻木、腹痛吐瀉、兩氣不接，不可亂。

人參、紅花、烏藥、龍骨、木草、甘草各 3g，生地、乳香、沒藥各 4.5g，薄荷 0.6g，煎服。重傷者，用白蠟、銀硃、蒼朮各 3g，麝香 0.6g，小雞一隻，同搗爛敷肚。如不應再進：生地、參三七、血竭、雲皮、茯苓、赤芍、歸尾、陳皮、甘草，蔥引，生酒煎服。

附：運功療傷法

若已被遇時遇穴傷之，則取夜半子時，盤坐於靜室，寬衣解帶，兩臂伸直，兩掌心仰上，以兩外關穴處分置兩膝上。下頦內收，脊柱領直。兩目微閉，舌抵上齦，鼻吸鼻呼，不令耳聞。意在蟾宮。漸次數至三百呼，待蟾宮穴處有跳動感，則氣血無滯矣。倘若無力起坐，屈膝仰臥守蟾宮亦可。酌情佐以方藥。待能起坐時，再盤坐守之，直到「蟾宮波起。」（《心意門丹田子時功法訣》）

二、臟腑傷

陳照瑞老師云：「拳家舉手，五行亂發。治臟腑傷宜脈症合參，權衡機變，切不可以一方應萬病也。」

1. 傷 心

凡以中門頭、龍擺尾擊人左胸，症見頓時昏悶、噴血、虛脫者，傷心之屬。

急取上好人參 30g，清水濃煎頓服。或灌服奪命丹（歸尾、桃仁各 90g，血竭 15g，地鱉蟲 60g，兒茶 15g，乳香、沒藥各 30g，自然銅 60g，紅花 15g，大黃 90g，朱砂 15g，骨碎補 30g，麝香 1.5g，研末為丸如桐籽大，每服一丸，熱酒送服），外吹通關散（牙皂 15g，白芷 9g，細辛 9g，冰片 0.6g，麝香 0.6g，蟾酥 1.5g，共為細末，瓷瓶收貯，臨用吹鼻）。

2. 傷 肺

凡以虎形雙把、虎抱頭擊人右胸，症見咳喘、胸痛、吐血者，傷肺之屬。

新傷實證服十味參蘇飲（人參、紫蘇、半夏、茯苓、陳皮、桔梗、前胡、葛根、枳殼各 3g，甘草 1.5g，薑引水煎服）。陳傷虛症服二味參蘇飲（人參 30g，蘇木 60g，水煎服）。

3. 傷 肝

凡以橫拳、顛腿擊人右上腹，症見兩脇疼痛，二目睛紅並咳血者，傷肝之屬。

以加味逍遙散為主（柴胡、當歸酒炒、白芍酒炒、薄荷、白朮土炒、茯苓、甘草炙各 3g，丹皮、山梔炒黑各 2.1g，研末開水送服）。新傷實證尚可酌用當歸散瘀湯加減（歸尾、延胡、紅花、五靈脂、赤芍、桃仁、甘草、穿山甲、乳香、沒藥、煎湯內服）。陳傷虛症酌用加味四君子湯（人參、炙甘草、茯苓、白朮、杏仁、桑白皮各等

分，半夏減半，水煎服）。

4.傷　脾

凡以橫拳、顛腿擊人左上腹，症見右脇拒按，傷脾之屬。

服八珍湯加鬱金、枳實、青皮（當歸、川芎、白芍、熟地、人參、白朮、茯苓各3g，甘草1.5g，加生薑三片，大棗二枚，水二蠱煎至八分，食前服）。若見虛像，可酌用歸脾湯加減（人參、黃芪、龍眼肉、白朮、茯神、生薑、當歸、酸棗仁、遠志、木香、甘草、大棗）。

5.傷　腎

凡以龍形裹橫擊人後腰，症見腰痛不能動，自哭、自笑、耳聾者，傷腎之屬。

服奪命丹。新傷實證加服七厘散（乳香、沒藥各450g，當歸60g，兒茶54g，紅花450g，血竭384g，朱砂450g，麝香36g，冰片6g，共研末內服1.5～3g，熱酒沖服，另用酒調外敷）；或復原活血湯加減（柴胡、瓜蔞根、當歸、紅花、甘草、大黃、穿山甲、桃仁）。症見虛像者，以補腎壯筋湯加減內服（熟地、歸身、牛膝、山萸、雲苓、川斷、杜仲、白芍、青皮、五加皮）。

6.傷　胃

凡以橫拳、顛腿擊人胃脘，症見嘔吐食物、胃脘疼痛不能食，吐血色如豆汁者，傷胃之屬。

新傷實證宜木香流氣飲（木香180g，半夏60g，青皮、厚朴、紫蘇、香附、甘草各500g，陳皮1000g，肉桂、蓬莪朮、丁香皮、大腹皮、檳榔、麥冬、草果仁各180g，木通240g，藿香、白芷、茯苓、白朮、木瓜、人

參、石菖蒲各 120g，研末每服 12g，加生薑二片，大棗二個煎湯服）；或百合散（犀角、鬱金、丹皮、黃連、當歸、川芎、赤芍、生地、百合、側柏葉、荊芥、梔子、大黃共為細末，溫酒或童便送服）。虛症可服芎歸湯（川芎、當歸、人參、茯苓、吳萸、苦桔梗各 9g，川朴、芍藥各 6g，清水九升煎取三升，分作三次服）。

7. 傷小腸

凡以栽捶擊人臍腹，症見腹疼拒按，嘔吐者，傷小腸之屬。

新傷實證可服當歸導滯散（大黃、當歸各 30g，麝香 0.3g，共為末每服 3〜6g）。陳傷虛症可以舒腸活血湯加減內服（川芎、當歸、桃仁、大腹皮、青皮、紅花、川斷、延胡、枳殼、木通、大黃，水煎服）。

8. 傷大腸

凡以栽捶擊人側腹，症見便秘、腹痛、喘促、腹脹或泄瀉者，傷大腸之屬。

服桃仁承氣湯（桃仁、大黃、桂枝、甘草、芒硝）；或承氣養營湯（知母、當歸、白芍、生地、大黃、枳實、厚朴）。

9. 傷　膽

凡以橫拳、顛腿擊人右上腹，症見口吐苦水，左脇劇痛，二目發黃者，傷膽之屬。

服小柴胡湯（柴胡、黃芩、人參、炙草、生薑、半夏、大棗）加茵陳、青皮佐以和傷丸（五靈脂 60g，茯神 120g，川芎、五加皮、枳殼、赤白芍、乳香、白朮、青皮、歸尾、蒼朮、香附、廣蘇木各 30g，地鱉蟲 19 個，元

紅花 21g，黃芩 18g，草果 21g，莪朮 15g，熟甘草 15g，紅麴 9g，丹皮 9g，宣木瓜 15g，京三棱 15g，上藥研末為丸，如綠豆大，以肉桂 15g 為衣。每服 6～12g，一日二次）。

10. 傷膀胱

凡以栽捶擊人小腹，症見少腹痛，小便澀痛或有尿血者，傷膀胱之屬。

可服琥珀散（乳香、沒藥、澤蘭、赤芍各 3g，桃仁 9g，木通 3g，獨活 24g，生軍 6g 後下，芒硝 3g 沖服，甘草梢 3g，升麻 1.2g，水煎服）；或取復原活血湯加木通服之。

注：張述文教授問琥珀散中無琥珀！對曰：師傳原方如此也。

三、筋骨傷

陳照瑞老師云：「筋骨傷較穴道傷、臟腑傷更為常見。故，跌打傷科古稱之為正骨科。習武之人，不可不通。」又云：「骨傷曰折，關節傷曰錯，筋傷曰扭。世人皆重骨折而不計筋扭，殊不知筋能束骨。骨正筋順，關節才能清利，是為心法也。」再傳訣云：

望摸問叩診法清，拉擠提按折錯寧。

理筋法分搖點定，七分手法藥三分。

1. 診　法

行醫之際，診法為先。凡骨折骨錯，師傳望、摸、問、叩四字，以吾四十餘年之診路，證實師傳四字敢附神、聖、工、巧之用。何為望、摸、問、叩？

望神色以定常候危候。常候者，兩目有神，言語無滯。凡神志不清，汗出如油，目暗睛迷，瞳仁散大，面色蒼白，呼吸微弱；或氣喘促，有出無入者，皆危候也。

望睛白以定內傷之部位，眼通五臟，氣貫五輪。凡損傷後，睛白有血筋者，胸腹必有蓄瘀，筋多瘀多，筋少瘀少。左睛候左，右睛候右。瞳仁之上候腰腎，瞳仁之下候胸肺。瞳仁兩側候腋脇。三更燈火五更雞，熬夜睛紅者，拳指點打。血貫白睛者例外。

望典型之體徵以見折、錯。大凡人體皆以骨骼為支架，以關節為樞紐，以肌肉為動力，以神經為指揮，四肢百骸，方為我用。一旦折錯，必現典型之體症，各部所傷，各俱特點。

望典型之體徵，首察畸形，再視長短、粗細。左右對比，內收外翻，各有定論。隨臨症日久，細心品讀，必能望而知之謂之神也。如，傷者兩臀不能同時落座者，多為骶髂關節錯動也。老人傷肢縮短，足尖外擺平置於床者，多為股骨粗隆骨折。又如科雷氏骨折之歺叉、橈神經損傷之垂腕、髖關節後脫位之黏膝、肩關節前落位之方肩，如此之類，此處不能盡述，容下節《療傷治驗醫法錄》中詳之。

《醫宗金鑒·正骨心法要旨》云：「摸者，用手細細摸其所傷之處，或骨斷骨碎，骨歪骨整，筋斷筋走，筋粗筋翻，筋寒筋熱，以及表裏虛實，並所患之新舊也。先摸其或為跌仆，或為錯閃，或為打撞，然後依法治之。」

余以為摸之大法，不外有三：一要摸壓痛。凡四肢骨折，均有尖銳之環狀壓痛。二要摸擋口。凡骨骨折，若有

重疊，必見擋口，即所謂突起陷下者也。三要摸寸口、趺
陽。大凡骨折後，寸口或趺陽脈弱，或沉取不應，缺血即
至，多為血運障礙之危候也，不可不察。

陳照瑞老師傳十問歌云：

一問新舊二問因，三問疼痛四問暈，五問寒熱六問
便，七問功能八畸形，九問小兒之父母，十問婦人經孕
明。

夫新舊者，傷之時間長短也，半月之內為新傷，半月
之外為舊傷。新傷急用手法正之，預後且佳。舊傷薰洗後
再正之，預後且差。新傷積瘀化熱宜寒涼，舊傷舒筋活絡
宜溫熱。

折錯之病因，損傷也，宜問外力之方向、暴力之直接
間接，受傷時之體位。結核腫瘤，防病理性骨折，白睛見
藍，即脆骨症患者。

疼痛者，損傷之共證也。然，新傷多脹痛，舊傷多隱
痛。傷骨者，先麻而後痛。傷筋者，皆痛而不麻。傷骨在
四肢，有環痛。傷筋於關節，有壓痛。勞損之疼痛，休息
時輕而活動時重。增生之疼痛，休息時重而活動時輕。外
傷者先痛後腫，感染者先腫後痛。骨瘤結核者，夜間更
痛。外傷寒濕者，冬春痛重。急性損傷者多銳痛。化膿感
染成膿者皆跳痛。痛與痛不同，病與病各異，細心問疼
痛。

暈者暈厥也。問之以候腦疾。正骨手法中，宜時時問
暈否？若傷者噁心頭暈者，休克之前兆也。急停手法，重
點足三里回陽。如不應，加彈背筋三遍救逆。背筋者夾脊
之韌帶也。彈者，以拇食指如拉弓弦狀。若胖人提拉不

起，則以拇指左右撥動之。此乃重手法，亦可用之擊昏。但不宜超三遍，多則無益而損氣。

寒熱之象，以腦為最。頭顱受傷，易致高熱。關節有瘀，定見潮熱。無外傷而寒熱並見，需防附骨之癰。折錯初期，瘀而化熱，不足為奇，此乃正常之吸收熱，三至五天始退矣。

便者二便，大便不通，腰腹蓄瘀。便不成形，脊椎滑脫。小便見血，泌尿有傷。小便如茶，不必驚慌。二便失禁，截癱所致，古人謂之銅壺底漏也。

功能者，伸屈、收展、俯仰、站立、行走是也。佐以摸法而問之。畸形者，不正也，傷後謂之折錯。先天有之，天使其然。對比之中不可粗心。

小兒啞料。須問其父母，或牽拉其臂，不能旋轉，橈骨頭半脫也。或托其腋即哭鬧不已者，鎖骨骨折也。夜哭甚者，須防有瘀。不可大意，及早延醫。

婦人之傷，手法適當。行經胎孕，不可麻痺。唯恐傷經氣而動胎元也。

骨折之診斷，先賢、時賢著述論之頗詳。佐以透視攝片，萬無一失。若條件不濟，進退維谷，或地處偏遠，為爭取時間及早整復，確診折錯，堪稱第一要務。屏除傷肢明顯短縮，成角不論，姑就局部青腫如石，疼痛拒按，軟組織損傷與骨折難分難解之際，師傳縱向叩擊一法，立澄清濁。凡四肢骨折，只需輕持傷肢，縱叩肢端，傷者呼何處痛，何處即為骨折，可謂一矢中的。此法較某些醫者專尋骨擦音證明骨折，略勝一籌。姑避傷者能否忍受劇痛不論，單就增加局部損傷，磨損骨折斷端槎口，於整復穩定

不利一點而論，也是應該儘量避免的。縱向叩擊一法，還可用於骨折後期，叩之痛，謂骨痂未長牢。叩之不痛，骨痂即長牢矣。故，陳照瑞老師云：「診法之說，先望之，次摸之，三問之，叩驗之也。」

2.手 法

手法者，正骨之首務。源《醫宗金鑒·正骨心法要旨》正骨八法：「摸、按、端、提、按摩、推拿」以來，後賢將正骨按摩手法，參以己法演增至十幾法、二十幾法。令學者如入寶山，目不暇接。而師傳四字綱領，執簡馭繁矣。

大凡折錯之硬傷，統以拉、擠、提、按治之。以四肢骨折為例，變位者無非重疊、側移、陷下、突起而已。以反向用力之拉，處理重疊變位。以相向用力之擠，處理側向移位。陷下提之，突起按之。拉之中寓以擠、提、按，明病機而合法度。在上肢，拉擠提按統一於「三窩要正。」所謂「三窩要正」即掌窩、肘窩、鎖骨窩，三窩一線而已。在下肢，拉擠提按統一於「三尖要齊。」所謂「三尖要齊」即腳尖、膝尖、胯骨尖，三尖一線也。遵拉、擠、提、按之規矩，守三窩三尖之要旨。膽大心細，施治於骨折傷者，定能收到滿意之效果。

1978 年 4 月，原平 10 歲楊女與其弟玩耍跌倒，右肱骨髁上骨折。先請某牧羊者捏之，謂之脫位。推揉多時，繼以白綢、木板伸直縛定。該女號啕不已，又延余診。此時該女手指冰涼黑紫，余見狀，急取寸口，脈見弱小。隨即緩緩鬆解其縛，頻頻做向心性按摩，該女疼痛緩解。余謂其父曰：「骨折不復位，卻以伸直縛定。不去白綢，血

行受阻，缺血性肌攣縮，不期而至，此臂廢矣。」言罷，對準三窩，施以手法，屈肘敷藥，夾板固定，月餘而癒。又月餘，遇其父，言該女薰洗半月，漸次伸屈自如，彷彿未遭此骨折險疴也。

硬傷如此，軟組織損傷、關節之錯傷、腰頸之扭傷，又將如何？治療軟傷筋扭之手法，師傳也以四字統領：分、點、搖、定是也。

何謂「分」？分者，分筋分骨也。骨錯分骨、筋扭分筋。或取天應穴，或取筋索、筋結之上以指力透過表皮，深達肌層，由上而下摁之，約十餘呼。

何謂「點」？點者點穴也。取天應穴深點不動，約十餘呼。

何謂「搖」？搖者活動關節也，於點穴同時，或由傷者主動活動患病關節，或由醫者被動活動病灶關節，約十餘呼。

何謂「定」？定者不動，展筋也。點同時，搖之後，順病痛之方向，或伸、或屈，固定之不動，約十餘呼。分、點、搖、定，各部各異，手隨心意，法從手出。

1976 年 7 月，五台縣坯匠閆某，腰腿痛十餘年，某醫院診為腰椎間盤突出症。近年病痛日重，時令近狀，猶著棉褲，謂之避風，聞余醫聲，登門求治。余摸其腰椎棘突上有筋索壓痛，問：「腰有損傷否？」對曰：「17 歲與人鬥力抱磨盤曾傷腰，至此後腰痛不能伸。腿痛不下膝。」余曰：「汝，壓痛在脊，不在腰側，實為鬥力損傷棘上韌帶也。更經年泥水彎腰勞作，血不歸經，黏連瘀塞，故有腿痛不下膝，展腰不能伸之患也。」

遂於其壓痛之棘突上分而點之，點而定之，十餘呼後，疼痛銳減。又取師傳改良明・龔廷賢之接骨效方：山梔粉 5 份，小麥粉 2 份（《萬病回春・折傷》），蜜調敷之傷處，換藥五次告癒。

3. 驗　方

古今中外，欲操勝券之善用兵者，莫不深知兵貴神速。用藥然，求藥亦然。正骨後，分期辨證，內服外敷，煎淋薰洗，藥力速達病所，袪邪扶正，傷者早瘥，實乃醫家第一快事。然，試觀書載接骨丸散，每每品味繁多。麝香、虎骨名貴藥材，比比皆是。大邑都市，尚可搜求，無力之家，談何容易。然，陳照瑞老師所傳之方藥，卻盡尋常極簡、極易、極驗之藥。

跌打初期，一旬之內，證見淤青腫痛，舌紅脈數，二便不利。實屬積瘀化熱，治當涼血通腑。腑為臟用，腑通髒和。以通腑湯主之，方用：

赤芍 30g，大黃 12g，黃芩 12g，木通 10g，水煎服，日進一劑。通則止，不通再進，擊鼓進者三，屢中戰袍，不必多服。此方重用赤芍為君涼血，佐以大黃、木通，攻下利水通腑，黃芩清熱瀉火，諸藥合用，功效可靠。

歌曰

通腑湯中說木通，平肝涼血赤芍功。

黃芩此令將軍去，水陸捷報正傳中。

1998 年 12 月，原平人趙某，下井挖煤，遭石砸背，腰椎壓縮，雙下肢伸屈艱難，小便不禁，大便未解已 19 日，經某醫院治未果，窯主登門問藥。余曰：三日內當通

其大便，解其不通之苦。遂投通腑湯三劑。二劑入腸即有便意。便下硬屎若干後即通，小便同時也正常矣。

後讀河南平樂郭氏正骨之方書，見有血腫解湯者，藥同而湯名不同。同處豫地，誰源誰流，無意追尋。所喜者，平樂郭家亦舉此方，可見此方療效不凡也。

正骨後，師傳以綠豆軋末蜜調，圍敷傷處，藥到痛減，腫消瘀去，屢用屢驗，堪稱神速。綠豆藥性平和，清熱解毒，採之易而得之速。若佐黃柏、半夏，緩解局部滲透，加速修復，藥力更雄。余執此方救治多人，新傷折錯皆可用之，唯臨症化裁，當添則添，當減則減，貴在辨證機變，藥品不繁，每多中病。

清·胡廷光撰《傷科匯纂·卷十二·補遺》載：綠豆粉，治湯火傷，兼能接骨。昔汴州市民陳汾，出遊跌折一足，痛苦叫號，一僧登門問所苦。汾曰：不幸損一足，貧乏不能延醫。僧曰：不用過憂，吾有一方，乃接骨膏，正可治汝。便買綠豆粉，於新鍋內炒令紫色，新汲水調成稀膏，厚敷傷處遍滿，貼以白紙，將杉木皮縛定，其效如神。汾如法修合，用之即癒。

汴州，河南省開封市之別稱。可見以綠豆粉治折錯，在中州大地，由來已久。唯「於新鍋內炒令紫色」者，實乃恐其寒涼。陳照瑞老師之心法則曰：「生用力專。」余在臨症中亦深感其真、其驗也。方用：綠豆十份，黃柏一份，半夏一份。軋末蜜調名曰：「正骨膏」，外敷傷處，皮破者不用。

歌曰

正骨膏中綠豆粉，蜜調要治折錯症。

欲增藥力添黃半，療傷不必問富貧。

　　骨折旬內為初期，傷肢腫脹，傷處發熱。此係血腫和壞死組織之吸收，刺激體溫中樞而致，即所謂吸收熱是也，此乃正常之生理反應。該吸收熱一般持續四天左右。然，亦有傷肢失之固定，正而復斜，斷端頻頻錯動者，傷肢休養生息不連續，吸收熱因之延長，最終導致骨痂生長未牢而連接緩慢。余以為，除初期正確整復，合理固定外，服以清熱通腑之方藥，敷以消炎軟堅之膏散，控制吸收熱，促進傷處組織之修復功能，提前結束傷肢充血與酸潮之繼續存在，實乃骨痂形成之關鍵。

　　1976 年 11 月，原平縣中三泉村楊媼，加班脫粒，夜半回家，不慎將左腿脛腓骨折，急赴某正骨醫處求治。70 日後又延余診。余至其家，見其仰臥土炕，面色蒼白，體質羸瘦。傷腿皮屑斑駁，腫勢如棉。且腳尖外旋平置於炕，與膝尖、胯尖連線成直角狀。

　　余驚呼：「何故擅自解除夾板？」對曰：「未用夾板。」又問：「外敷藥否？」對曰：「否，因無錢住院，只服該醫散劑一包。」余輕叩其傷肢腳跟，骨折處尚有疼痛。遂轉憂為喜曰：「尚可挽之，趁肌肉組織內酸潮未平，骨痂未堅之際，巧力使之再斷，重新整復即可。」楊媼七十日來，已苦不堪言，又聞斷而復之，連連擺手，只求腫消痛止，能為三餐之飲足矣。

　　余再三詮釋：斷而復之，內服外敷，夾板固定，只需月半，即可起身行走云云。無奈楊媼一遭蛇咬怕見井繩，執意不允。余只能客隨主便，以綠豆粉為君，佐以黃半，

蜜調圍敷傷處。結束傷肢之充血和酸潮之繼續存在，半月後腫消痛止。20年後，余應邀為楊媼之鄰居正骨，楊媼歎曰：「悔當初未聽汝斷而復正，但留畸形於生活不便，飲恨終身耳。」

骨折復位固定後，可因種種之意外使之變位。遇此宜趁骨痂未堅可塑之際，重新斷而復正，決不可因一時之恐懼而蘊終生畸形之遺憾，如楊媼然，豈不悲哉！故曰：擇醫宜慎，用醫宜專。不唯無知之恐懼也。

骨折三旬之後進入損傷中後期，宜去外敷之藥。考其傷處深淺之肌肉組織已漸復原，況肌膚性素喜溫，不宜寒涼太過。投八仙逍遙湯熱敷薰洗之。方用：

苦參 15g，黃柏 6g，蒼朮 9g，防風 3g，荊芥 3g，川椒 9g，川芎 3g，當歸 6g，丹皮 9g，甘草 3g。

八仙逍遙湯，方出《醫宗金鑒・正骨心法要旨・玉梁骨傷》。原注云：專洗跌打損傷，腫硬疼痛，及一切冷振風濕，筋骨血肉痠痛諸症。

方中苦參、黃柏清熱燥濕，蒼朮、防風、荊芥，祛風勝濕，川椒溫中運濕，川芎、當歸、丹皮活血舒筋，消腫止痛。甘草國老，調和諸藥。是方平淡而顯神奇，真可謂古人不謀專利，無欺於我。余師陳照瑞先生尤重此方，言：「跌仆後期，血腫肌化，瘀尚殘留，形消氣傷，或肢體不用，感受寒濕，痹阻經絡，八仙湯祛寒濕，通經絡，功兼瀉虛熱也。」

歌曰

荊防川芎甘草，蒼朮丹皮川椒，

當歸黃柏苦參，湯名八仙逍遙。

1984 年 2 月，原平人譚男，登門求診。言兩年前，騎自行車跌傷左髖處。初，不甚痛。半年後，疼痛日增。本地醫院以神經痛作封閉二月後未效，轉省某醫院。該院以軟組織損傷治療二十餘天，亦未效，遂轉入省醫學院附屬一院，確診為「左股骨頭無菌壞死」，建議手術置換。譚男無意手術，離並返原平，後經友人介紹，由其妻以自行車馱至余處，問有法醫治否？

譚男從傷後迄今已兩年，是時譚男左股肌肉萎縮約 1/4。余見狀，細讀譚男骨盆左髖軸位片，見左股骨頭骨質碎裂、變扁，密度不均勻增高。左股骨頸變短，左髖臼上輪變硬增生；骨盆左側向上傾斜。山醫一院診斷報告為：「左股骨頭無菌壞死」。

余以為壞死也罷，不癒合也罷，皆為股骨頭處供血條件不良，治療不當，血運不暢，寒濕侵襲所致。遂投八仙逍遙湯薰洗熱敷之，並授譚男《丹田子時功》仰臥於床上練習。譚男熱敷、練功半月，左腿似有熱流通過。又月半，能在庭院作跑步鍛鍊。一掃兩年來不能步行，不能站立之沉疴。

經醫院攝片證明：原左股骨頭外上方粉碎性骨折之骨折紋不清晰，有骨小梁通過，無菌壞死消失。又半月，譚男能為其內弟爬上爬下修理汽車耳。與兩個月前判若兩人。後，夫妻來謝，余曰：「此非吾之能，實乃八仙之功也。」故，筋骨傷中之三方，可為手足之用矣。

4. 縛定與導引

縛定者，以繃帶、夾板，夾縛骨折處，令勿動，以利修復者也。然，縛定之技巧、時間之長短，不可不明。

手法正骨後，外敷正骨膏藥於折傷處，蓋以紗布，令其平整無皺。然後上夾板，夾板不與皮膚接觸。先於骨折近端之夾板上纏繃帶三週，次於骨折遠端之夾板上纏三週，然後從骨折遠端之夾板開始一圈復壓上圈之半而纏之，纏妥。復以布帶分上、中、下三道箍之。初不宜箍過緊，恐礙氣血流通。需之腫消再緊之。繃帶之鬆緊，至關重要。雖有外敷膏藥，消腫力強，然，未敷藥處，亦可發生氣腫。太緊則有氣脹之疼痛，庶致血運受阻，恐生攣縮、缺血之變。繃帶縛定後，師傳：以醫者小指試插入夾板紗布與皮膚間，如可則妥。不能插入，則鬆其緊。萬勿以此小節而誤大事也。

縛定後，必摸肢端之寸口、趺陽，若脈動應指有力者方可；無力微弱者，當以縛定鬆緊求之。若寸口、趺陽脈不應指者，警惕血脈淤阻也。

縛定後，於上肢，或伸直，或屈肘懸吊於頸。於下肢，或彎曲，或伸直抬高固定，佐以砂袋相擠，隨症選用。

縛定之時間，視骨折部位、類型，叩診痛之有無而定。一般以三週為宜。骨折之癒合易，關節之功能恢復難。縛定日久則有關節僵硬之弊。

夾板之材料，以紙板為宜。一則輕，二則易。若嫌力度不足，於紙板外側以膠布固定一竹筷可也。若下肢，則需木板，務令平整光滑，夾板之外，纏以紗布，夾板二端襯以棉花，恐磨傷肌膚也。

西醫之切開整復，內固定，何嘗不善。或手法失敗，或開放缺如。若閉合之骨折，動輒切開，不問指徵，實使傷上加傷也。其後果，徒增感染之機會，延長癒合之時

間，加重患者之負擔也。

　　導引者，於武，為強身禦侮之秘，於醫，則療傷治病之法。初見於醫家經典《內經》。至唐・藺道人著《仙授理傷續斷秘方》亦云：「凡曲轉，如手腕，腳凹手指之類，要轉動……時時為之方可。」英國著名創傷學家 Reginald Watson-Jones 亦反覆告誡同仁：「治療骨折有兩個基本原則：一、每一個骨折必須恰當地固定，直到牢固地連接；二、每一個不需要固定的關節，應自損傷的第一天起進行主動的鍛鍊。違反第一條原則意味著恢復遲緩。違反第二條原則，不僅會帶來恢復遲緩，它可以帶來更嚴重的併發症。因為無論如何治療，這種併發症將是永久性的。」（《骨折與關節損傷》）

　　縛定時之導引，應遵藺道人及英人 Watson-Jones 之標準。在上肢，每日必行用力握拳，以活動上肢各類肌群。在下肢，每日必行股四頭肌之收縮與舒展，以防止廢用性肌萎縮。活動雖可增加腫脹，並有微痛，但不可因噎廢食，宜加倍行之。繼而腫消痛減，氣血流暢，實能加速組織修復，促進骨痂生長，增加肌肉活力，恢復關節功能，勝如用藥也。每日數次，每次數十遍，有量定時而遞增，多勞多得也。

　　縛定解除後，除上述導引外，可增加伸屈、旋轉、收展等法以清利關節，然，宜在熏洗熱敷後進行。導引治病至關重要，然需傷者主動為之，若他人扶持被動運動則事倍功半者也。切切此律。

第二節　療傷治驗醫法說

余習武學醫四十有年，臨症救傷數以萬計。今錄歷驗之法，皆以現今通用之病名冠出，意在方便讀者參閱，同時呼應當年陳照瑞老師：「武要打得人倒，醫要救得人起」之訓也。

一、眼外傷

病例：吳，男，15歲，1985年4月6日初診。言5天前，左眼被同學以拳擊傷。經醫院眼科以安絡血治之，效不顯。其父正籌資欲赴太原省城醫院治療之。經余治眼外傷已癒患者介紹，登門求治。時見該左眼怕光流淚，前房積血，視物不清。急疏方：熟地12g，當歸、白芍、藁本、前胡、防風各9g，川芎6g，三劑水煎熱服。

5月10日二診，三劑藥下，消瘀過半，既中戰袍，擊鼓守方再進三劑。

5月13日三診，該患者言視物已清晰。查見前房積瘀皆已吸收，視力1.3。遂停藥，授以旋睛法，囑自行調養。

陳照瑞老師傳授云：「『天地交合，雲蔽日月』（《心意六合拳譜・十法摘要・五行》）講的就是殺敵之時，先擊雙眼。左眼謂日，右眼謂月。十二勢中鷂子入林即『雲蔽日月』之招法也。」

凡眼被拳指所傷，症見：前房積瘀，血染角膜，不見瞳仁，視力銳減者，以上方主之。是方出於元代倪維德所

著之《元機啟微》一書。方名：除風益損湯。專為治眼「為物所傷」而立。即四物湯加祛風藥也。余臨床用之屢效。凡見積瘀較多，疼痛難忍者可重用川芎，更加赤芍；凡流淚不止，怕光羞明者，可重用防風、藁本也。

二、鼻傷骨折

病例：李，男，21 歲，1980 年 8 月 10 日初診。言三天前在鄰村看電影被人以小板凳砸傷鼻柱，青瘀腫痛，呼吸不暢，自己摸之傷處鼻梁塌陷，求治。

余摸之，果然鼻梁如鞍，即以手法正之：令李男仰臥，一助手兩掌扶定其頭。余右手持圓竹筷一雙，將食指與小指夾於竹筷中間。令竹筷分開、並齊。同時以拇、中、環指將竹筷攥緊。隨將竹筷輕輕插入李男鼻孔內深如寸，同時向上撬提。左手隨之以拇食二指，扶其鼻柱向鼻端推理，使陷下復起，聞聲術畢，畸形消失。

心意門中鷹展翅，以中門頭砸敵面門，絕不宜下撞敵齒，恐破我之額面，專向敵之鼻準，輕輕一點足矣。鼻骨骨折，幾乎與鼻出血、鼻中隔損傷同時存在。鼻出血多發生在一側鼻孔。出血區域多在鼻中隔前下部分。側方打擊，可使鼻骨折、傾斜而致歪鼻。正中打擊，則可使鼻折骨陷，鼻梁扁塌增寬而成鞍鼻。

手法正骨後，若鼻血尚出不止，可取蔥葉一根剖開，以棉球擦蘸其蔥汁，濕而塞鼻，血立止。然，塞需兩側，恐塞一側而令鼻歪也。

8 月 19 日二診，李鼻腫漸消，已無塌陷之畸也。

三、顴骨與顴骨弓骨折

病例：趙，男，56歲，1975年12月10日初診。自訴：昨夜回家，路遇下坡，適逢自行車前叉裂斷，跌傷右顴骨。晨起鏡中發現兩側顴骨不對稱，妻言腫脹使然。自覺右顴骨凹陷畸形。且張口、閉口受限，牙車緊急，嚼食艱難，登門求治。

余見趙顏面腫脹，顴部凹陷，眼眶四周淤斑青紫，問：「有昏厥否？」對曰：「否。」余曰：「嚼物艱難者，緣於顴骨向下移位，影響下頜頭之運動使然。汝，應速速整復，超越一週，骨折將畸形癒合也。」遂令趙男正坐凳上，余以右手扶持其頭枕處，又以左拇指伸入趙口腔前庭，在顴骨弓下向前外方推擠下陷之骨折片，使之復位。復位後，令趙作張口、閉口狀。趙即感覺牙車輕鬆矣。囑服中成藥七厘散一週再診。

10月18日二診，趙自我感覺良好，諸症患除。

陳照瑞老師云：「顴骨與顴骨弓骨折，多因跌仆、車禍、拳擊面部側方所致。心意門中多以龍擺尾之右盤肘擊中敵面左側使然，常易將敵擊昏。」

頭為諸陽之首，位居至尊，內含腦髓，以統全身。如傷至腦顱骨裂陷、髓出，顱內骨折等疾，皆屬危候，常會立刻暈厥，昏迷不醒，死亡率甚高。臨症常見者多為腦震傷，酌情服七厘散取效。

四、顳頜關節脫位

病例：李，女，46歲，1980年5月23日診。夫妻口

角，左顳頜關節被其夫掌擊脫錯。經某醫口內復位失敗，登門求治。余以師傳口外復位法，聞聲正之。

顳頜關節脫位，分全脫、半脫二種。陳照瑞老師云：「全脫為脫，半脫為錯。」顳頜關節全脫位，指兩側皆脫也。症見下頦骨向前突而向下垂，張口流涎，言語不清。患者常以手掩其口；顳頜關節半脫，亦稱單掉，即顳頜關節或左或右一側脫位。症見下頜偏向健側，顳頜關節之患側凹陷，健側凸突。口形歪斜，齒咬合不攏。

《醫宗金鑒・正骨心法要旨》云：「凡治單脫者，用手法摘下不脫者，以兩手捧下頦，稍外拽複向內托之，則雙鉤皆入上環矣。再以布自地閣纏繞頭頂以固之，宜內服正骨紫金丹，外貼萬靈膏，待能飲食後去布，只宜布兜其下頦，繫於項上，二三日可癒。若雙脫者，治法同前。」

陳照瑞老師正顳頜關節錯位常以口外復位法：以一手拇指點按患側下關穴處，由輕至重，另手扶其健側顳頜關節處，同時用力，聞聲復位，齒能咬合為復位成功；正脫則以口內復位法：以兩手拇指分別壓在患者口內兩下臼齒盡處，余指分托其兩側下頜。拇指下壓並同時向後推送，聞聲則兩拇指速滑落齒外，以防患者咬傷。

鄰人徐女患中風失語數年，一日顳頜關節竟脫錯八次。余以口內法正之，取繃帶類四頭帶纏之，貼以膠布取效。

張口時，下頜處被擊，多致顳頜關節脫錯。若拳擊下頜處，又常致人擊昏。究其因則為前庭器官中耳石震盪刺激小腦，破壞了平衡功能，引起傷者左右搖擺，然後刺激傳至腦幹，破壞了直立狀態之協調動作，結果倒地。同時因迷走神經中樞受到刺激而影響心臟調節，使心率減慢引

起整個心血管系統功能之紊亂。

打擊鼻部、顳部、枕部出現擊昏一般係腦震傷之結果。打擊腹部、左右季肋部出現之擊昏一般係內臟受刺激劇痛反射之結果。

五、外傷性慢性腦硬膜下血腫

病例：劉，男，36歲，1998年3月2日初診。主訴：1997年4月被人擊傷頭部，休克，醒後回家，頭痛一天，漸癒。8月4日早飯後外出，突然出現心煩、尿失禁，身左半側癱，急入市醫院。以腦栓塞治療9日無顯效。於8月14日轉太原省醫院，治療經旬亦無顯效，此時患者已耗資過萬，無力再治，回家休養。

5個月後經人介紹，登門求治。查：神清、語利，雙瞳等大，目光反應亦好，左側肢體肌力0級。CT報告：右側底節區一低密度影。印象：外傷性慢性腦硬膜下血腫。宜益氣化瘀：黃芪60g，當歸9g，赤芍9g，紅花9g，川芎9g，土元9g，每日一劑，水煎服。

一週後，其妻來告，有三點好轉：（1）能翻身且疼痛消失。（2）左臂能上舉，自覺有力。（3）左足五趾伸屈功能恢復。守方再進，經過一個月之治療，患者肌力恢復良好，已能為外出勞作之妻子做熟午飯，並登門告知：「再調養時日準備外出打工，掙錢還債。」

益氣化瘀法，實乃上海傷科名家施杞老師之法。施杞老師之大作：《益氣化瘀法治療傷科內傷的臨床和實驗研究》發表在《新中醫》（1984.3）雜誌上。施杞老師古方今用依王清任之補陽還五湯化裁，去桃仁而易地龍為地鱉

一氣舉鼎，余拜讀再三，每有啟發。地龍者其性鹹寒，用於兼有熱象者佳，唯能刺激胃宮，胃納不佳者忌之。然，地鱉者傷科要藥，不僅能續筋接骨而搜剔淤血實為所長。故方簡、力專、效宏。余執此方治癒多人，深感施杞老師權衡機變用藥明智，堪稱大醫也。

六、頸椎病・脊髓型・脊髓空洞症術後

病例：宋，男，48 歲，1999 年元月三日初診。患者訴：1981 年 31 歲時因扛圓木努傷小腹，陰囊腫脹如茄子大，經醫 20 餘日漸癒。到 1985 年則斷斷續續出現渾身無力，幹兩天活就得歇好幾天。1987 年出現右腿右足冰涼不溫。1988 年開始肩頸痛，左手食指麻木，右膝無力。多方投醫罔效。1991 年春山西省人民醫院診斷為「側束硬化症」，並告只有兩年的存活期。秋，漸不能騎自行車。

1992 年 7 月山西醫科大學附二院核磁報告：「頸椎寰椎壓迫小腦 8 毫米，C_2、C_3、C_4、C_5 脊髓空洞。」決定手術。術後，頸肩痛消失，天再熱身也無汗，且不能步行。1996 年冬使用康富德搖擺器，搖擺一月，漸能持雙拐步行。現症狀主要為：左手麻木，發僵，無觸覺。右手發僵，但有觸覺。左腿有力，但右腿無力，右手不能上舉。大小便自己基本控制不住。頸椎 X 光片見：C_4、C_5 前緣增生，C_4、C_5 棘突切除術後，C6 棘突向右偏離脊中軸線 3 毫米。

余見宋頭向右傾，摸其頸肌硬結。囑以八仙逍遙湯三劑。每劑三天，每日三次，每次不低於半小時熱敷頸肩肌肉，先解其僵、其束。

1月12日二診，患者訴：「熱敷三劑9天，頸肩疼痛消失，連手術縫合之癢也一併消失，唯頭右側疼痛未減。當年先後在太原八家醫院就診，只有省商業局職工醫院醫生診為頸椎病，與你說法相同。」余曰：「汝扛圓木損傷頸椎在前，故頸椎X光片才有第六頸椎向右偏離脊中軸線3毫米之顯示，因此才有肩頸痛、手指麻木、右膝無力之症狀。損傷有瘀，手術再瘀，淤阻不通，脊髓焉不空洞。此乃頸椎病脊髓型之脊髓空洞也。扛抬重物傷及頸椎者多有之。宜益氣化瘀法治之。」故遵施杞老師之益氣化瘀法，方如前案，囑進6劑。

1月18日三診，患者訴：「大見效。第一劑服後，頭即不痛。」其妻插話：「晚上能安靜睡下，一改以往睡中不停之叫喚。第二劑服後，能在炕上主動翻身。第四劑服後，能主動在炕上坐起，並能坐穩。第五劑服後，大小便不能控制有所改變。第六劑服後，飯後身熱有汗，這是手術後七年來第一次出汗。」擊鼓再進，連服一月，症除收兵。唯留步態笨拙、需持雙拐出行，無能為力耳。

長期以來，國內外對頸椎病之分型與診斷標準不盡相同。余依託1984年5月全國頸椎病桂林會議統一之分型與診斷標準，彙編如下，以利後學診之有法。

1. 頸型

臨床症狀為頸項疼痛強直，整個肩背疼痛、僵硬感。頭部屈曲、轉動受限，呈斜頸姿勢。回頭時，頸項和軀幹必須共同旋轉，少數患者可出現反射性肩、臂、手部疼痛以及脹麻等症狀，但咳嗽或噴嚏時無上肢放射性加劇。

頸椎間盤退行性改變，頸部肌肉、韌帶、關節囊急、

慢性損傷，小關節錯縫是本病之基本原因。可引起頸椎局部或反射性的頭、頸、肩部疼痛。

頸型之典型體徵為急性期頸椎活動明顯受限，病變處肌肉痙攣伴壓痛。應與頸部扭傷（落枕）、肩周炎、風濕性肌纖維組織炎、神經衰弱及其他非因椎間盤退行性改變所引起的肩頸部疼痛相鑒別。

X光片可見：頸椎生理弧度改變，或椎間關節不穩，具有「雙邊」、「雙突」、「切凹」、「增生」等徵。

2. 神經根型

臨床症狀為持續性頸臂痛，呈陣發性加劇為主。患側上肢可出現明顯之根型症狀。如手指疼痛、麻木、無力、肌肉萎縮等。當咳嗽、深呼吸時均可誘發患肢症狀陣發性加劇。

頸椎間盤突出、頸椎增生，鉤椎關節和後關節蛻變，刺激、壓迫脊神經根而引起感覺、運動功能障礙是本病之原因。可分急性和慢性二種。

本病之典型體徵為：

（1）頸部運動受限，病變棘突旁壓痛伴患肢放射痛。

（2）椎間孔擠壓試驗陽性（患者端坐，頭頸中立位，檢查者立於患者背後，雙手壓患者頭頂部，待片刻，患者上肢出現麻脹之感覺為陽性）。神經根牽拉試驗陽性（患者端坐，檢查者一手將患者頭頸扳向健側，另一手握住患者前臂手指，用力向外側下方牽拉，患肢出現手指麻木為陽性）。

（3）皮膚知覺改變：當 C_{4-5} 病變，三角肌、上臂外側皮膚感覺減退；當 C_{5-6} 病變，前臂橈側，手拇指側皮膚

感覺減退：當 C_{6-7} 病變，中指皮膚感覺減退；當 C_7-T_1 病變前臂尺側小指處皮膚感覺減退。

（4）肌力改變：C_5 病變則肩關節外展力量減弱；C_6 病變則伸腕力量減弱；C_7 病變則屈腕及伸指力量減弱；C_8 病變則屈指力量減弱；T_1 病變則指外展及內收力量減弱。

（5）肌萎縮：脊神經支配之肌肉出現萎縮。應與頸椎結核、腫瘤等頸椎骨實質性病變、胸廓出口綜合徵、肩周炎、網球肘、肱二頭肌腱鞘炎等以上肢疼痛為主要症狀的疾病相鑒別。

X 光片可見：頸椎生理弧度改變，病變椎體節段骨贅形成、失穩，椎間隙狹窄、椎間孔縮小。

3. 脊髓型

脊髓型之頸椎病臨床症狀繁多，有感覺、運動、交感神經、血管受累等多種表現，歸納如下：

（1）椎體束受壓或脊髓前動脈痙攣缺血症狀：下肢無力、沉重，步態笨拙、顫抖，腳尖不能離地，易摔倒。肢體肌肉抽動，晚期可致痙攣性癱瘓。

（2）由於脊髓之脊髓丘腦束受累，造成肢體麻木，一般先出現下肢麻木，以後逐漸向上發展。

（3）共濟症狀：站立不穩，步態蹣跚。震動感及位置覺障礙。閉目行走時左右搖擺。

（4）植物神經及括約肌功能障礙：癱瘓或麻木之肢體怕冷、痠脹，血運障礙、浮腫。初起可有尿急，排尿不盡。嚴重者可發展為尿瀦留。大便無力、便秘和失控。

椎體後緣骨贅、椎體移位，黃韌帶肥厚，脊髓損傷等因素是脊髓受壓和缺血，引起脊髓傳導功能障礙，是形成

脊髓型頸椎病之原因。臨床上可分為中央型和周圍型兩種。中央型發病是從上肢開始，向下肢發展而波及全身。周圍型發病從下肢開始，向上肢發展而波及全身。此兩型又有輕、中、重之分。

脊髓型頸椎病致殘率較高。輕者能喪失部分勞動能力，重者可出現四肢癱瘓，完全喪失勞動能力。其特點是疾病初期頸部僅有輕微異常感覺，甚至完全沒有症狀，而四肢症狀又缺乏神經定位體徵，所以往往被認為是神經官能症而未能正確及時治療，使患者失去早期診斷、早期治療之良機；到後期出現了肢體痙攣性癱瘓及病理反射再治療時，已為時過晚。此症應與肌萎縮型脊髓側索硬化症、脊髓腫瘤、脊髓損傷繼發性粘連性網膜炎、多發性末梢神經炎相鑒別。

本病之典型體徵為：

（1）四肢不完全性癱瘓，軀體可有明顯之感覺障礙平面。

（2）林米特氏症陽性（患者直立、屈頸或伸頸片刻即出現上肢過電樣麻木，並沿軀幹向下放射到小腿及足部，即為陽性），此法是檢查頸脊髓受壓之重要體徵。

（3）反射異常：腹壁反射、提睪反射、提肛反射等淺反射消失；肱二、三頭肌腱反射，膝反射，跟腱反射等深反射亢進；霍夫曼、巴彬斯基等病理反射陽性。

X光片可見：椎體後緣多有骨質增生、椎管矢狀徑出現狹窄。

4. 椎動脈型

本型臨床上常表現為患者因頸項轉動而誘發眩暈。甚

至發病前往往無任何預兆，患者常在行走或站立時因頭項轉動而致椎動脈急性缺血，使下肢肌肉張力突然消失而跌倒。眩暈同時或交替出現，枕部或頂枕部頭痛，以跳痛、脹痛多見。伴有耳鳴、耳聾。伴有噁心，嘔吐，上肢不適，多汗或無汗，流涎，心律失常，項背、胸部燒灼感、蟻行感，胸悶，呼吸節律不勻等植物神經與內臟功能紊亂。典型體徵為旋頸試驗陽性（患者直立旋轉頭項，出現眩暈為陽性）。

此皆由於鉤椎關節退行性改變，刺激、壓迫椎動脈造成椎動脈供血不全；或椎間盤蛻變，頸椎總長度縮短，椎動脈與頸椎長度平衡被破壞所致。應與耳源性和眼源性眩暈相鑒別；應與神經官能症與顱內腫瘤相鑒別；應與椎動脈 I 段（進入 C_6 橫突孔以前之椎動脈段）和椎動脈 III 段（出頸椎進入顱內以前之椎動脈段）受壓所導致之基底動脈供血不全相鑒別。

X 光片可見：椎間關節失穩或鉤椎關節骨質增生。

5. 交感型

交感型頸椎病臨床症狀有：

（1）頸枕部痛或偏頭痛。頭暈、目眩、視物模糊，咽喉不適或有異物感。耳鳴、聽力下降。可出現共濟失調症狀。

（2）心率不正常（心動過速或心動過緩），部分患者有心前區疼痛而誤診為冠心病。但心電圖檢查往往正常，血壓欠穩定。

（3）多汗、少汗、肢體麻木疼痛。

（4）胃腸功能紊亂，腹瀉或便秘等。

此皆由於椎間盤退行性改變，刺激、壓迫頸部交感神經纖維而引起之一系列反射性症狀。體徵往往不典型。有些患者可出現霍納氏症（瞳孔縮小，眼瞼下垂，眼球下陷）。

　　X 光片可見：椎關節有失穩或退變跡象。

6. 食管壓迫型

　　臨床表現為吞咽困難及聲音嘶啞。為椎體前緣骨贅壓迫食管所致。X 光片可見：（頸椎側片）頸椎椎體前緣有鳥嘴樣增生。

七、頸椎病・頸型

　　病例：李，女，52 歲，2006 年 3 月 10 日初診。患者訴：1993 年曾患頸椎綜合徵。頭昏，肩背痛，尤以右肩背痛甚，且勞累後加重，不能入睡。經內服頸復康 30 餘盒症狀減輕。以後至今十餘年間，斷斷續續反覆發作。屢經針刺、火罐、牽引、膏藥、中藥治療，有效而不能去根。去年臘月勞累，右肩背痛，又添右手環指和小指痛。

　　經人介紹登門求治。X 光片見有增生跡象，神經根牽拉試驗陰性。余以為係頸椎病之頸型。遂投八仙逍遙湯三劑熱敷雙肩。

　　3 月 20 日二診，患者訴：經過 9 天之熱敷，肩背疼痛銳減，仍有痛。再進三劑熱敷。

　　3 月 31 日三診，患者訴，肩背已不痛多日，唯不能提物，提物則痛。守方再進三劑。後，患者介紹本單位同事來診，並告之肩背痛已消失，提物亦不痛矣。經年隨訪，未見復發。

八、頸椎病‧神經根型

病例：李，男，53 歲，1998 年 9 月 30 日初診。患者訴：右臂麻木疼痛已月餘，晚上輕白天重，中、環、小指麻木疼痛尤甚。經治未效。經人介紹求治。查：頸椎 5－6－7 棘突右側有壓痛，右肩胛骨內側緣有壓痛，神經根牽拉試驗陽性。此係第 7 第 8 頸神經根受累所致。以經驗方《止痙散加味》，即止痙散加地鱉蟲、烏梢蛇等分共研細末，每日服二次，每次服 1g。同時以八仙逍遙湯熱敷肩部，患者二十日後電話告知：麻木、疼痛已消失，問需用藥鞏固否？余告之曰：「症已除可停藥。」

九、頸椎病‧頸動脈型‧複視

家父郭翁，72 歲，1995 年 11 月 27 日晨起頓覺眩暈，右眼球不能轉動，視物成雙，嘔吐，曾患頸椎骨質增生症，有眩暈、猝倒史。查：右眼斜向外上方固著，不能活動。急進杞菊地黃湯加味：枸杞 15g，菊花 10g，熟地 20g，山藥 20g，山萸肉 10g，丹皮 10g，茯苓 10g，澤瀉 10g，當歸 10g，白芍 60g，何首烏 30g，甘草 30g，丹參 30g，細辛 1g。

家父當日 13 時服下頭煎，略作小睡，16 時醒來，即感覺右眼球能動，一掃眩暈、複視、嘔吐諸症，但看四米以外物件尚有輕微重形。於 20 時服下二煎。翌日，家父自覺視物清晰，步態穩健，諸症皆失。再進三劑善後。直至 8 年後無疾而終，從未再出現眩暈、複視及猝倒。同時耳鳴亦得到治療。

人言：「中藥來得慢。」以家父之複視看，藥對症而及時，復杯之效，絕非虛語。又，原平軒崗王翁76歲，係姨妹之公爹。2002年8月30日肩馱三歲之孫女逛原平古廟會，天熱汗出，自覺勞累，至晚即有頭暈之感覺。翌日，頭暈加重，血壓170/90，服降壓靈與藿香正氣水，無效。9月1日靜滴維腦路通時，發現王翁兩眼向外，右眼較甚，且視物成雙。姨妹急赴余處索方，9月2日連服上方二劑，頭暈漸止，血壓亦降（150/80），視覺有所恢復。9月3日、4日各服一劑，視力已完全恢復，諸症皆除。

十、頸椎病・脊髓型

病例：王，男，63歲，2001年9月29日初診。患者訴：四肢無力，不由自己支配，無痛無麻木已7年。自覺臀肌萎縮，三年前當地醫院診為腰椎間盤突出症，治療二月無效，反添兩手拇指皮膚感覺異常。查：患者仰頭站立30秒，雙足即出現顫抖，站立不穩。余考慮林米特氏症性。囑進止痙散加味，每日三次，每次1g，同時外用八仙逍遙湯熱敷肩、腰，每日亦三次，每次40分鐘。

10月13日二診，患者訴：有效，身體倍感輕鬆，走路時腳多少可以提起離地，不像原來拖著腳走路。守方再進。

11月2日三診，患者訴：腳已能離地邁步行走，雙手拇指感覺也好些。方不變再進。

11月14日四診，患者訴：「腿比上一療程更好，就是感覺力量不足。二臀肌肉也像長起，不像原來那樣一張

蔫皮。」遵原方再進。後，託介紹前來求治之患者告訴余：該已能參加農田勞動多日矣。

又，馮，女，47歲，2006年8月28日初診。患者訴：去年冬天手、足出現麻木。今年春天麻木從足向上移。每逢胃口憋痛，繼胸脇憋痛後，手、足、臂、腿即開始麻木。近一個月來，口唇伴嗓舌也出現麻木。尤以頭中線，由風府向上向前，兩太陽、兩睛明、二迎香穴處鈍痛伴頭暈。曾服天麻丸3週，木瓜丸3週。核磁共振診斷為脊髓型頸椎病，省人民醫院建議手術。查：患者低頭站立1分鐘可見手足呈放射性麻木加重，即林米特氏症陽性。囑進止痙散加味每日三次，每次1g。

9月4日二診，患者訴：用藥第二天舌頭痛，脊背有蟻行感。用藥第五天右足心癢甚，第八天後背痛、憋沉同時嘴上麻木減輕，胸脯壓痛減輕。守方再進。

9月23日三診，患者訴：昨日見腕關節對稱疼痛，脊背仍痛，但口唇及嗓舌麻木減輕。方不變再進。

10月23日五診，患者訴：喉內尚麻但可以忍耐，總的來講，麻的時間在縮短，麻的程度在減輕。守方再進。

12月8日九診，患者訴：自覺精神好多了。足涼，手足心麻已減輕，似麻非麻。令患者作林米特氏症檢查，患者低頭站立1分鐘未見放射性手足麻木。

十一、頸椎病‧交感神經型

病例：王，女，45歲，2002年3月30日初診。患者訴：最初感到左足及左臂出現放射性麻木、無力，後逐漸麻木次數增多，去太原檢查心腦血管，未見異常，已十餘

天。左眼模糊，右三角肌痛、左三角肌亦痛但較右側輕，麻木由上而下放射，怕風怕涼，頭暈、耳鳴。查：神經根牽拉試驗陰性，旋轉試驗陰性。林米氏症試驗，低頭位陰性，仰頭位則出現左腿發熱到足背，左手從小指環指逐漸到拇指麻木。X光頸側位片見：C_{6-7}前緣增生搭橋，生理彎曲消失。印象：交感神經型頸椎病，囑內服止痙散加味每日二次，每次 1g。八仙逍遙湯熱敷頸肩，每日三次，每次 40 分鐘，連治 20 天。

4月8日患者來電話云：「麻木減輕，熱敷後唯感身上無力，欲睡。」

4月20日二診，患者訴：「服藥第三天、第十一天，症狀加重，而後漸漸減輕，原來之症狀基本消失，指趾偶爾麻木，不厲害。熱敷後矢氣增多，腰身挺舒服。」守方如前再進 20 天。

5月6日患者來電話云：用藥第六天大便稀。停藥後，用止瀉藥復原，初診症狀俱已消失。騎自行車時，左手小指、環指偶有微麻。余告知，此係騎車上身前傾壓迫所致，非頸椎病所為。騎自行車時挺直腰板，麻木即可消失。

十二、頸椎病・食管壓迫型

表姨兄岳母，83 歲，1990 年 5 月 30 日以左膝扭傷邀余赴診。手法後小坐，見他醫前來為其岳母輸液。余問何故？對曰：「老太太患食管癌，已治療半年矣。」余索其頸 X 光片，見 C_{4-5} 椎體前緣骨質增生搭橋如喙，避他醫而謂表姨兄曰：「此乃骨質增生壓迫食管之頸椎病，非食道

癌之噎食症。」又問其岳母咽食物時是否如雄雞之伸頸引吭狀？表姨兄曰：「然也」。追問：「如何治療？」余曰：「不治也罷，除咽食伸頸，又無痛苦。」越四年其岳母 87 歲無疾而終。

十三、頸椎病‧吞嚥困難型

病例：李，男，42 歲，2006 年 7 月 29 日初診。患者半月前晚 7 點 20 分搭乘摩托車撞在農用小四輪拖拉機上，仰面朝天，臀高頸屈跌倒受傷。頭項活動嚴重受限，既不能低頭、抬頭，又不能左右扭頭，固定於中立位，更煩心的是右側吞嚥困難。坐則不能進食，唯躺下以左側臥才能將豆奶泡餅乾入咽。經人介紹，登門求治。飲食艱難，宜師傳開關法：先以手指分理夾頸之肌腱，觸摸，找到頸椎棘突之壓痛點，行右前臂提患者下頷而上牽，同時左拇指向前推擠痛椎棘突。手法後，患者即可自行小範圍之低頭和左右扭頭。以八仙逍遙湯熱敷肩部三劑。

8 月 7 日二診，患者可以吃飯了，吞嚥困難明顯改善。頸活動範圍亦加大；唯頸椎左側 C_{4-5} 處尚有低頭痛。再敷三劑八仙逍遙湯。

8 月 16 日三診，患者吃飯已經沒有問題，低頭也不痛了。再取三劑鞏固之。

又，趙，男，30 歲，1992 年 9 月 8 日初診。其父言，昨天早起，患者駕農用車拉砂，為躲一童翻車入溝，致吞嚥困難。縣醫院推薦赴太原省醫院治療。聽人介紹，其父登門邀余出診。

余乘車至趙家，見趙男除情緒低落外，全身未見一

傷。唯饑腸轆轆，已有四餐未進粒米。急行師傳開關法：令趙男端坐炕沿，命其父以白布剪口向上兜提趙男之頦枕片刻。余以兩拇指重疊向前推擠趙男之痛椎，手法聞聲而停。10分鐘後趙男自覺能咽唾液，急呼：「拿飯來。」時近中秋，一斤月餅，兩包速食麵，頃刻趙男一掃而光。

十四、鎖骨骨折・術後

病例：吉，女，43歲，1999年12月17日初診。患者訴：騎自行車跌倒致左鎖骨骨折，手術後已四個月，近日攝X光片見仍有2毫米間隙，未見骨痂生長，余囑服師傳祛傷散（西洋參研細末）每日二次，每次2g，連服半月。

2000年元月7日二診，攝片見骨折處間隙已模糊，再進祛傷散半月以利長堅。

明・薛立齋《正體類要・序》云：「且肢體損於外，則氣血傷於內，營衛有所不貫，臟腑由之不和，豈可純任手法，而不求之脈理，審其虛實，以施補瀉哉。」「西洋參，味甘微苦，性涼。能補助氣分，兼能補益血分。」（張錫純《醫學衷中參西錄・藥物・西洋參解》）。」現代藥理研究：西洋參「含人參二醇-2-葡萄糖甙。動物實驗有鎮靜作用，對中樞神經有中度的興奮作用。」（《簡明中醫辭典》）

陳照瑞老師匠心獨運，取西洋參一味，補肺益氣，養胃生津，氣血雙補，制以待用，扶正而祛傷也。

鎖骨骨折多因間接暴力所傷。常見於跌仆時，肩部著地，或以手撐地，外力傳導至鎖骨而折斷。斷骨內側因受胸鎖乳突肌之牽拉，向上向後變位。外側因受上肢之重量

及胸大肌之影響而向下向內變位。

《心意六合拳・四把連環・轉身鷂子入林》之跌法，常能致此患。傷者多以健側手托住傷側肘臂減痛，傷側肩低於健側肩，頭偏向傷側，下頜轉向健側。摸診時，骨折處壓痛明顯。或有重疊畸形。醫者也可一手置鎖骨上，另手執傷側之肘，上推下拉，若感到鎖骨之有異常活動，傷者疼痛加重，即為骨折。小兒之鎖骨骨折多無明顯症狀，如上提其手，或從腋下抱起，因疼痛而哭鬧者，即需要排除骨折。

手法論治，較為簡單。令傷者坐位，雙手扠腰。醫者立傷者身後，以膝頂傷者脊背，雙手扳傷者雙肩，向後外側牽拉。令傷者挺胸抬頭，一般均可復位。老年傷者，可取仰臥。令兩肩胛骨間置一小枕，助手按住傷者健側肩向後壓。醫者一手按壓傷者傷側肩向後向上向外，另手拇指、食指在骨折斷端擠按捺正。

正骨後，將正骨膏外敷填充鎖骨窩骨折處，蓋以紗布，復壓紙墊。以繃帶纏繞傷者兩肩腋下，將繃帶交叉於傷者背後，8～10 層即可。終以膠布貼之。傷肢懸吊於頸。令傷者時時挺胸抬頭，以助骨正。兒童 2 週，成人 3 週，一般即可解除固定。

鎖骨骨折因上肢重量影響，多為畸形癒合。但決不影響功能。至於手術者，正如英國著名創作學家 Reginadid Watson–Jones 所說：

「每一百例鎖骨骨折中，只有一例需要做一期手術治療。有時粉碎性骨折的內側斷端向上傾斜，尖銳骨刺有穿破皮膚的危險。更少見的是斷端向後變位，危及鎖骨下血

管。如有嚴重移位，可以考慮一期手術康復，插入髓內釘，但必須提高警惕。因為保守治療極少會引起鎖骨不連接，而早期手術治療又必將剝離附著的軟組織，危害血供應，所以手術才是不連接的主要原因，並將造成日後的困難。」（《骨折與關節損傷·鎖骨骨折》）

十五、肋骨骨折

病例：趙，男，74 歲，1993 年 10 月 19 日初診。患者訴：駕驢車回家，驢驚車翻，被車欄撞傷左肋。經當地醫院攝片診為肋骨骨折，以疊瓦式膠布將傷側胸廓過半黏貼。自膠布黏貼後較未黏貼時，疼痛加劇，一刻不停。經鄰人介紹來診，余將膠布盡數扯去，此法非不善，然對老年患者卻不宜。再以兩掌置患者前胸後背擠按，找到患者呼痛處，計為第七肋，摸其傷處，未見不平，急取接骨效方蜜調成膏，敷其傷肋，以武裝帶式繃帶纏裹其肋。

10 月 27 日二診，患者訴：「敷藥後傷處基本不痛，但仍不能咳嗽。」守方再敷。

11 月 5 日三診，患者訴：「咳已不痛。」守方再敷善後。

肋骨骨折多見於成人，兒童肋骨富有彈性，不易折斷。直接暴力所致之骨折，斷端向內變位，可穿破胸膜傷及肺臟。若前後對擠之暴力往往斷在腋中線處，骨折端向外折出，一般不會傷及內臟。如骨折發生在肋軟骨處，或軟骨和肋骨交界處，或側胸壁，X 光攝片則不易發現骨折線。肋骨骨折最顯著之症狀是傷處局部疼痛，深呼吸、咳嗽和噴嚏時疼痛加劇。若多根肋骨骨折，胸部外形則失去

弓狀而呈扁平。呼吸時傷處與整個胸廓之扇動脫節，產生反常之呼吸，即吸氣時骨折處下凹，呼氣時反凸起。

　　兩手擠按胸骨和脊柱時，骨折處有劇痛，一般挫傷僅有局部壓痛耳。陳照瑞老師云：「心意門遮雲蔽月肘多能致敵肋骨骨折。」

　　肋骨骨折論治，當分清部位。斷在胸前者，傷者取其坐位。助手立傷者背後，以膝頂傷者背中，雙手搬肩緩緩用力向後方拉開。醫者一手扶健側，一手按定傷側，用推按法將高凸部分按平。斷在背後者，助手扶傷者兩手上舉抱頭。醫者一手扶健側，一手按斷骨高凸處稍用力，由胸向脊順肋之方向推按接正。接正後，均外敷接骨效方，以武裝帶式繃帶包紮二週取效。

十六、肩胛骨骨折

　　病例：劉，男，38歲，1985年10月15日初診。患者訴：二天前，夫妻口角，被妻以菜刀背砍傷右背。右肩不能活動，右臂亦不能抬起。症見右肩胛骨處青腫瘀斑，摸之右肩胛骨有骨擦音。其妻曰：「他打得我著了急，我用刀背只砍了他一下，就骨折了。會留下後遺症否？以後還能幹活否？」余曰：「肩胛骨薄扁如翅，況有肌肉保護，血運豐富，癒合容易。一般不會留下病廢，日後養家無累，只需敷藥二旬即可。遂以正骨膏，遍塗其傷處，以繃帶包紮之。」

　　10月25日二診，腫消過半，疼痛減輕，但患肩仍不能活動。去前藥，守方再進正骨膏敷之。

　　11月5日三診，基本不痛，右臂已能抬起，尚略有

痛。摸之已無骨擦音，囑以八仙逍遙湯熱敷患處五劑半月，以善後。

十七、胸、腰椎壓縮性骨折

病例：楊，女，58 歲，1986 年 2 月 19 日初診。患者夫言半月前，其妻登凳擦玻璃，從凳上跌下，臀部坐地，致腰痛不能翻身。經當地醫院攝片為「第一腰椎壓縮性骨折。」住院十日，經打針輸液未效。連日來，主治醫師屢囑患者以頭、肘、足五點著床，撐起全身，使腰背騰空後伸之鍛鍊。患者大便已半月未行，腹脹、腰痛，痛不能支。問有治法否？若無法即赴太原省醫院治療也。余見患者四肢自如，遂投通腑湯三劑，先解未便之苦。

2 月 23 日二診，患者訴：大便已通。腰痛、腹脹隨大便通下而消失，唯不能翻身。余遂取《中醫傷科學》之蒼朮、白芨粉各 60g，囑每日二次，每次 3g，連服半月。

3 月 11 日三診，患者訴：已能起床方便，翻身已無痛。能在院中走動，唯感腰腿無力。囑用八仙逍遙湯熱敷腰部半月。同時囑以腳尖倒行鍛鍊腰腿，每日三次，每次 3 分鐘，告之三月內不宜彎腰勞作。經年路遇，完好如初。

人從高處墜下，腳、臀著地，腰向前彎，每令人胸腰椎壓縮性骨折。常以胸椎 11–12，腰椎 1–2 椎體前方或側向出現楔形改變。輕者可忍痛彎腰行走，重者立即不能步行。對不能步行之患者，尤要注意檢查患者之足趾能否主動運動，不能者，謹防脊髓受傷也。脊髓損傷，患者兩腿肌肉軟弱無力，以致腓腸肌不能收縮。若患者從足向大腿

觸覺消失之部位越高，則說明脊髓損傷之部位越高，恢復也就越慢矣。

陳照瑞老師傳脊柱理傷手法為：令傷者俯臥，助手兩人分別持傷者腋、踝對抗牽拉片刻（3～5分鐘），醫者以雙拳之拳面平壓脊柱兩側，從上而下三遍。繼以兩拇指撥動夾脊之韌帶左右共二次，最後於傷椎突凸處，以左掌復右掌之上按之。新傷可為，若患者超過半月未診則不必行此手法，行之也無益也。

十八、腰椎後關節紊亂症

病例：王，男，50歲，1998年6月5日初診。患者訴：早晨上班，從報架底層彎腰取報紙，突發腰僵、腰痛，以右腰為甚。不能立起，不能俯臥。唯右側臥，左腿蜷曲，腰後凸屈捲，尚可緩解疼痛。經當地醫院攝X光片診斷為骨質增生，不信其說，登門求治。

查：直腿抬高試驗正常，但當右腿抬高突然放下時，右腰出現一過性疼痛。余告之曰：此乃由腰椎退變及扭傷等原因引起之腰椎間關節對合不良，或滑膜嵌頓，進而導致脊神經後支分佈區發生無菌性炎症，隨之出現腰痛和反射性腰腿痛。此為極常見之急性症候。施以師傳手法：令患者併攏兩足，儘量蹲下，以胸膝相貼。醫者左手扶按患者左肩，以右掌由輕至重掌擊患者腰骶部三次。術後患者即有痛減之輕鬆感。再取地鱉蟲炙脆為末（明·異遠真人《跌損妙方·全身門第一》），每日二次，每次2g，酒水送服，連服三日。

6月8日二診，患者訴：「真是藥到病除，腰已不

痛。」問有何鍛鍊法？余授以足尖倒行法，以強壯髂腰肌而呵護腰骶椎也。

腰椎後關節紊亂症又稱腰椎後關節錯縫。多因腰骶關節之小關節為冠狀位排列，當腰椎屈曲或旋轉時，滑膜被擠進關節面間，在伸直時發生嵌頓所致，故又稱之為滑膜嵌頓症。師傳手法拍使滑膜解脫歸位，而佐以地鱉搜剔淤血黏連，克此無菌之炎症，故有顯效。

十九、棘上、棘間韌帶損傷

病例：趙，男，38歲，2007年2月24日初診。患者言18歲時腰有扭傷史，漸癒。腰痛伴右腿痛，無麻木已一年。在加拿大曾以骶髂關節錯位治療，未果。經山西大學任教之同學介紹，前來求治。

查：直腿彎腰試驗陽性（雙足併攏，雙膝直立，向下彎腰，若腰腿痛為陽性）。腰後伸試驗陽性（雙足分立，兩手扠腰，腰向後伸，略停30秒，若腰腿痛為陽性）。第四、五腰椎棘突壓痛、棘間壓痛、脹。第四、五腰椎右側壓痛，但無點按致患腿之放射痛。右4字盤腿試驗陰性（患者仰臥，患肢屈髖、屈膝，小腿外側踝關節置於健側膝關節前。醫者一手放於患肢膝關節處，另手放於健側髖骨處，兩手同時用力向外下方按壓，若髖關節或骶髂關節出現疼痛為陽性）。

余告之趙男：「右盤腿試驗陰性即說明不支持骶髂關節錯位之診斷。汝，棘上、棘間壓痛說明該處有損傷。故，直腿彎腰及腰後伸試驗陽性。腰椎旁有壓痛而無放射，可考慮腰椎間盤有輕度突出也。」

遂施以師傳治傷手法：令趙男坐凳上，雙手置膝前，腰略向前彎。余以右拇指觸摸到該棘上韌帶壓痛處，以左拇指按實其壓痛處上方並向上按推，右手拇指則沿脊縱軸向下分理按推。同時囑趙男不得有扭腰及腰向後伸動作。術畢，趙立感痛消過半。因急於返回加拿大，趙另帶一月治療腰椎間盤突出症之中藥。

後電話告之，僅用藥 20 餘天，症狀全消，並堅持足尖倒行之鍛鍊，以強健骼腰肌也。

棘上韌帶係附在各椎骨棘突頂上之索狀纖維軟骨組織，甚堅強。椎體棘突借棘間韌帶與棘上韌帶相互連接。人自 30 歲以後，因棘間韌帶已開始不同程度之退變，故，用力過猛會導致棘上、棘間韌帶損傷，甚至造成棘上韌帶從棘突上撕脫。多因彎腰搬提重物突然發病，致使腰部正中疼痛如刀割針刺。不能彎腰，坐臥困難，也有涉及下肢及腰背受累痠痛者。棘上、棘間韌帶損傷，忌行腰部旋轉復位法，誤施之，疼痛加重也。

二十、腰椎骨質增生症

病例：張，男，80 歲，2001 年 4 月 17 日初診，患者訴：素有腰痛，時好時壞。近半月來，疼痛加重，以致臥炕不起。腰 X 光片見：第三腰椎以上向右側傾斜，各椎體前緣均有增生。第一、二腰椎和第四、五腰椎骨質增生並搭成骨橋。囑取八仙逍遙湯五劑熱敷腰部半月，每日三次，每次不低於 30 分鐘。

5 月 3 日二診，患者腰痛痊癒，能在院中行走。唯二膝也增生，也僵痛。守方再進三劑，熱敷膝關節。

5月12日三診，患者子來再取藥二劑並告之膝痛也見效。

骨質增生症是骨或關節軟骨發生增生而引起的病症，又稱骨刺。發生在頸椎者稱「頸椎病」；發生在胸腰段者稱「增生性脊椎炎」；發生在四肢關節者稱「骨性關節炎」，又稱「增生性、肥大性或退行性關節炎」，以下肢為多見。

增生性脊椎炎也稱肥大性或退行性脊柱炎，多在中年以上發病，主要表現為腰背痛，多為痠痛，少數患者可放射到下肢。氣候變化時加重，陰雨天尤為明顯。晨僵，稍活動可減輕症狀。

X光片可見該部椎體前緣或側緣有骨刺形成，少數發生在後緣，基底部較寬而逐漸變成一尖端，有時可跨越椎間軟骨盤者則稱為骨橋也。

二十一、腰椎間盤突出症

病例：楊，男，54歲，1997年4月26日初診。患者訴：「右腿素有易涼易凍之感覺，約有二年餘。半月前，因彎腰撿帽，突發右腰眼痛。一週後，繼發右腿痛、麻木至外踝。行走坐立皆疼痛，唯臥床則疼痛減輕。經當地醫院CT報告為第四、五腰椎間盤突出，經治效微。」登門問能治療否？查：右腿直腿抬高試驗陽性。第四、五腰椎右側壓痛伴有向右腿放射性疼痛。

先以斜搬法調整患者腰椎關節後，患者即感覺右腿有輕鬆感，囑進師傳陳年傷寒腿痛經驗方：桂枝9g，白芍15g，製川烏3g，炙甘草9g，蜈蚣3g，全蟲3g，土元3g，

四劑水煎服（注：製川烏有毒，宜先煎半小時後，入餘藥再煎 20 分鐘服用）

4 月 30 日二診，患者經手法後連進三劑湯藥，疼痛、麻木銳減。守方再進四劑。

5 月 5 日三診，患者訴：疼痛麻木基本消失。前方去製川烏，再服四劑以善後。

腰椎間盤突出症之內因係脊椎退行性變化，外因係腰扭傷。也有無腰扭傷史，但因椎間盤先有退行性改變，然後再加輕微之動作，就能使纖維環破裂，突向椎管內之髓核或纖維環之裂片尚未壓及神經根時，只有後縱韌帶被刺激而產生之腰痛，若突破後縱韌帶而壓及神經根時，就會有腿痛也。

腰椎間盤突出症，常見於第四腰椎與第五腰椎間盤和第一骶椎之間盤。在小腿下端以脛骨為界，如脛骨前皮膚感覺過敏，遲鈍或痛覺喪失，表明腰 4–5 椎間盤突出壓迫第五腰神經根所致。如脛骨後之皮膚感覺障礙，則表明係腰骶椎間盤突出壓迫第一骶神經根所致。一般說來，足背皮膚感覺異常，為腰 5 神經根受累；足背內側皮膚感覺異常，為腰 4 神經根受累；足背外側與足心感覺異常，則為第一骶神經根受累也。

患腿如有明顯放射性疼痛和運動、感覺反射等機能改變者，可用陳照瑞老師傳授之伸腿斜搬法：患者側臥，患肢在上，醫者面對患者，以手按其骼骨後外緣，一手扳其肩前，兩手交錯用力斜搬之。斜搬手法不宜過多過濫，一週一次足矣。斜搬手法可以調理腰椎關節、腰骶關節和骶骼關節，旨在剝離患處形成之黏連；而吸收黏連則需師傳

之陳年傷寒腿痛方也。十年臨床驗證，以師傳驗方化裁，輔以手法治療腰椎間盤突症及其兼證，卓有療效。

腰椎間盤突出症為極常見病，古即有之。據說唐太宗李世民連年征戰，馬上廝殺，也曾患有此症。因腰椎間盤突出症除疼痛外，尚有冷、抽、麻之兼症，故民間常以老寒腿呼之。央視熱播之電視劇《貞觀長歌》中，唐太宗扮演者唐國強就逼真地再現李世民之痛苦狀。當年藥王孫真人曾上方治之。余因資料匱乏，無力注明出處。但博學強記、治學嚴謹的內蒙古醫學院中醫系教授張述文老師能憶其方：川烏 15g，草烏 15g，羌活 15g，獨活 15g，防風 10g，當歸 15g，川芎 10g，何首烏 10g，海桐皮 15g，明天麻 10g，川烏、草烏、毒大量大，余學驗未豐，無膽敢用。書之，聊備方家參考。

二十二、腰椎管狹窄症（腰椎退變型椎管狹窄症）

病例：劉，男，45 歲，1997 年 10 月 11 日初診。患者訴：「患腰椎間盤突出症已 5 年。近半年來，左腿疼痛加重，步行 20 公尺即需蹲下休息減痛，但騎自行車腿不痛，騎幾十里都沒問題。曾服天麻丸、強的松、布洛封均無效，骶療無效而且加重疼痛，經人介紹來求治。」查：左直腿抬高試驗陰性，4 字盤腿試驗陰性，腰後伸試驗陽性，疼痛一直放射到足。囑服師傳陳年傷寒腿疼方 12 劑再診。

10 月 23 日二診，患者訴疼痛略減，但腰後伸試驗由陽轉陰。守方不變，擊鼓再進 6 劑。

11 月 25 日其介紹患者來治，並告之已能步行 500 公尺，基本不痛也。

正常腰椎管前後徑為 15～23 毫米。如果腰椎管前後徑在 13 毫米以下（頸椎管前後徑小於 10 毫米，胸椎管前後徑小於 12 毫米），可視為椎管狹窄，但也有學者認為脊椎管前後徑在 10 毫米以下才能產生脊髓壓迫症狀。

椎管狹窄症除少數為先天性椎管狹窄而發生於青年人外，大多數皆為中老年人發病。由於年齡增長，椎間盤蛻變、椎板緻密增厚、黃韌帶肥厚、關節突增生突入椎管或神經根管等多種因素致使椎管狹窄。

另外，脊椎融合術後亦可造成醫源性狹窄。慢性氟中毒，軟骨發育不全亦能致病。此症多見於 45 歲以上，起病緩慢，男多於女，走路發飄，四肢無力，突出症狀為間歇性跛行，即行走一段距離即感腰痛、腿痛、麻木，常須彎腰蹲下或坐下休息才能緩解，但騎自行車沒有問題。即所謂：「步走難行幾十公尺，騎車半天沒問題。」此現象說明彎腰時椎管擴大，症狀即緩解。

伸腰時椎管變小，症狀即加重也。故，令患者站立，在醫者扶持下令其後仰以加大腰椎後伸度並停留 30 秒，若出現臀部及小腿麻木、脹痛稱為腰後伸試驗陽性。若患者素有動脈硬化，使用擴血管之藥物，可使腿無力緩解。如見足背動脈減弱、消失者，則屬下肢周圍動脈疾病造成之間歇性跛行，應鑒別。

椎管狹窄症禁止使用腰後伸之搬腿、腰轉動之斜搬等手法。中藥治療無效時，成功之手術也是祛病之良方也。

二十三、強直性脊柱炎（初期）

病例：段，男，30 歲，1997 年 9 月 6 日初診。患者腰

僵、腰背痛 4 年，右踝關節腫痛十餘天，同時兩側腹股溝疼痛，夜晚比白天更痛，常在凌晨睡夢中痛醒，咳嗽疼痛加重，痛引小腹，尿呈茶色。當地醫院尿化驗未見陽性反應，類風濕因數陰性，以腰肌勞損封閉後疼痛加重，故登門求治。查：右直腿抬高試驗陽性，左右 4 字盤腿試驗陽性，胸廓擴張活動度等於 25 毫米。腰椎 X 光片見：腰 4 椎體呈楔形。骨盆 X 光片見：兩側骶髂關節模糊，有骨小梁通過。問及直系親屬中多有彎腰駝背者。遂以經驗方止痙散加味 30g，每日三次，每次 1g，以丹參 15g 煎湯送服。

9 月 22 日二診，患者右踝腫消痛減，尿色亦正常，但不能坐。守方再進 30g，丹參 15g 煎湯送服。

10 月 5 日三診，患者訴：「已見效並參加秋收勞動。」再取藥 30g，以資鞏固。

目前，學術界公認強直性脊柱炎屬結締組織血清陰性疾病，發病率較類風濕性關節炎為低。多見於 15～30 歲男性青年，病變多始於骶髂關節逐漸上犯腰、胸、頸，有少數女性患者卻向下發展。

強直性脊柱炎初發症狀常為下腰、臀、髖部疼痛，活動不便，陰天或勞累後加重。常因腰部扭轉、碰撞、咳嗽、噴嚏而疼痛加重。繼而疼痛和腰僵發展為持續性。疼痛厲害時，常能使患者在睡夢中痛醒，不少患者同時出現坐骨神經痛，因此常常與腰椎間盤突出症混淆。晚期形成嚴重之駝背畸形，且一般均有家族遺傳史，故凡對原因不明之持續腰背疼痛超過三個月，經休息也不能緩解，脊柱運動和胸部擴張受限，血沉又顯著加快之男性青年，要排除患有此症。

骶髂關節改變是診斷本病之重要依據，凡擠壓、旋轉骶髂關節而引起疼痛則是骶髂關節炎症之可靠體徵，如4字盤腿試驗陽性。骶髂關節 X 光片是診斷本病之重要依據。骶髂關節 X 光片可有三期改變。

早期：關節邊緣模糊並稍有緻密，關節間隙加寬。中期：關節間隙狹窄，關節邊緣骨質腐蝕與緻密增生交錯呈鋸齒狀，髂骨側緻密帶增寬，最寬可達 30 毫米。晚期：關節間隙消失，緻密帶消失，骨小梁通過已呈骨性強直。胸廓擴張活動度等於或少於 25 毫米（從第四肋間測量）也是診斷本病之重要依據。有條件者可作組織相容抗原 HLA－B27 確認。

二十四、骶髂關節半脫位（錯縫）

病例：劉，女，55 歲，1993 年 12 月 29 日初診。患者於三個月前洗衣後撥水閃了一下右腿，遂致腰腿疼痛日增，行走困難，站則直不起腰，坐則臀不敢著凳。經多方治療未果，已預訂當日晚間臥鋪票，準備赴京治療。經人推薦，登門求治。余見該患者上床則需雙手扶右膝，翻身俯臥艱難。按其髂骨後上棘處，該即感覺骶髂關節內疼痛。查其右 4 字盤腿試驗也呈陽性。余告之曰：此乃陳舊性骶髂關節半脫位。試行師傳手法。手法後，患者疼痛銳減，即可挺起腰在家中行走，高興地告訴家人退掉臥鋪票，「就在郭大夫處治療。」

1994 年 1 月 17 日二診，患者腰已不痛，唯右臀下及膕窩有抽搐感。囑以八仙逍遙湯熱敷腰骶部五劑半月，同時授以折丹田功法，每日二次每次 6 動，藉以鞏固已調正

之骶髂關節。

1997 年 10 月 8 日，原平市有線電視臺為余拍攝專題片《敢從大處寫人生》時，曾專訪劉女，此時劉已退休居家，四年未見復發。

骶髂關節半脫位係指骶骨之髂骨關節面與髂骨之骶骨關節面發生微小移動而引起的功能障礙。青壯年多發。因女性之骶髂關節韌帶較男性鬆弛，尤其在妊娠晚期和產後初期更為鬆動，故患骶髂關節半脫位較男性多。

一般都有明顯之外傷史，傷後患者立即感覺下腰部一側疼痛，特別是站立或走路時疼痛加劇，動轉困難，患者站立多以健肢負重，病側下肢因骶髂關節疼痛而不敢觸地。如勉強步行，必須以手扶住患髖，僅以足尖觸地。腰部顯示凸側向健之脊柱側彎，患者落座，多以健側臀部負重，並用雙手分別撐住凳之兩端以減少因負重而增加之疼痛。患者上床時，必須以雙手抱膝，保持髖、膝二關節於屈曲位，以防止患側骶髂關節扭轉而引起之疼痛。

骨盆分離試驗即 4 字盤腿試驗，顯示患側骶髂關節疼痛而呈陽性。骶髂關節旋轉試驗，即令患者坐於床邊兩腿下垂，醫者面向患者而立，將患者之兩膝夾於醫者兩腿間，囑患者將兩前臂交叉環抱胸前。醫者以雙手分別扶患者兩肩，呈相反方向推轉。先向健側方向旋轉，然後再向患側方向旋轉。正常者，兩肩可有前後旋轉 180° 之範圍，能使兩肩從左右位旋轉為前後位。但骶髂關節半脫位之患者，不但兩肩前後旋轉範圍減小，而且旋轉時患側疼痛難忍。

師傳治以牽拉屈髖法：患者仰臥（以右側為例）助手兩手固定患者兩腋。醫者站於患者右側，以右腋夾持患者

右踝處，右肘屈曲以前臂背側托住患者小腿後，左掌搭於患者膝關節前，以右手搭於左前臂中，用力夾持患者患肢牽引一分鐘。然後，以左掌扶住患者大粗隆處，用力屈曲患膝、髖關節至最大限度。然後將患者患肢稍向外展略施牽引即可。手法後一般即能使半脫位之骶髂關節得到整復。患者疼痛立即消除，行走坐臥恢復正常。唯骶髂關節半脫位之患者，尤其是超過半月之陳舊性半脫位患者，其關節囊韌帶鬆弛，稍一扭轉易再脫位，故宜以折丹田功法自行調理。否則易累及其周圍韌帶鬆弛，關節不穩而繼發骶髂關節鬆動，形成緻密性髂骨炎也。

二十五、恥骨聯合分離

病例：劉，女，24 歲，1999 年 12 月 27 日初診。患者父母代訴，患者入當地醫院頭胎順產已 12 天，產後兩腿便不能動，不能翻身，不能側臥，不能抬起臀部，問余何緣故？余囑攝骨盆片排除恥骨聯合分離。X 光骨盆片見：恥骨聯合分離 12 毫米。余見患者右腿略長左腿 10 毫米。盤腿試驗左右均呈陽性。施斜搬手法後，患者即能抬起臀部並能翻身，二腿能自動伸屈、外展。囑進師傳祛傷散 60g，每日二次，每次 2g。

2000 年 1 月 11 日二診，患者疼痛基本消失，唯翻身時尚有略痛。查：見右腿略長於左腿，再施斜搬手法，繼令患者下蹲並扶其肩，由輕至重，拍擊其臀部三次。術畢，患者翻身、起立、蹲下自如。盤腿試驗由陽轉陰。再進師傳祛傷散 10g，每日二次，每次 2g。

1 月 18 日三診，患者已能步行二里，欲回其娘家休

養。遂停藥。

恥骨聯合分離亦稱交骨自開。《劉壽山正骨經驗》對此有如下描述：「交骨（恥骨）者，男為下橫骨，女為交骨，位於胛肋骨之前方。本為兩骨合縫，有血糟黏之。

【病因】婦女懷孕七八個月胎兒入骨盆時，或產後，可出現交骨自開。老婦人如有跌打、壓砸、碰撞，可致交骨自開，常伴有骨折。

【臨床表現】遇有此症，患處疼痛，行走艱難，只能斜身行走，單腿不能站立，也不能抬起，上、下臺階其痛更甚，重者須扶杖而行。檢查時，令患者仰臥床榻，患者雙腿不能併攏，也不能伸直。醫者用雙手按壓兩環簒骨，交骨中間疼痛，按著一側下肢，另一側上肢不能抬起。用手指尖按壓交骨中間，其處痛甚，其縫顯寬，即為此症。」

然，余在臨床上多見恥骨聯合分離者皆係產後得之。

又，代縣患者張女，38歲，2006年11月17日初診。患者分娩後即出現恥骨聯合伴右側外生殖器疼痛，滿月後仍疼痛不止。始服某中醫中藥15劑，23天後，恥骨聯合處疼痛消失，但右側外生殖器仍疼痛不止，已85天。經山西醫學院第二醫院（以下簡稱山醫二院）和山西省人民醫院攝片診斷為恥骨聯合分離26毫米。山醫二院專家言：「右側外生殖器疼痛與恥骨聯合分離無關。」

余見：患者走路如鴨狀搖擺。兩膝不能提起，仰臥、翻身則恥骨聯合伴右側外生殖器痛甚。兩腿伸直見右腿長於左腿10毫米。擠壓骨盆恥骨聯合處疼痛伴有向上竄痛之感覺。右恥骨結節壓痛，恥骨聯合處未摸及凹陷。遂試行斜搬手法。術畢，患者右恥骨結節壓痛消失，兩腿等長走

路即不搖擺，兩腿輕鬆，兩膝即能上提並超過 90°。囑進祛傷散 60g，每日二次，每次 2g，服半月。

11 月 18 日，張女 8 點 29 分電話告知：「原來仰臥、翻身左右側臥均能引起恥骨聯合伴生殖器疼痛，不能入寐。昨日復位後，一夜睡眠甚好。僅右側臥能引起恥骨聯合伴右外陰疼痛外，仰臥及左側臥皆已不痛。」又訴：「小便後入睡時，有少量出血。」經血，不作處理。

11 月 20 日，張女 8 點 31 分電話告知：「出血已止。唯右側臥時右外陰疼痛。」

11 月 25 日二診，患者右側臥右外陰還痛。再施斜搬之手法。

12 月 2 日三診，患者又攝骨盆片，恥骨聯合分離間隙未改變，仍為 26 毫米。但右外陰之疼痛由原來之白天黑夜俱痛減為黑夜右側臥時才痛，再進祛傷散半月。據復位前山西省第二人民醫院（2006 年 9 月 30 日 09：14：29）X 光片及復位後原平市安康醫院 X 光片（2006 年 12 月 2 日 14：58：49）測量比較如下：

部　　位		復位前	復位後
恥骨聯合	上緣 25mm		23mm
	下緣 26mm		23mm
髂嵴間徑	270mm		250mm
髂棘間徑	260mm		240mm
坐骨棘間徑	125mm		115mm
	左 120mm		110mm
斜徑	右 125mm		115mm
橫徑	130mm		120mm
外陰	左大陰唇＝2x右大陰唇		左右大陰唇等大

2007年1月18日四診，患者訴：「赴北京積水潭、協和、301等醫院就診，均囑保守治療。現右外陰疼痛已去十之七八，僅屈右髖時，右側腹股溝伴右側大陰唇略痛。」再進祛傷散半月。

　　1月29日五診，患者訴：「上療程藥未服完，屈右膝右髖時外陰已基本不痛。」再取半月藥鞏固之。

　　因分娩導致恥骨聯合分離，余治癒多例。上述分離26毫米者乃余臨證中最大分離者也。凡遇產後不能抬臀、不能行走或能行走而呈搖擺鴨步狀伴有患側大陰唇疼痛經久不癒者，均囑拍攝骨盆片排除恥骨聯合分離症。正常人體恥骨聯合處間隙為4～6毫米。凡在骨盆片中測量之間隙8～10毫米以上即為本症。患者所述症狀與間隙大小不同而不同。但皆以上述手法方藥治癒也。

二十六、女外陰外傷性血腫

　　病例：蘭，女，37歲，2003年4月17日初診。患者洗澡碰傷恥骨聯合處已11天。外陰尚有30×20毫米之血腫。囑外敷接骨效方於血腫上，另服祛傷散三天，每日二次，每次2g。

　　4月21日二診，患者訴：「疼痛已消，腫塊依舊。」囑去外敷藥以八仙逍遙湯薰洗9天。每日二次，每次半小時。同時，繼續內服祛傷散。

　　5月4日三診，患者丈夫云：「腫塊消失，外陰外觀復原。唯捏觸其受傷之左大陰唇時，感覺內有綠豆大之核。」余曰：「無妨，此乃損傷後之疤痕，可再內服薰洗一週善後。」

女陰外傷臨床亦不少見，多因足膝傷之。八仙逍遙湯屢用屢效。然半月之內絕不可用，用則血腫疼痛倍增。半月後使用則其效甚好。初起血腫用龔廷賢之接骨效方，萬無一失。然皮破不用，只服師傳祛傷散可也。若尚未消散，待日後皮破結痂去後再薰洗之。

外傷女外陰如此，外傷男外陰當如何？再舉一例：

某日，鄰女夜半叩門。曰：白晝夫妻口角，入夜其夫又強求雲雨，女怒氣未消而不允，誤以膝撞傷其夫之陰，疼痛欲絕，汗出如洗，急求治。余速赴其家觀之，見其夫屈蜷抱腹裸臥，眉頭緊鎖呻吟無力，急扶其俯臥，腹下墊以被褥，令其臀蹶起，施以師傳救傷手法：左手扶其左髖，右掌用力從其尾椎沿脊縱軸向上連推 9 次，其痛漸止。

二十七、骨盆骨折

病例：郭，男，49 歲，2004 年 7 月 11 日初診。患者從 3 公尺高架上跌下致傷已二天。攝 X 光片見左側恥骨上、下肢骨折伴左橈骨中下 1 / 3 骨裂。查：二足等長，左前臂旋轉尚好，唯左大腿內側痛甚，大、小便正常，遂將患肢作屈膝屈髖 90° 之向上提拉後，左大腿內側疼痛銳減。左前臂外敷正骨膏，胸前懸吊，囑臥床休息並日服祛傷散二次，每次 2g，連進半月。

7 月 26 日二診，患者服藥 10 天，臀部即可以左右挪動，患腿亦可以伸直放平於炕上。自手法後左大腿再未疼痛，左臂無力，尺骨小頭處尚覺疼痛。再敷正骨膏，作胸前懸吊。依前方再進半月。

8 月 11 日三診，患者可以端坐，也可以依杖下地行

走。自覺左股肌肉萎縮，量之較右股周徑減少 40 毫米（髖上 150 毫米處），再進袪傷散半月，左臂解除外敷藥及懸吊囑旋轉、伸屈鍛鍊。

9 月 6 日四診，患者訴：「已參加勞動多日，唯覺左股肌肉萎縮恢復太慢。」再取袪傷散半月。

骨盆骨折因供血條件好，若無移位，不需整復，臥床 4～6 週即可癒合。若見兩腿不等長則需及時復位致二腿等長即可。為保持整復後之位置，亦可在患肢做皮牽引。余在臨床常以牽拉恢復下肢等長後，再以砂袋或枕頭固定，保持患肢足尖向上，月半即能獲效。通常再移位者少見。若骨盆骨折嚴重，伴發嚴重之神經損傷，以及尿道、膀胱和血管破裂，則非保守治療之範疇也。

又，吳，男，23 歲，1994 年 7 月 6 日初診。患者從拖拉機上跌下致骨盆骨折，傷側髖骨向上移位，患肢較健側縮短 20 毫米。即入當地醫院治療，經牽引 12 天後，方知醫師誤將健肢牽引，憤怒出院登門求治。余見患者無其他兼證，二便正常，遂令助手一人對抗牽引患肢，牽引約 5 分鐘時，患者感覺患側骨盆有向下動變，漸至二腿等長後，囑足尖向上枕頭固定足，臥床休息。囑進袪傷散半月。

7 月 22 日二診，患者兩腿等長，再進袪傷散半月。

8 月 7 日三診，做骨盆擠壓試驗未見疼痛，囑患者堅持臥床半月即可拄雙拐下地鍛鍊。

二十八、肩關節前脫位伴有肱骨大結節撕脫性 骨折（附：肩脫臼自己復位法）

病例：張，女，43 歲，1993 年 8 月 24 日初診。患者

訴：「5 天前出診歸來，遇一犬，驚恐中跌倒後左肩即疼痛腫脹。經攝 X 光片診為『肩關節脫位合併肱骨大結節骨折』。慕名從忻州來原平求治。」余見張女左肩淤腫斑青，未見三角肌麻痺之神經損傷症候。遂令患者坐，余立於患者身後，傷肩同側，左手拿患者患肢肘關節向下略作牽拉，右腕在患肩腋下向上托提，同時左手推患者左肘向胸，聞聲復位。復位後，以左手搭右肩，肘貼胸壁固定之。囑服祛傷散半月，每日二次，每次 2g。

復位後，令患者以患側手搭健側肩。若患者肘不能貼緊胸壁者為復位失敗。若患者肘能貼緊胸壁者即復位成功，一般而言肱骨大結節之骨折片會隨肩關節脫位之復位而歸位，不足為慮。

9 月 10 日二診，患者訴：「感覺好多了。」叩其肩峰患處已不痛，囑熱敷八仙逍遙湯半月，並在無痛條件下，活動鍛鍊之。

又，亢，男，31 歲，2003 年 5 月 4 日初診。患者自25 歲下窖踩空致右肩關節脫臼，經當地醫院手拉腳蹬復位以來，幾乎每年都要脫臼一至二回。自己也弄不清楚，一下就又脫了，簡直成了心病。余問當時復位後曾用中藥熱敷否？對曰：「不曾用。」余曰：「復位半月後，宜用中藥熱敷患肩，確有強筋束骨之作用。筋不強，骨不能束，習慣性脫位自然得之。今授汝吾師當年傳余自行復位法，以備不測之需。」遂令亢男靠牆而立，左手托右肘關節，令右掌心仰上。然後左手握肘略向下拽，同時緩緩拉右肘尖貼近胸中線後，左手指不離右肘，漸下移至右前臂上 1/3 處，搬右前臂內旋，使右掌搭在左肩上。亢男未覺其苦即

曰：「上上啦。」

2006 年春節，余路遇亢男。亢男曰：「自上次復位後，用八仙逍遙湯薰洗半月，至今未再脫臼。有你教我的自己復位法，就是再脫我也不怕了。」

二十九、肱骨外科頸骨折伴有肩關節脫位

病例：孟，男，18 歲，2000 年 5 月 17 日初診。患者一週前騎摩托車跌倒，傷右肩，經當地醫院攝 X 光片見右肱骨外科頸骨折伴右肱骨頭脫位。轉入地級醫院。因不同意醫院作肱骨頭手術，經人介紹從代縣來，登門求治。

余深知此類骨折一脫位，一則少見，二則較難處理。若處理不當，會給患者遺留嚴重病廢。此類骨折伴脫位即使手術，日後亦有不少麻煩，坦然告之患者及其父。其父認為若手法失敗，實在無法，再作手術亦不遲。

余以為此種骨折，關鍵在於肱骨頭之復位。只要肱骨頭一復位，就可按肱骨外科頸骨折處理。肱骨外科頸骨折，余有體會，一般不會給患者造成病廢，此應歸功於肱骨頭大而肩胛盂小，故也。遂令患者端坐凳上，命患者父持患者傷臂屈肘 90°，掌心向傷肩，略向身前 60°做緩緩均勻加力牽引。

余胸抵患者肩，左右臂分別胸前背後環抱患者，以兩手拇指從患者傷肢腋下之前後側托住肱骨頭，兩手餘指扳住肩峰，復位時，兩拇指用力向後、向上、向外托頂肱骨頭，同時令其父將患者傷肘略向胸脅移動。此時余拇指感到有肱骨頭滑入肩盂之感覺，同時令其父托患者肘緊靠患側胸脅，以右掌搭左肩，勿動。余左手按患者右肩，右拳

輕輕叩擊患者傷肢肘。以令斷端相吻合嵌插故而穩定。

　　取接骨效方藥粉適量，蜜調，遍塗淤腫之肩部骨折處，勿令太厚，外蓋敷料包裹。另以肩與肘關節之距等長之夾板三塊，分別置於傷肢前、後、外作固定，布帶紮之三道。然後以膠布做過肩、肘關節縱向固定三遍，以防骨折端因上肢重量而分離。最後以三角巾屈肘、搭肩懸吊傷臂於胸前，囑進袪傷散 90g，每日二次，每次 3g，連服半月。

　　5 月 31 日二診，縱向叩擊患肘，患者骨折處已不痛。棄搭肩，做屈肘 90°懸吊胸前，再進袪傷散 90g 半月。並囑無痛條件下活動肩、肘、腕諸關節。

　　6 月 19 日三診，患者訴：「骨折處已不痛，搭肩上舉外展均無痛，唯上舉超過 90°則需手扶持才能繼續向上，略有痛。」囑八仙逍遙湯熱敷 3 劑／9 天。

　　7 月 1 日四診，患者兩臂合掌等長，三角肌下血腫已消，活動範圍略欠並略有疼痛，守前方再熱敷 3 劑／9 天。

　　9 月 3 日五診，患者傷肩活動正常，贈送：「醫德高尚正骨妙手」錦旗一面，表達感激之情。

三十、肱二頭肌腱長頭滑脫

　　病例：王，女，25 歲，2003 年 5 月 15 日初診。患者於 5 天前乘車，右肩因急剎車而受傷。經當地醫院攝片未見異常，並使用紅藥噴塗，未效，故登門求治。余見該患者右臂幾乎不能活動，活動即呼疼痛，摸其肱二頭肌腱長頭處有壓痛，余以為係肱二頭肌腱長頭滑脫所致。即行師傳復位手法：余左手握患者患肢，右腕令仰掌向上屈肘，右手拉其患肘略作牽引，漸將患肘貼胸並過胸中線，左手

持其患肢前臂內旋搭右肩，勿動片刻。手法後患者疼痛立消，並可自主活動患肢。謂余曰：「聽說您外敷藥甚好，不知需熱敷幾日。」余曰：「汝新傷五日，只宜敷涼藥，決不宜熱敷藥，若需也宜在半月之後，否則只能令傷處滲透增加而黏連也。」

肱二頭肌腱長頭滑脫症，臨床多見，然卻誤診多多：有謂肩周炎者，有謂頸椎病者，也有謂軟組織損傷者，肱二頭肌腱長頭起於關節盂上緣之盂上結節，行走於肱骨頭結節間溝之骨纖維性管內。若骨纖維性管退變變淺或因外傷致其肩橫韌帶破裂或鬆弛，即可能造成滑脫。

患者肱二頭肌腱長頭滑脫時，傷肢即不能前後擺動，常以健手掌托住患肢前臂，藉以減少活動而帶來之疼痛。故患肢不能做高舉、內收和外展等活動，甚至屈肘也能引起肩部疼痛。肩前肱二頭肌腱長頭處壓痛是其典型體徵。

又，曹，女，76歲，2004年9月25日初診。患者半年前因上炕閃了一下，致左肩疼痛，左臂亦不能上舉、外展，曾住當地醫院輸液半月未果，一直沒斷了吃藥打針，始終不見效，醫皆以腦梗塞治之。余摸曹女左肩前肱二頭肌腱長頭處有壓痛，伴局部板結堅硬。此乃肱二頭肌腱長頭滑脫後誤診失治導致局部黏連所致。遂施之手法，當即患者患肩疼痛減輕，左臂即可緩緩上舉，又取八仙逍遙湯三劑熱敷患肩9天。

10月2日二診，患者自熱敷後，肩痛好轉，活動範圍一天比一天加大。現在就是左臂上舉依然無力，囑再取三劑熱敷之。

後，患者弟專程告之其姐肩痛已癒多時，並能做家務

也。

三十一、肱骨幹骨折伴有橈神經損傷

病例：楊，男，63歲，2000年10月13日初診。患者遭車禍撞斷左肱骨，短縮並成角畸形已33天，經當地醫院整復二次，未果，出院求治。X光片示：骨折端重疊短縮20毫米。余見該患者左腕下垂，囑其拇指外展，並抬起手腕。患者訴：「自傷後即不能抬起手腕，並且虎口麻木，拇指也不能外展和對掌。」余曰：「此即肱骨幹骨折合併橈神經損傷之症。」患者謂：「醫院也如此說。」余即除去石膏，見鷹咀處尚有10×10毫米傷口感染。余曰：「石膏內有感染，最易造成骨感染之險證。醫者粗心之責也。」正欲整復，患者之子問：「需幾人幫忙？」余曰：「一人足矣。」其子又曰：「醫院四人牽引，二人整復，尚正而復錯，汝一人能行？」余曰：「此緣於骨折斷端夾以軟組織，故前醫二次整復，皆鬆手又錯，方法問題也。」

余遂令其子護患者之肩，余以兩拇指觸其骨折處向內推，使其骨折斷端相觸，即以兩手食中指向外緩拉，此時骨折斷端間之夾嵌已隨向內推而滑脫，拉直即正也。其子又問：「再錯不了？」余曰：「吾以兩手環抱，汝以左掌按汝父肩頭，再以右拳叩擊汝父肘尖，看能再錯否？」其子行之，無錯。余曰：「前醫以四人牽拉，意在將縮短復長，無奈牽拉絕不能將夾嵌在斷端之間之軟組織彈出，故鬆手即又短縮，別說二次，依此法十次也不行，推拉法一次足矣。」遂於感染處敷海浮散，再以正骨膏遍敷骨折處，以小夾板固定，屈肘懸吊胸前。囑服祛傷散半月，每

日二次，每次 3g。

10 月 18 日二診，鷹咀上之傷口已結痂，量肩峰至鷹嘴計 350 毫米與健側等長。再敷正骨膏小夾板固定之。

10 月 29 日三診，患者鷹咀上之傷口已癒，再敷正骨膏、服袪傷散一月。

11 月 26 日五診，經 45 天治療，肱骨幹縱叩已無痛，唯肘關節不能伸直，垂腕未見進展，囑被動活動手腕，以利腕關節靈活。再進袪傷散半月，熱敷八仙逍遙湯半月。

12 月 10 日六診，手腕之下垂仍未有改善，余曰：「守方再進，不能性急。」

12 月 24 日七診，手腕可以上翹，但拇指仍不能外展，虎口麻木減輕，偶有發麻，肘關節仍不能伸直。

再進袪傷散一月，熱敷一月。

2001 年元月 22 日八診，手腕活動自如，肘關節能正常伸直，唯拇指外展略欠，停藥，囑頻頻活動養之。

肱骨幹骨折合併橈神經損傷，在肱骨幹骨折中並不多見，余正骨多年，楊男屬第四例。一般皆能在 4～5 個月間恢復。需要說明的是，肱骨幹骨折絕不可蠻力牽引以致肱骨幹斷端分離，這樣將會導致骨折連接緩慢，甚至不連接。余醫案中尚有手術後斷端分離 12 毫米經服袪傷散、外用八仙逍遙湯經治半年，終見連接之病例，可不慎哉。

石膏內若有感染宜早治之，余曾聞某醫不慎將致感染物裹於石膏內，最終導致患者感染截肢一案。海浮散用於感染收口快捷有效。其方即清·程國彭著《醫學心悟》中之海浮散。正如作者云：「凡治癰疽最難收口者，由瘀肉夾雜，瘀膿不盡所致。庸工不識，妄用補澀之劑，勉強收

口，恐他日內毒復發，更甚於目前。惟予所用海浮散堪稱至寶。以此敷上，瘀肉自脫，不必用刀，新肉自生，又不藏毒，萬舉萬當也。」（《醫學心悟‧外科十法》）

三十二、肱骨髁上骨折

病例：鄭，女，12歲，1992年5月27日初診。其父云：「下午六時該女外出玩耍跌倒致右肱骨髁上骨折。」攜X光片登門求治。余見患女右臂畸形，啼哭不止，急令患女仰臥床邊，命其父握患者右肱骨作對抗牽引，余左手握患女前臂對準「三窩」，隨以右手拇指抵患女骨折遠端與余四指合力推按，聞聲骨正。外敷正骨膏並屈肘60°，小夾板固定，懸吊胸前。內服祛傷散半月，每日二次，每次1g。翌日攝X光片，證明復位良好。

6月11日二診，縱叩患側肘，骨折處已不痛，再服、再敷一週。

6月19日三診，腫已消，瘀已散，肘伸直欠，熱敷八仙逍遙湯半月，內服藥停。

7月4日四診，患側手可觸右肩，伸直略欠。守方再熱敷半月。

7月19日五診，患肘諸症盡除，活動自如。

肱骨髁上骨折，兒童常見之骨折也。分「伸直型」和「屈曲型」二種。本例為「伸直型」，因其外觀類似肘關節後脫位，故大多數家長皆以脫臼求治。X光片可以明確類型。伸直型肱骨髁上骨折，宜屈肘小夾板固定，但固定後一定要檢查患肢橈動脈跳動正常與否。若摸不到橈動脈跳動，應及時把肘關節之屈曲度放大。恐致缺血性肌攣縮

而成終生之殘畸。

屈曲型肱骨髁上骨折極少見，固定則宜伸直固定二週，再屈肘 90°固定一週也。正骨時務必對準「三窩」，此可預防肘內翻或肘外翻之畸形也。

三十三、肘關節脫位（附：肘脫臼自己復位法）

病例：馮，男，24 歲，1991 年 7 月 25 日初診。患者適才與人摔跤，右手掌托地致肘關節脫位，登門求治。余見其肘後空虛，尺骨鷹咀後突，手托其前臂可有側方活動。即行肘關節脫位復位法：令患者同行一人固定患者右肱骨，余左手握患者右前臂使其掌心仰上，右手按患者肘前窩略用力牽引，同時屈肘，以患者右掌摸其右肩，聞聲復位。復位後患肘肘後飽滿，調塗接骨效方，消其腫脹，囑屈肘 90°懸吊胸前 2 週即漸行伸屈鍛鍊。

記得當年師傅自行復位法，茲介紹如下：若見手掌托地致肘後空虛，前臂可左右擺動者係肘關節後脫位也。急低坐之，（以右肘關節脫位為例）以左手握右腕令掌心向己胸，屈右膝右髖。以右膝外側頂脫位之肘窩上，同時左手用力將右臂向左側牽拉，即可復位。

三十四、尺骨鷹嘴骨折（附：鷹嘴骨折術後感染）

病例：曹，女，46 歲，2006 年元月三日初診。患者上午騎電動車遇一貓橫穿馬路，為避貓跌傷左肘，左肘隨即不能伸屈，即赴醫院攝 X 光片。曰：「左尺骨鷹嘴骨折。」余見 X 光片示患者鷹嘴骨折並分離 10 毫米，肘關節青腫如石。即緩緩將患者左肘略牽引下伸直，按摩鬆弛

肘關節周圍肌肉。然後，以兩拇指推擠分離之鷹嘴斷端向尺骨幹靠近，兩拇指再固定折斷處，並輕輕屈伸患肘關節5次以利研磨平整肱尺關節。在伸直位下蜜調正骨膏圍敷肘關節。以小夾板伸直固定之。囑服祛傷散半月，每日二次，每次2g。

元月4日患者電話：「昨晚傷處憋脹，一夜未眠。每隔20分鐘渾身發熱，出汗伴頭暈、噁心。」余告之：「降低睡眠枕頭之高度，將患肘下置一枕墊高，即可減輕憋脹。」並囑攝X光片檢查骨折對位時，加攝頸椎片。

元月17日二診，患者攜X光片來診，見骨折對位良好。頸椎片見其頸生理彎曲消失變直。患者訴：「肘關節可作40°左右屈伸，骨折處無痛。」再敷正骨膏，約一週後再診，若情況允許，改伸直固定為屈肘90°懸吊。又查：患者抬頭、向左側扭頭即暈，囑頭頸不宜頻繁變位；同時沖服頸復康顆粒。

元月25日三診，患者骨折處已無叩擊痛，棄伸直固定改屈肘90°懸吊。取八仙逍遙湯三劑，囑熱敷傷肘清利關節。

2月5日四診，患肘屈肘可達100°，但患側手指仍不能觸及患側肩。再熱敷八仙逍遙湯9天。囑加強患肘屈伸主動鍛鍊。

3月13日五診，患者跌斷鷹嘴至今已整70天，而患者傷肘屈肘卻退而不達90°。問其鍛鍊如何？曰：「時時鍛鍊。」此乃鍛鍊不能漸進加大屈伸範圍之故也。告之曰：肘關節由於主動活動範圍漸小而致黏連。需忍痛剝離黏連，否則患側手不能觸患側肩，患肘關節因骨質增生改

變肱尺關節間隙而廢矣，手不能觸肩，手即摸不到頭，梳頭亦成難事也。經患者同意，即緩緩屈患肘，患者呼痛但可忍耐，直至患側手能觸及患側肩為止。屈肘時尚能耳聞嘶嘶之撕裂聲。術畢，囑主動鍛鍊，時時為之，每動必忍痛令患側手觸患側肩也。

2007 年 5 月 19 日，患者陪同其夫右脛下 1／3 骨折登門求治時，其曰：肘關節活動範圍正常已多時矣。

又，尺骨鷹嘴骨折術後感染。

太原西山礦務局患者，劉，女，45 歲，2000 年 12 月 16 日初診。患者訴：1998 年農曆七月初二摔傷右肘，未治漸癒，到 1999 年臘月右肘關節痛甚且伸屈不利，經多方治療效微。2000 年 3 月 3 日經山醫二院攝片診斷為：陳舊性右尺骨鷹嘴骨折。3 月 13 日由山醫二院做克氏針張力帶內固定手術。術後傷口感染，傷口流白色清液，間有黃色黏稠分泌物。一直以抗菌消炎不效，於同年 7 月 26 日手術取出內固定。內固定去後，傷口依然未能癒合至今。經定襄治癒患者推薦登門求治。余見患者傷口及手術區域皮溫略高，傷口 5×5 毫米，患肘伸屈障礙。X 光片見骨折處尚未連接並有囊狀改變存在，肱骨下端軟骨面亦不整齊。囑服祛傷散 10 日，每日二次，每次 3g。外以荊芥、防風、甘草等分水煎洗傷口後撒以海浮散，每日二次。撒海浮散後以敷料蓋之。

12 月 27 日二診，患者欣喜告知：感染 9 個月傷口已結痂癒合。並求治肘關節伸屈障礙之疾。余坦然告之：汝，血腫肌化後，骨質纖維化已成，當另求諸高明，余無力相助耳。

本案中洗方出自明・異遠真人《跌損妙方・腿足門第五》，去汗生新有良效。陳照瑞老師呼之為「三聖滌汗煎」。

三十五、肘關節後外側血腫

病例：吳，男，27歲，1991年5月25日初診。患者三天前跌倒時右肘觸地，致肘後腫脹疼痛不能活動。初以為脫臼，經醫院攝片骨與肘關節均無異常，故來求治。余見患者右肘關節後外側腫脹，觸之有波動感。告知患者曰：「此乃肘後血腫症。」即用左掌托住患者右肘，右手握其右腕，緩緩將其前臂努力伸直。伸直後稍停，又迅速屈其患肘，將患者右手觸及右肩。屈肘過程中，耳聞「撲哧」一聲，患者患肘之血腫頓時消散，肘關節伸屈功能立即恢復。外敷接骨效方於原血腫處，促進吸收也。

三十六、小兒橈骨頭半脫位

病例：李，男，6個月，1990年5月17日初診。患兒母訴，夜半哺乳，翻身壓迫患兒右手，患兒右臂隨即不能觸動，一動患兒即哭鬧，經醫院醫師診斷為小兒橈骨頭半脫位，幾經復位，仍不能觸動患兒右手，已三天，故登門求治。

小兒橈骨頭半脫位分為前脫位和後脫位兩種，前脫位極常見，常為牽拉小兒前臂使然。後脫位相對少見，常因小兒手掌托地使然。前脫位多因小兒拒牽其前臂而屈肘時使肱二頭肌緊張造成抵止於橈骨粗隆之肌緊張而將橈骨小頭拉向前。而後脫位則因小兒前臂旋前托地而使橈骨小頭

滑向後方。

　　攝 X 光片則一般均為未見異常。無論小兒係前脫位還是後脫位，均以師傳手法復位，其法曰：輕持小兒前臂令其旋前，即手心向下，繼而屈肘，即能復位。以此法為李男復位，幾分鐘後患兒即能主動去摸母乳。

三十七、尺骨內收型骨折伴有橈骨頭脫位

　　病例：何，男，10 歲，1996 年 7 月 22 日初診。患者父代訴：「患兒上房掏雀跌下，經醫院攝 X 光片診斷為『右尺骨上 1／3 內收型骨折伴橈骨頭脫位。』」余見患者右前臂近肘處畸形、腫脹。前臂之旋前旋後、肘關節之伸屈，皆能使患兒呼痛。患兒拇指及虎口未見異常感覺。遂令患兒端坐凳上，將右臂外展 90°抬起，順其屈肘，掌心向下。余持患兒右前臂，令其父持其肱骨近肘關節處對抗牽引，牽引中余以左掌大魚際向尺側推擠脫位之橈骨頭，待「三窩一線」後，再以左掌托患兒患側肘，以右手持患兒患側前臂令掌心向下，向上抬起屈肘至最大限度，然後驗正前臂旋前旋後及患側肘之伸屈，如可即視為接正，蜜調正骨膏遍塗骨折脫位處，伸直固定，夾板縛之，囑服祛傷散二週，每日二次，每次 1g。

　　8 月 2 日二診，患兒攝片見骨折脫位復位良好。此時，患兒腫脹已消過半。再敷正骨膏、再服祛傷散二週，棄伸直固定，改屈肘 90°懸吊胸前。

　　8 月 12 日三診，除去外敷藥，見患兒屈肘手可觸肩，唯伸直略欠。囑取八仙逍遙湯熱敷三劑 9 天。謂其父云：盡劑後若患兒症未除，則再取三劑熱敷。三月後其父推薦

本村之患者來治，言三劑未盡患兒肘已能完全伸直矣。

三十八、尺橈骨雙骨折

病例：栗，男，38 歲，1994 年 5 月 23 日初診。患者訴：「檢修磚機設備被絞斷左前臂已三週，曾在原平某正骨醫處治療。經當地醫院攝 X 光片見前臂尺橈骨仍交錯縮短。」余見其左前臂腫脹未消。雖屬陳舊性尺橈骨雙骨折，但仍可摸及骨擦音，試行分骨，折頂後外敷正骨膏，小夾板固定。並囑患者攝片以驗其正。

5 月 24 日二診，患者攝片，見橈骨對位良好，尺骨因係斜形骨折，略有參差。又因係陳舊性骨折，余以為治療至此能快速癒合則不會留下病廢。囑進祛傷散 90 克半月，每日二次，每次 3g。外以小夾板固定，屈肘掌心向內，拇指朝上懸吊於胸前。

6 月 9 日三診，患者自覺骨折處有穩定感，再敷、再服半月。

6 月 24 日四診，縱叩肘部，傷處已無疼痛，骨折處已摸不到環狀壓痛，囑停內服藥，取八仙逍遙湯薰洗熱敷傷處半月。

7 月 10 日五診，患者訴：「感覺左前臂漸次有力，旋前旋後範圍尚欠。」再熱敷半月，囑時時做旋前旋後鍛鍊，多勞多得也。

秋後患者送來紅薯若干以表謝意。並言：「左前臂旋前旋後較右側稍欠一點點，但田間勞作多不誤事。」

尺橈骨骨幹雙骨折極為常見，骨折後多有重疊、移位之畸變。若處理不當，極易給患者遺留病廢。以此例論：

橈骨橫斷，尺骨斜斷，當先以接正橈骨為主。正所謂：
「接橈不接尺，橈正尺自正」也。

　　尺橈骨雙骨折整復之時重在分骨。可令患者仰臥，患
臂外展，屈肘掌心向下，著二助手緩緩用力牽引，即所謂
拉也。醫者立患者傷側以兩拇指合食、中指沿前臂肘下尺
橈骨中間擠之，即為分骨。用力擠之至骨折處，摸及擋口
後繼以兩拇指向下按之，按至兩骨折端相觸，即向上提
之，一般皆可復位。前臂之旋轉功能全在尺橈骨間之間隙
也，分骨之重要不言自明也。

　　前醫一味牽拉，不做分骨、折頂，理前臂雙骨折之傷
難矣，況《中西醫結合治療骨折》一書早已明言分骨、折
頂之要義，何妨借他山之石攻玉也。

三十九、橈骨下端骨折

　　病例：武，女，63歲，2001年元月9日初診。早上滑
倒傷左臂，手腕腫脹，自覺手腕不正。攝片見左橈骨下端
骨折，登門求治。余見患者左腕不敢活動，骨折處向掌側
移位呈鵝頸樣畸形。問患者跌倒時是否以手背著地，患者
確認以掌背著地且有擦傷痕跡。此類橈骨下端骨折應為屈
曲型。即令患者端坐凳上，令患者之子握患者前臂近肘關
節處，做對抗牽引。

　　余左手握患者大魚際及拇指，右手握患者小魚際及小
指，兩拇指按其骨折處與患者之子對抗用力牽位。然後左
手用力，右手相助向橈骨側再做牽位，即復位。復位後蜜
調正骨膏環狀塗骨折處。掌側夾板長於背側夾板，以防骨
折處變位。屈肘90°，拇指朝上懸吊於胸前。囑服祛傷散

半月，每日二次，每次 2g。

元月 12 月二診，患者攝片後來見曰：「復位良好。」又曰：「這幾天腫見消散，疼痛亦減輕。」

元月 29 日三診，患者手指尚腫且退皮。去固定及外敷藥，試做前臂旋前、旋後，余見其臂旋轉正常，囑八仙逍遙湯薰洗熱敷半月，消瘀去腫。

橈骨下端骨折不論伸直型，還是屈曲型，若復位欠佳，一般都不會留下病廢。但多遺留尺骨小頭下陷或下尺橈關節增寬之畸形也。

四十、陳舊性腕舟骨骨折合併壞死

病例：朱，女，38 歲，2007 年 6 月 17 日初診。患者訴：「2006 年 2 月 15 日騎自行車跌倒致左腕舟骨骨折。2007 年 5 月 13 日赴北京積水潭醫院診療，診斷為『腕舟骨骨折不癒合伴壞死』。用中藥薰洗二十餘天，效微。」余見左腕腫脹，鼻煙壺區有壓痛，患者曰：「一般不甚痛，洗衣、揉面則痛，僵而無力。」余曰：「造成腕舟骨連接緩慢的原因常常為固定不充分，由於旋轉傷力和剪切傷力之緣故。以中藥外敷和內服，加之有效之固定，腕舟骨完全可以癒合，壞死可以復活。若沒有合理之固定，單用中藥薰洗是不能克服造成腕舟骨不癒合之原因的。」即予外敷接骨效方，以過掌背掌心之夾板控制手腕之活動，屈肘懸吊於胸前，囑服祛傷散半月，每日二次，每次 3g。

7 月 6 日二診，點按患腕鼻煙壺區疼痛減輕，守方再進，固定、服、敷半月。

7 月 24 日三診，患者托按時，腕舟骨處還痛，守方再

進，固定、服、敷半月。

8月12日四診，患者托按時，腕舟骨處已不痛。唯患腕尚腫，背伸不到位，方法同上，再固定、服、敷半月。

9月1日五診，患者訴：「疼痛皆消，唯患腕僵。」囑去固定，停內服藥。取八仙逍遙湯熱敷腕舟骨處三劑。

9月30日六診，患者攜X光片來就診，見骨折處已癒合，骨折線模糊。患者要求再熱敷三劑，以資鞏固。

英國著名創傷學家 Reginald Watson-Jones 言之確鑿：「除大塊骨組織缺損外，不連接只有兩個原因，即固定不良和骨斷端的血供應不良。」（《骨折與關節損傷·第二章骨折的修復》）故，合理之固定和有效之經驗方藥是促進骨折連接之基本條件。

四十一、第五掌骨骨折伴有環指掌指關節脫位

病例：田，男，45歲，1993年5月5日初診。患者三天前教訓兒子過激致右手損傷。經當地醫院攝片見第五掌骨骨折合併環指掌指關節脫位。幾經復位，脫位終不能復，經人介紹，從忻州前來求治。余見患者患手青腫，遂先以左拇指將患者環指屈曲，以右手拇指托頂其患手第四掌骨頸使環指掌指關節脫位復位。然後再屈曲小指，略作牽拉，同時按壓患者第五掌骨凸起處使之復平。復位後將第四、第五兩指以膠布連在一起，同時屈曲，兩指共握一粗細適中之繃帶捲，以環指、小指共同指向患手之大魚際，再以膠布固定之，骨折處敷以接骨效方，外以繃帶纏裹，懸吊胸前約三週後再診。

5月16日二診，患者攜復位後X光片來見，片示復位

良好。縱向叩擊第五掌骨頭骨折處尚有痛，恐第五掌骨未長牢而再凸起，囑換藥再敷一週。

5 月 22 日三診，去外敷藥及固定，彈叩患者第五掌骨頭，骨折處已無痛，第四、第五指活動尚可，唯感覺指僵無力。囑洗以八仙逍遙湯三劑，加強手指活動鍛鍊。

手之掌指骨脫位、骨折處理尤宜仔細，須知廢一指即廢一手，廢一手則廢一臂矣。掌指關節脫位可分為背側脫位及掌側脫位兩種，以背側脫位多見，其中又以拇指、食指脫位為多見，餘指次之。當掌骨頭脫出關節囊後，由於關節囊裂口較小，若用力牽拉，往往會使掌骨頭如紐扣樣交鎖其中，造成復位困難。正如清代傷科學家胡廷光云：「又掌骨者，乃五指本節之後節也，若被打碎，勢必陷下；若用拳打別人擊斷，勢必突出。陷下須用手托出，突出須用手捺入，均要略帶拽勢，不可強為。」（《傷科匯篹・卷之六・腕骨》）

此案田男以拳掌教訓子弟致脫位、骨折、陷下、突起。前醫不解其因強力為之而不能復位也。再述其法：掌指關節脫位之復位關鍵在於先使脫位之指骨基底與掌骨頭相對，爾後再輕輕屈曲患指，即可復位也。掌指關節復位後，屈曲患指固定一週即可。此案因涉及骨折，故宜不少於三週也。

四十二、無名指骨折

病例：劉，女，32 歲，1999 年 3 月 5 日初診。患者云昨日騎車跌倒致左手無名指骨折，攜 X 光片來治。余笑曰：此類骨折多以被人扭斷所致。誰知余無心之快語，竟

引起劉女哭訴真情，果然為其夫家庭暴力中扭斷。余遂將其無名指理順屈曲，指下置粗細適中之繃帶捲墊之，指尖指向患手之大魚際，然後以膠布固定之，約二週再診。

3月17日二診，縱叩患指指端，患處尚有微痛，棄屈曲固定換以無名指與中指相並，以膠布固定，約二週再診。

3月30日三診，縱彈患指指端，患者骨折處已不痛，去固定，囑患者活動鍛鍊之。

此法適用於各種非開放性指骨骨折，先宜屈曲膠布固定而後伸直並連鄰近健指固定。

四十三、髖關節一過性滑膜炎

病例：趙，男，7歲，1999年5月16日初診。其父代訴：「45天前患兒因從臺階上跳下傷及左髖，訴說走路時左髖疼痛，跛行。經當地某正骨醫院攝X光片，曰：『未見異常』。建議赴省城醫院確診。省城某醫院又建議回當地醫院牽引治療，已牽引30天，發現左腿長於右腿30毫米。曾問主治醫師：『傷後左腿就顯長，越牽引越長，將來用什麼方法能使兩腿一般長？』因醫生避而不答，故出院，登門求治。」

余摸及患兒左腹股溝處，略有壓痛，仰臥見左足跟長於右足跟30毫米，診斷為：小兒髖關節一過性滑膜炎。遂令患兒父固定患兒骨盆，余右手握患兒左踝關節處，左手扶患兒左膝下，作反「？」式屈髖屈膝，內收內旋、伸直手法。經5次後，試比較兩足，左腿竟較原來縮短20毫米。再行反「？」號手法10次，左足依然長於右足10毫米，囑取八仙逍遙湯二劑，熱敷左髖。一週後再診。

5 月 23 日二診，檢查患兒左腹股溝壓痛已消失，走路仍有跛象。對比患兒兩腿，依然左足長於右足 10 毫米，再行反「？」號手法 10 次，左足仍長於右足 10 毫米，再進三劑熱敷。並囑患兒絕對臥床休息。

5 月 29 日三診，對比患兒兩足依舊左足長於右足 10 毫米。再行反「？」號手法於左髖 10 次後，患兒兩足跟基本等長。再進二劑熱敷善後。

《實用中西醫結合骨傷科學・髖關節一過性滑膜炎》云：「本病治療的關鍵在於早期正確的診斷。治療後近期內應避免劇烈活動，如蹦、跳，並防止滑倒、跌落等。反覆的損傷，局部的擠壓、牽拉可造成股骨頭圓韌帶的扭曲，供血不足，久之則產生股骨頭骨骺缺血性壞死。」可不慎哉！

四十四、髖關節後脫位

病例：楊，男，47 歲，1990 年 11 月 30 日初診。患者訴：「駕驢車被車顛下致右胯脫臼」，求治。余見患者側臥，傷肢短於健肢。傷肢膝粘貼於健側膝之上，傷肢屈曲，內收、內旋，髖膝伸屈功能喪失，傷側臀部隆起，可摸到脫出之股骨頭。此乃髖關節後脫位也。前脫位者，傷肢必長於健肢也。余遂脫去鞋，左手握患者右踝關節處，右肘挎患者患肢膕窩，右足踏患者右胯骨尖上，下踩上提直腰起身，聞聲復位，復位後患肢即能平置，與健肢等長。囑進祛傷散半月，每日二次，每次 3g，臥床休息。

12 月 15 日二診，患者一切均好，想下地鍛鍊。余曰：「不可。股骨頭供血靠髖關節囊和圓韌帶。在股骨頭脫位時，這兩處供血結構均遭到破壞。若下地過早，股骨

頭負荷過重會導致股骨頭缺血性壞死。」再進半月祛傷散，氣血雙補。

12月31日三診，患者急於下地活動，囑八仙逍遙湯熏洗半月後再下地行走。三年後隨訪，未見異常。

四十五、股骨頸骨折繼發股骨頭缺血性壞死

病例：宣，女，33歲，1998年11月19日初診。患者騎自行車帶人下坡跌倒摔傷左胯，經當地醫院攝X光片見左股骨頭頸下嵌插型骨折。因拒絕醫院股骨頭置換術，登門求治。余曰：股骨頸骨折可分股骨頭下骨折、股骨頸中骨折和股骨頸基底骨折。當頸頭嵌插骨折和基底骨折時保守治療有效。汝係股骨頭頸下嵌插骨折，保守治療有效，不必擔心。遂蜜調正骨膏敷於患者左髖處，並固定患肢足尖朝上位。囑進祛傷散半月，每日二次，每日3g。

12月1日二診，輕叩患者患肢足底，患髖骨折處已不痛。換敷正骨膏，更進祛傷散半月同前。授以股四頭肌舒縮鍛鍊法，時時行之，多勞多得。此乃預防左股進行肌萎縮之有效法也。

12月16日三診，重叩患者左足底，患者骨折處無痛，囑取八仙逍遙湯熱敷患髖半月，每日三次，每次半小時。叮囑患者去固定後，一不能側臥，二不能盤腿，三不能下地，恐骨折處缺血而生股骨頭無菌性壞死之變也。

1999年元月3日四診，患者訴，熱敷半月，自覺髖膝關節清利，自覺有能力下地行走，問何時能下地？余曰：下地行走，需拍攝X光片證實骨折處已完全癒合方能考慮。行走初期必須拄雙拐進行也。

8月4日五診，患者訴：「正月 20 開始拄雙拐下地鍛鍊。農曆二月十九患髖第一次出現痠困、疼痛，走路跛行。聽鄰居言，骨折後就得鍛鍊，鍛鍊哪能不痠困、不痛！於農曆 3 月初開始拄單拐，農曆 4 月 26 決定棄拐行走。疼痛時痛時止，到目前疼痛尚能忍受，唯痠困難耐。」余曰：「棄拐前攝片否？」對曰：「不曾攝片。」余囑速攝片查之。

8月13日六診，攝 X 光片見骨折處已癒合，有骨小梁通過。但股骨頭塌陷，並有散在囊狀存在。余曰：「不論股骨頸頭嵌插骨折，還是股骨頸基底骨折，據余之臨床經驗，中醫保守治療均能癒合，但時間約在一年以上，下地行走必須先攝片，看其骨折處達到骨性癒合否。汝不知股骨頭在你步行時要承受你體重 1.6 倍之重量，在你單腿站立時要承擔你體重 2.6 倍之重量，在你跑步時則要承載你體重的 5 倍重量（《骨傷科生物力學・關節生物力學與臨床研究》）。負荷越重，要求供血量越大。而汝股骨頸骨折時已將關節囊供血管道破壞，單憑圓韌帶供血實不能滿足以維持股骨頭之需要。何況，汝在傷後半年即棄拐行走，骨痂未牢，負荷超重，故缺血壞死、囊變、塌陷隨之也。」囑內服祛傷散、外敷八仙逍遙湯半月，拄雙拐。

8月30日七診，患者疼痛減輕，尤從第二天早起即感輕鬆。原來走路腰臀斜向右側，現在感覺正了，但下蹲時仍臀向右斜。自覺左臀小於右臀。經量右大腿圍（髕上200 毫米處量）大於左大腿 20 毫米，守前方再進半月。

9月14日八診，患者訴：「左髖患處微痛，坐久起來開步走仍難，但走開了就好一些。夜臥尚不能伸直腿。」

守前方再進，囑少走路，多做股四頭肌舒縮鍛鍊。

10 月 4 日九診，患者訴：「近二十天來什麼也不做，患處一點也不痛。」守前方再進半月。

10 月 20 日十診，患者因情緒波動，上療程未連續用藥，停藥第三天則出現左髖疼痛，一直到兩天前疼痛才消失。守前方再進半月。

11 月 6 日十一診，患者左膝外側略痛，尤其在受涼以後更易出現疼痛。守前方再進半月。

12 月 15 日十二診，患者訴：「走路多一點（1 公里）左腿尚有困乏，坐車顛簸時，左髖略有不適。」囑踮起足跟倒行以恢復臀肌，以屈膝下蹲增加髖關節活動範圍。每日 3～4 次，每次 5～10 分鐘，停藥鍛鍊。

股骨頸頭下嵌插骨折和股骨頸基底骨折在保守治療之前半年間為股骨頭壞死高發期，此皆為下地活動過早或拄單拐所致，慎之！

四十六、股骨粗隆間骨折繼發褥瘡

病例：曹，女，93 歲，2000 年 9 月 8 日初診。患者左股骨粗隆間骨折已三天。查：患者左足尖平置床上，粗隆處青斑腫脹，與健肢相比，縮短 20 毫米。經手法牽引復位，兩足等長（髂前上棘至外踝 830 毫米）。外敷正骨膏於粗隆骨折處，夾板固定於足尖朝上位。囑服祛傷散半月，每日二次，每次 3g。

9 月 15 日患者之子言：其兄從香港回，欲另擇醫牽引治之。余曰：「選擇醫生乃患者之權利。無奈老人年事已高，長期牽引，尤慎骶尾褥瘡之發生和肺之墜積性炎症

也。」

2001 年 3 月 20 日二診，患者之子言其母經牽引四個月，骨折雖已癒合，卻褥瘡累累，腰骶、兩胯、兩足跟比比皆是。雖經其兄從香港寄藥醫治三月有餘，依然是此起彼伏，尤其骶尾處尚有 30×20 毫米潰瘍屢治不見收口。今日早起，夫妻為其母換藥時，不慎將其母跌入床下，又致左外踝骨折。「因汝法簡效捷之醫名，再次登門求治。」余見患者外踝骨折只係一裂紋，外敷接骨效方而已。但是各處褥瘡令老人呻吟不已，於是提出可否以吾之中草藥試與進口藥對比，治療左足跟之壓迫性潰瘍？其子欣然應允。

4 月 12 日十五診，患者左外踝骨折癒合後，左足跟之潰瘍經余以三聖滌汙煎洗之，並敷海浮散，經十二次換藥竟完全癒合。與其同時施以進口藥治療之右足跟相比，其患依然。

6 月 26 日十六診，患者長子從香港回，先為前日易醫致歉。宴請余曰：「老母褥瘡至今已 9 月，仍然未見癒合，懇請施藥。」余曰：「似令堂這種股骨粗隆間骨折，余治驗多人。該骨折癒合不難，每每固定一月足矣。唯恐老人發生褥瘡，經久纏綿。臨床中往往臥床牽引半月，褥瘡即起。何敢牽引四月之久。」遂以前方洗之敷之，每日一換。治療月半，所有潰瘍癒合。患者日後依杖能行，度百歲而去也。

四十七、小兒股骨幹骨折

病例：楊，女，2 歲，1985 年 3 月 12 日初診。患兒母

訴：「上午患兒在炕上玩耍跌倒，左腿即不能動彈。」余輕持患兒膝，即感覺患兒左股間有骨擦音，曰：「速攝 X 片排除骨折。」須臾持 X 光片來，片示：患兒左股中 1／3 骨折。患兒母見片大慟。

余曰：「無妨。」囑患兒父速備長 3 尺、寬 1 尺半、厚半寸之光滑木板一塊。於木板長邊兩側 1／3 處，釘一高 2 尺之木架。木板上放置褥、尿布及小枕頭。另製作比患兒足底稍寬之小木板 2 塊，中間鑽孔，用於粘腿兩側之膠布和穿牽引繩，稱之為「擴張板」。再量取患兒大腿根到超過患兒足底 2 寸長、寬 1 寸半之膠布，膠布需用整塊，不能拼接。膠布從中剪開為總長之 2／3，分別貼於患兒兩腿內外兩側。再將牽引繩穿過擴張板之中央孔後分別將健患兩足垂直懸吊於架間繫之。兩足同高，兩足間距一尺。使患兒之臀部離開木板 2～3 公分。患兒固定後很快即適應。余囑患兒父母時時注意患兒足之溫度與足背動脈之搏動；時時注意膠布是否脫落。固定三週再診。

4 月 2 日二診，解除垂直懸吊後，輕叩患兒左足跟，患兒無哭鬧。再用力叩之，患兒仍無哭鬧現象，繼以小夾板固定患兒左股，為鞏固計。

4 月 17 日三診，患兒母訴：「自解除懸吊後第 4 天患兒即能帶小夾板爬行，第 10 天即能站立行走。」

余以為：垂直懸吊法治療小兒股骨幹骨折安全有效，但一定要嚴格掌握小兒年齡在 3 周歲以下，超過 3 周歲者不宜採用此法。因「血管併發症狀的危險性將增加，往往發生於正常肢體。年齡較大兒童的下肢抬高到 90°，血壓不足以維持恰當的周圍血循環。加上膝關節過伸對膕血管

所起的作用，可引起嚴重的周圍缺血。」（《骨折與關節損傷·大腿損傷》）

四十八、髕上囊血腫

病例：劉，男，21歲，1985年4月15日初診。患者昨日被人踢傷右膝，腫脹不能步行。經當地醫院攝X光片示右膝關節未見異常，求治。余見患者右膝髕上滑囊處有一半月狀腫脹。髕骨無壓痛，腫脹處亦未見淤斑跡象。往日處理此類症候，均以接骨效方敷之，半月後若不消散則熱敷以八仙逍遙湯。

雖然有效，但治療時間大抵一月之久。憶讀李國衡先生介紹骨傷科名家上海魏指薪老中醫治療髕上滑囊區血腫一案與此患彷彿，遂試以魏老手法行之：「（1）患者仰臥。術者立於患側，一手拇、食二指緊緊按住患膝股內、外踝，掌心按住腫脹處，另一手掌緊握患肢的足跟。（2）術者兩手同時作相反方向用力（即膝部手掌向下擠壓，跟部手掌向上提拔，使患者膝關節儘量過伸）。當膝關節已經伸直時，膝部之手不動，跟部之手迅速改握踝上部，立即使膝關節屈曲。屈曲幅度一般要求足跟能夠觸及臀部。以上一伸一屈的手法，要求輕快連貫，在1～2秒鐘內完成。」（《中醫雜誌》1984.9）果然在上述手法過程中，屈曲膝關節時聽到膝部發出「蔔落」血腫擠破聲音，髕上半月狀腫脹隨之消失，疼痛也立即緩解，伸屈功能活動也得到基本恢復。敷接骨效方於髕上血腫處。

4月18日二診，患者訴，右膝疼痛減輕，可以行走。但提膝彎腿時尚有疼痛，再敷前方。

4月22日三診，患者訴，右膝行走，提膝已不痛，遂停藥。

魏老手法獨到，使患者減少了痛苦，縮短了治療時間，值得弘揚推廣。

四十九、髕骨骨折

病例：蘇，男，34歲，1992年12月1日初診。患者上午與人摔跤，右膝撞在水泥地面上，膝關節即不能自主伸直，患肢亦不能抬起。攝X光片見髕骨粉碎性骨折，求治。余遂令患者仰臥床上，伸直右腿以兩手拇、食、中指捏住斷端對推，使之相互接近。然後以左手拇、食兩指按住髕骨上下兩斷端，以右手拇指觸摸、確定其是否完整。若完整再以右手拇指指甲刮其髕面，確定其上下有無移位凸凹。若完整，上下亦無移位凸凹，則敷以正骨膏，膏外以紙板剪比髕骨略大之圓孔扣於髕骨上，以繃帶纏之，囑進祛傷散半月，每日二次，每次3g。

12月3日二診，患者妻攜復位後之X光片，問：「你用的什麼藥，大家都奇怪，才二天怎麼連骨折縫都看不到啦。」

12月15日三診，指甲刮其患髕已無痛處，換敷正骨膏，伸直固定之，再進祛傷散半月。授以股四頭肌舒縮法。

12月31日四診，去外固定及外敷藥，囑加強腿四頭肌舒縮法鍛鍊，拄雙拐下地但不能強力屈膝，停內服藥，好自為之。經年追訪，膝關節活動正常，未見不適。

五十、髕骨上下韌帶骨化

病例：段，女，57 歲，1993 年 3 月 7 日初診。患者雙膝關節疼痛，不能下蹲，足軟不能步行已二年。1992 年 5 月 8 日經省城醫院攝片診斷為：「雙膝關節髕骨上下韌帶骨化。」住院半年，治療未效，登門求治。余以為增生退變者應屬冷振風濕之類，宜八仙逍遙湯薰洗。用藥半月，患女疼痛銳減，並能下蹲。又用半月，足行有力，諸症皆除。多年隨訪，未見復發。

五十一、脛骨棘突撕脫性骨折

病例：馮，男，19 歲，1992 年 8 月 19 日初診。患者昨日上午，上樓被跌倒之氧氣瓶砸在左膝上，自覺膝內劇烈疼痛。經當地醫院攝 X 光片示：「左脛骨棘突骨折。」拒絕手術，登門求治。余見患膝 X 光片脛骨棘突骨折後被掀起 2 毫米，當屬中度移位。然患膝腫脹尚不明顯，亦未見淤斑。隨即令助手兩人，一人持患者腋下，一人持患者小腿略作牽引。余立患者左側，左掌心按於患肢髕骨上，右掌心托於患肢膕窩下，隨助手再作牽引，余兩手同時用力下按上托。術畢以正骨膏圍塗患膝周圍。令小腿伸直不屈、足尖朝上固定於木板上。囑服祛傷散半月，每日二次，每次 2g。同時授以股四頭肌舒縮運動法，以防進行肌萎縮也。

9 月 3 日二診，患者訴：「感覺尚好，不動不痛。」換敷正骨膏，再作腳尖朝上之固定半月。內服藥同前，鍛鍊同前。

9月18日三診，去外固定及外敷藥，熱敷八仙逍遙湯半月，每日三次，每次 30 分鐘。囑在無痛條件下進行左膝伸屈鍛鍊。

10月5日四診，縱叩患肢足底左膝無痛，伸屈尚欠少許。停藥，囑伸屈鍛鍊。

10月20日五診，患者父子登門來謝，伸屈均能到位，恢復甚好。

五十二、半月板損傷

病例：劉，男，18 歲，2002 年 12 月 11 日初診。患者訴：「雙膝腫脹走路疼痛，尤以下樓痛甚，蹲不下去，只能半蹲。經省、地醫院治療未果，才從北京兩醫院就診歸來，效亦不顯，經人介紹，登門求治。」余查患者雙膝伸屈受限，浮髕（＋），雙膝關節內外側均有壓痛，以左膝為甚，該膝有踢足球損傷膝關節史。並有膝關節閉鎖及彈響史，余以為患者所患為陳舊性半月板損傷。並告之同行前來就診之父母。

其母曰：「省地醫院診斷為滑膜炎、結核性滑膜炎，均被北京兩醫院否定而診斷為強直性脊柱炎。上述醫院均未言及半月板損傷。」余問：「上述醫院為患者膝關節作關節鏡檢查否？」曰：「否」余又問：「做核磁檢查否？」又曰：「否」。其父要求按余之診斷醫治。余遂令患者將左足跟置右膝上，繼以右手拇指摸到其左膝內側壓痛處，隨左手扶患者伸直左膝而右手用力向膝後推擠。右膝亦施以同法，術畢，患者行走即感雙膝部疼痛減輕。囑進祛傷散 9 天，每天二次，每次 3g。同時，外敷八仙逍遙

湯，每日三次，每次半小時。

12 月 20 日二診，患者訴：「有效，腫脹開始消散，屈膝也好一些。」守方再進。

12 月 29 日三診，患者下樓疼痛減輕並可以不扶扶手。守方再進。

2003 年元月 7 日四診，患者訴：「這一療程變化不大。尤以下蹲，仍蹲不下去，且疼痛。」守方再進。

元月 16 日五診，守方再進。

元月 25 日六診，患者五診後用藥第五天左膝痛加重，發僵，係左膝不小心又略扭傷，三天後減輕。浮髕試驗由（＋）轉（－），再進前方。

2 月 12 日七診，患者感覺病腿有力，守方再進。

2 月 23 日八診，患者雙膝彎曲有進展，但下蹲無力，再進前方。

3 月 8 日九診，守方再進。

3 月 19 日十診，患者訴：「下蹲漸有力，唯雙膝內側壓痛尚存。」再施手法，再進前方。

3 月 28 日十一診，患者訴：「下蹲更好些。」再進前方。

4 月 6 日十二診，患者訴：「基本好啦，再鞏固鞏固。」

4 月 15 日十三診，患者下蹲有力，起立亦有力。囑走路務以膝尖找足尖，不得偏離足尖，恐復扭傷矣。患者因膝傷一再誤診，復學後，立志從醫，已考取醫學院校，欲發憤學醫也。

又，東莞患者，李，女，6 歲，2006 年 8 月 5 日初

診。三個月前，最後一節舞蹈課扭傷左膝、左髖。經深圳、廣州、南昌、北京等醫院診療，均認為係盤狀半月板之故，建議手術切除。患者父母從網上得知，半月板切除後所遺留麻煩不少，又因患女年齡太小，一直在尋覓保守療法，經人介紹從北京來原平求治。

余查患女左膝內外側均無壓痛，走路跛行，左股四頭肌及左臀明顯萎縮；左膝伸直不到位，足尖點地，左膝屈則踵不能觸及臀，排除股骨頭骨骺滑脫症。先施前例所述膝傷手法後，左膝屈曲，踵即可及臀。又略斜搬患女肩胯，調整其骶骼關節，患女即可放平左足行走。

經兩種手法後，患三月之久的症候，悄然消除。患女之母欣喜之餘，問：「為什麼那麼多醫院、那麼多專家都要求做手術，而不做手法？」余無言以對而言它：「汝女兒股四頭肌與臀肌萎縮係廢用性萎縮，隨著活動之正常，其萎縮可漸漸消失，不必掛心。唯行走活動讓患女『三尖相照』耳。」

五十三、脛骨結節骨骺炎

病例：曹，男，14 歲，1997 年 8 月 10 日初診。患者母訴：「患兒右膝下疼痛已三週，攝 X 光片見脛骨結節骨骺分離，當如何處置？」余曰：「此症多見於 10～15 歲之青少年。皆因筋骨未長堅而奔跑、跳躍劇烈頻繁，以致髕韌帶牽拉脛骨結節所致。」即蜜調接骨效方敷之患處，又囑：「適當休息，減少活動量，骨長堅即無事了。」結果敷三次痊癒。

五十四、手法重斷陳舊性脛腓骨骨折畸形連接

病例：候，男，18 歲，1993 年 8 月 27 日初診。患者訴：4 月 22 日從房上跌下，被瓷管煙囪砸傷左腿，傷口面積約 20×20 毫米，入當地醫院攝 X 光片見「左脛腓骨下 1/3 處雙骨折。」因傷口感染，於 5 月初轉入代縣醫院。半月後傷口癒合，兩月後拆除石膏，以小夾板固定，遵醫囑出院，回家休養。一月後才發現骨折遠端向後彎曲，骨折處向前成角。8 月 25 日攝片見骨折遠端與縱軸成角約 20°。登門求治。余遂持患者患肢，縱叩其足底，患者呼痛。余曰：「骨痂尚未長堅，可以斷而復正。」其母問：「用麻醉否？」余曰：「不用。汝兒跌斷時未用麻醉，我手法重斷也不用麻醉。唯快而已，尚未覺痛就斷而復正也。如果同意，吾即正之。」

患者及其父母認可。余令患者仰臥，伸直患肢。余左掌心按住患者骨折成角處，右掌握患者患肢踝上，按提同時用力，成角須臾消失。敷正骨膏於骨折處，外用小夾板固定，令其足尖保持向上。內服祛傷散，每日二次，每次 3g，授以股四頭肌舒縮鍛鍊法，時時練之。

9 月 10 日二診，攝片見其成角消失。換正骨膏再敷，再進祛傷散半月同前。

9 月 25 日三診，折除外固定，重叩患肢足底，患者骨折處已不痛。囑取八仙逍遙湯薰洗骨折處半月後，再挂雙拐下地鍛鍊行走。

10 月 27 日四診，患者父子來謝，言：「行走自如已多日也。」

陳舊性脛腓骨畸形連接，能否手法重斷，關鍵在於一叩。叩之骨折處痛則骨未長堅尚可斷而復正，叩之不痛則骨已長堅，不可貿然斷之也。

五十五、陳舊性脛骨螺旋形骨裂繼發骨髓炎

病例：武，男，24歲，1996年9月2日初診。患者車禍損傷右腿已40天，當時經醫生檢查，認為沒有問題，繼續工作20天後，右腿傷痛處形成環形腫脹，感覺皮下有膿。經醫生引流排膿治療20天，效果不明顯，登門求治。余見患者右脛骨上1／3膿腫，有兩個3×3毫米潰口，周圍膚色黑紫，膿稀而略黃。縱向叩擊患腿足跟，患腿脛骨傷口處疼痛。即向患者講明：「患腿應排除骨折。」經攝X光片見：「脛骨螺旋形骨裂」。此症乃積瘀作癥，借傷成毒之證，為血源性骨髓炎初期。遂停前醫諸藥，專以中藥治之。

先以三聖滌汙煎煎湯、頻洗患處，提膿去腐。一週後，每日仍以前湯洗之，加敷海浮散，一日一換，共換藥13次，患處膿盡，傷口癒合，但膚色稍暗。遂改敷正骨膏於骨折處，內服祛傷散，促進骨痂生長，又半月，骨漸長堅，重叩無痛。二年後專訪，未見復發。

五十六、踝上骨折伴距骨脫位

病例：李，女，71歲，2002年12月13日初診。患者於17天前跌傷左腿，經醫治療，初以為脫位，幾經整復未果，後入當地醫院攝片見踝上骨折伴脛距關節脫位20毫米。余坦然告患者：「此處損傷復位易而固定難。不過不

必擔心，吾有一法可保無慮。」遂提拉其足，後凸畸形即無。復位後，以右掌托患腿腓腸肌處，左拇指頂患足跟未見再有滑脫現象。外敷正骨膏於踝上骨折處，繼以內外小夾板兩塊固定內外踝，再套以其女之長筒襪乘勢吊起牽引，囑進祛傷散半月，每日二次，每次 3g。

10 月 27 日二診，患者訴：「整復後第二天、第三天踝部疼痛，好像刀剜之痛，繼渾身痛。一週後疼痛消失。」余見踝部平整無變位。患者並能用患足跟用力蹬余之手掌心。再敷正骨膏，再進祛傷散半月，再以長筒襪吊之。

2003 年元月 11 日三診，縱叩患者足跟，患處已無痛。去外敷藥，見敷藥處腫消，而未敷藥處尚有腫脹，傷處膚色正常。余囑取八仙逍遙湯薰洗半月，並置一圓柱物踏足下作滾動鍛鍊，日日行之，不念其煩。

因踝上骨折，骨折遠端體積小，內固定亦不易，取長筒襪吊之，法簡效捷。患者婿與余為鄰。患者癒後未見跛行病廢，並介紹多人來診。

五十七、內、外踝骨折伴有距骨錯位及第五蹠骨基底撕脫性骨折

病例：田，男，26 歲，2000 年 2 月 18 日初診。患者三天前左踝被汽車帶倒致傷，入當地醫院準備手術。經人介紹，出院求治。症見腫脹、疼痛。患踝之 X 光片示：內、外踝骨折，距骨錯位伴第五蹠骨基底撕脫性骨折。左足不能背伸蹠屈，余遂令其父固定患者小腿，余右掌托患者左足跟，左手握患者左足蹠趾關節部順勢牽拉，右手

拇、食二指擠捏患足內外踝骨尖下，使錯位之距骨復正。繼以右掌心再托患者左足跟，拇、食二指按住骨折之內、外踝，余以左拇指抵患者左足湧泉處，余四指按患者蹠跗處，緩緩使患足作伸屈活動，並逐漸加大其活動範圍。最後外敷正骨膏，以過踝關節之夾板固定之。內、外踝上下與跟腱處墊以棉花以防壓迫性潰瘍。內服袪傷散半月，每日二次，每次 3g。

3 月 3 日二診，腫消，查見左足伸屈功能尚好。換敷正骨膏，再進袪傷散如前半月。

3 月 18 日三診，患者能主動活動足，足之伸屈活動範圍亦接近正常。停內服藥，取八仙逍遙湯薰洗患處，並囑做足下圓柱物滾動鍛鍊。

患者因從業汽車出租，後送其他患者到余處就診時曰：左足行走無礙，唯陰雨天或勞累後略痠困，熱水泡足即緩解矣。余曰：「此乃損傷後疤痕組織所致之後遺症，無妨。唯勿過勞。日後隨疤痕組織軟化而消失也。」

五十八、蹠骨骨折伴有創面感染

病例：李，男，29 歲，1998 年 4 月 1 日初診。患者兩週前右腳被石頭砸傷，入當地醫院，經攝 X 光片見第三、四蹠骨骨折，現被石砸傷處之創面已結痂。余曰：「儘管結痂，痂內卻已感染會膿矣。」隨行之包工頭曰：「醫院輸青黴素二週，不會吧！」余遂輕啟患者結痂處，黃膿伴黑血隨即湧出。余即以淡鹽水清洗創面，外敷海浮散。一日一換。

4 月 6 日六診，黃膿及汙血已盡。10 × 10 毫米創面鮮

紅，再敷海浮散。

4月10日十診，創面已結痂，停外敷藥，待其痂自落也。

4月12日十二診，骨折處外敷接骨效方，以消其腫。囑內服袪傷散半月，每日二次，每次2g。囑患者足伸足屈之鍛鍊。

4月27日十三診，縱彈叩趾端，第三、四蹠骨已不痛。患者訴：「行走時多，患足腫。」囑取八仙逍遙湯薰洗半月，以消腫袪瘀，長堅其骨。

蹠骨骨折位置良好不必手法，但前醫清創未潔，即抗菌素亦不能制。海浮散提膿去腐，萬舉萬當也。

五十九、跟骰關節錯縫伴有第五蹠骨基底撕脫性骨折

病例：柴，男，31歲，2006年7月25日初診。患者訴：「三月前患者離鄉外出打工，扭傷左腳。外地醫院診斷為第五蹠骨基底撕脫性骨折，並做手術。但到現在仍不能走路，左腳不能吃勁，一吃勁兒就痛。痛的地方不在骨折處，而在外踝前方凹陷中。只能以足跟著地行走。攝片又都說沒問題。」余讀患者攜來之數張X光片，見第五蹠骨骨折處有二枚細鋼針固定，骨折線已模糊。摸患足外踝前有壓痛，告訴患者：「此乃跟骰關節錯縫所致。」遂治以師傳手法：

先以左手使患者左足內翻，右手拇指同時按壓患足外踝前骰骨處。然後左掌托患者左足，以右手順時針搖轉患者踝關節10餘次，再逆時針搖轉患者踝關節10餘次。再

以右手順勢使患足伸，繼而使患者屈。

　　手法畢，即令患者下地行走，行走時足需放平，穩步慢行。一分鐘後，患者即感覺疼痛減輕，左足可以吃上勁兒，故視為跟骰關節合縫。因係舊傷又兼術後，取八仙逍遙湯五劑，薰洗患足半月，告癒。

　　第五蹠骨基底骨折為極常見之骨折，因骨折處變異不大，外敷接骨效方，休息三週，最多四週足矣。即使不治，6 週也能癒合且不留病廢。於此骨傷作內固定，柴某耗資 3000 元。農民進城打工賺錢不易，何忍小病大治，牛刀殺雞？！

六十、陳舊性跟骨骨折繼發足跟痛

　　病例：王，男，55 歲，2003 年 5 月 6 日初診。患者於 10 年前從汽車上跳下，致右跟骨骨折。經當地醫院治療三個月後，發現右足不能用足尖立起，走路微有跛行至今。今年春節以來，繼發右足跟痛，幾近不能步行，經多方治療無效，皆言此係跟骨骨折後所留之後遺症，無治。後經人介紹登門求治。余曰：「汝足跟骨折不能以足尖站立，係跟骨結節向上移位所致，損傷當時，可用手法矯正。今已十年，余無能為力。足跟痛一症，可取八仙逍遙湯泡之，每日三次，每次 40 分鐘，連泡二週。」

　　5 月 18 日二診。患者訴疼痛已基本消失，再泡一週鞏固之。

　　足跟痛，名老中醫秦伯未先生在其撰著《中醫臨症備要》中寫道：「足跟疼痛，不腫不紅，不能多立、多走，屬肝腎陰血不足。雖係小病，治宜竣補，用鹿角膠丸（鹿

角膠、鹿角霜、熟地、人參、牛膝、茯苓、菟絲子、白朮、杜仲、龜板、當歸、虎骨）和立安丸（牛膝、杜仲、故紙、黃蘗、小茴香）。」

現代醫學多以跟下滑囊炎、跟腱炎、蹠筋膜勞損和跟骨骨刺分類。

臨症，若急性發作，余皆以接骨效方外敷患處。慢性疼痛則以八仙逍遙湯泡足。《北京晚報‧科學長廊‧生活中來》介紹張家口王曉先生蹬腿治腳後跟痛一法亦甚有效，余曾告多人，其法如下：「雙手扶在樹幹上，先蹬患腳，後蹬健康腳，每腿各蹬 72 下，每日早晚各蹬一次。蹬腿時，腳脖子微上蹺，用力蹬腿時，著力點恰好在足太陽膀胱經的委中、承山穴上。」

陳照瑞老師云：「未習心意，先學跌打。」可見傳統武術與跌打防治聯繫緊密。殺敵，技必精而擊必殺。救傷，德近佛而術近仙。此方是吾輩習武學醫人之終身追求。

中華民族傳統武術、醫學文化之精髓、核心是什麼？誠如一代偉人孫中山所云：「從容於疆場之上，沉潛於仁義之中」也。

附　錄

簡易外固定治療新生兒先天性足畸形

——郭　揚

筆者用 12 號鐵絲、膠布、繃帶，簡易外固定治療新生兒先天性足畸形 5 例，療效滿意。現介紹如下。

一、一般資料

本組 5 例患者，全係女嬰，均為出生 3～15 天之新生兒。計：先天性馬蹄足 1 例，先天性跟足 1 例，先天性馬蹄內翻足 1 例，先天性仰趾外翻足 2 例。

二、治療方法

1. 夾板製作

根據患兒健側足之長度及小腿膕窩下 2 公分至足跟的長度和為總長，寬約 4 公分，用 12 號鐵絲製成長方形夾板。結頭處鐵絲平行交錯 3 公分，用 1 公分寬之膠布纏裏結頭及全部框架。以結頭牢固和不露鐵絲為度。然後，將此夾板變成帶弧度之直角，其兩邊長正好為小腿和足之長度即可。

2. 固定方法

首先輕緩按摩患足，鬆弛肌肉，根據不同畸形，將患足漸漸矯正在足踝關節功能位置上，並仔細揣摸患足踝關節周圍。若遇攣縮肌緊之處，緩緩鬆動，彈拔之。注意手

法勁力深沉均勻，勿傷患兒皮膚。然後，用繃帶將患足及小腿輕鬆纏繞 2 層，將製成的夾板安置於患肢上，使患足在踝關節功能位置上，以膠布固定之，小腿兩道，足蹠部一道。注意暴露足背動脈及足趾關節部分。膠布寬 1.5 公分，粘貼不可太緊，亦不可太鬆，以足背動脈脈搏正常、足趾血運正常為度。固定時間為 10 週。開始每週打開固定，注意血運，輕緩按摩患足，更換繃帶、膠布。然後再依法固定之。四週後，改為每兩週打開固定，輕緩按摩患足，更換膠布、繃帶，再固定之，直到痊癒。

三、治療結果

待患兒睡熟後與健側比較，等長，無畸形為治癒。一般固定 10 週即可治癒。根據情況亦可延長兩週，鞏固療效。5 例全部治癒。

四、典型病例

張某，女，3 歲，患嬰出生後，左足即呈先天性跟足畸形。症見：左足極度背屈，足背與脛骨貼在一起。經輕緩按摩，其足可至踝關節功能位。足解谿穴處觸摸有攣縮肌緊，足背動脈搏動有力。但一鬆手患足即復與脛骨貼在一起。按上法固定四週後，打開固定見患足仍存少許背屈，即將直角鐵絲夾板彎成 140°左右，使患足緩緩蹠屈至 50°，嬰兒無啼哭，足背動脈搏動正常。按上法固定之。

四週後，患足接近健足，無明顯畸形，解谿處之攣縮肌緊亦消失殆盡。復將鐵絲夾板恢復成直角。將患足仍固定於功能位，兩週後痊癒。五年後專訪，患兒行走正常，

足部未留任何畸形。

五、體　會

先天性足畸形為足部常見疾患。據有關統計，其發生率為新生兒的 1%～4.4%，男：女為 2：1。單足比雙足發病者居多，其病因通常認為與遺傳因素、胚胎發育障礙、胎位異常等有關❶。一般講，先天性足畸形診斷較易，但需與隱性脊椎裂所引起的新生兒足部畸形相鑒別。若見新生兒腰骶部皮膚有濃厚叢生之長毛或稀疏之短毛；或伴有皮膚色素沉著斑者，上述固定方法無效。

外固定治療先天性足畸形，筆者認為患者出生後的半年之內為治療的最佳時間。半年以後，外固定效果即差，固定時間亦長。患兒 3 歲以後，足畸形即需手術治療。據報導：某 7 歲兒童，先天性馬蹄內翻足，行足踝內側軟組織鬆解術致足趾壞死。其原因為嚴重畸形突然矯正，極易損傷血管造成足前血運障礙所致❷。

筆者之簡易外固定治癒先天性足畸形，雖例數不多，但療效滿意，且簡便易行，尤其在農村，凡遇足畸形之新生兒，時有溺棄發生。因而值得推廣。

參考文獻

❶ 蔣位莊，王和鳴，丁鍔等・中醫骨病學・北京：人民衛生出版社，1990・92・

❷ 孫慶壽，李承球，過邦輔等・骨科正誤（第三冊）・北京：人民衛生出版社，1995・440・（《中醫外治雜誌》，1998年 2 月第 7 卷第 1 期）

股骨頭無菌壞死治驗

——郭　揚

　　股骨頭無菌壞死，又稱股骨頭缺血性壞死，是當今創傷骨科和骨病學中的一大難症。筆者近十餘年來，以八仙逍遙湯加減治療外傷型股骨頭無菌壞死 23 例，療效滿意，現總結如下。

一、臨床資料

　　本組治療外傷型股骨頭無菌壞死共 23 例。男 17 例，女 6 例；年齡最小 31 歲，最大 67 歲；病程最短 7 個月，最長 36 個月；23 例均有外傷史和多方治療史。

二、治療方法

1. 藥物組成

　　苦參 15g，蒼朮 9g，丹皮 9g，川椒 9g，當歸 6g，黃柏 6g，荊芥 3g，防風 3g，川芎 3g，甘草 3g。

2. 加減

　　症見寒濕較重者，去苦參、丹皮，加威靈仙、獨活；併發藥物性皮炎者，將荊芥、防風、甘草用量均增加至 10g。

3. 用法

　　以上藥物，用紗布包紮成袋，置容器內，加水適量煎煮。候水沸後 5 分鐘停火，以乾淨厚毛巾浸藥液薰洗，熱

敷患髖周圍約 30 分鐘。每劑藥用 3 天，每天 3 次。

三、治療效果

23 例平均每例給藥 15 劑，療程 45 天，疼痛消失，可以棄杖行走。髖關節功能恢復情況，以股骨頭塌陷程度而定，一般股骨頭破壞少，塌陷輕微者，髖關節功能可以完全恢復；反之欠佳，不同程度地留有跛態。

四、典型病例

譚某，男，45 歲，原平市人，司機，1984 年 2 月 10 日初診。主訴：二年前摔傷左髖，疼痛日增，漸不能站立、行走。診為陳舊性股骨頭粉碎性骨折，多方治療，未效。後經省級醫院確診為股骨頭無菌壞死，因拒絕股骨頭置換手術，求治。

該例為典型之外傷型股骨頭無菌壞死，遂投八仙逍遙湯薰洗。15 天後疼痛消失，患者可以站立。又 30 天後，患者能在院中作跑步鍛鍊。又 15 天後，攝 X 光片見：原股骨頭粉碎性骨折之骨折線不清晰，有骨小梁通過，無菌壞死消失。隨訪 10 餘年，該髖關節功能正常，未見不適。

五、體 會

1. 股骨頭無菌壞死，臨床上可分三種類型：（1）外傷型。（2）激素型。（3）骨骺型。

外傷型：常併發於股骨頭骨折、股骨頸骨折和髖關節脫位等疾病之後期，中老年人居多。激素型：常見於長期服用超過生理需要量的腎上腺皮質類固醇而引起的骨壞

死，女性較多見。常於類風濕性關節炎、血小板減少性紫癜等病超量使用激素治療後，半年後左右開始發病。骨骺型：發病年齡在 3～10 歲的稱之為骨骺炎、股骨頭骨骺軟骨病，亦稱扁平髖。或稱 Ltgg-Caht-Ptrthts 病（簡稱 Ptrthts 病）；發病年齡在 12～17 歲的，稱之為青年性骨骺性髖內翻－股骨頭骨骺分離。亦稱剝脫性骨軟骨病。

2. 股骨頭無菌壞死，中醫無此病名，屬「骨蝕」和「痹症」範圍。其治療關鍵在改善缺血、防止塌陷。中醫認為閉阻不通為痹，薰濁黏膩稱濕。濕為陰邪，病程纏綿。八仙逍遙湯方出《醫宗金鑒・正骨心法要旨》，專治跌仆損傷、腫硬疼痛及一切冷振風濕，筋骨血肉肢體痠痛諸證。方中諸品，清熱袪濕，活絡止痛，確能起重建血供，促進再生的作用。

3. 筆者以八仙逍遙湯為主治療股骨頭無菌壞死，針對不同類型略有差異。外傷型：因多係中老年人，必要時可佐以氣血雙補之品。激素型：鑒於尿鈣排出增加，骨量減少，骨質疏鬆，需以經驗方「和骨丹」同時內服才能奏效。骨骺型：應以輕柔之提、搖手法復位。並固定患髖、患肢於屈髖膝位，然後再施以八仙逍遙湯方為妥善。

使用八仙逍遙湯治療外傷型股骨頭無菌壞死，不僅療效可靠，而且費用極其低廉，這對沉疴日久，家貧乏力之患者，無疑是一條康復捷徑。

（《中醫外治雜誌》，1998 年 12 月第 7 卷第 6 期）

點穴救治遇時遇穴淺說

——郭　揚

　　高等中醫藥院校教材《中醫骨傷科古醫籍選・血頭行走穴道歌》注釋，將六宮穴標定在恥骨聯合處，余以為欠妥，不敢鳴同。

　　余 20 世紀 60 年代初，在武漢求學。從師陳照瑞先生學習心意六合拳（十大真形）有年。同時，由武入醫，得到了正骨療傷手法與跌打損傷驗方的傳授，臨床施治三十餘年。茲就「血頭行走穴道歌」的穴道分佈及點穴治傷手法，簡要介紹如下。血頭行走穴道歌，始見於明代異遠真人所著《跌損妙方》一書：

　　　　周身之血有一頭，日夜行走不停留，
　　　　遇時遇穴若傷損，一七不治命要休。
　　　　子時走往心窩穴，丑時須向泉井求，
　　　　井口是寅山根卯，辰到天心巳鳳頭。
　　　　午時卻與中原會，左右蟾宮分在未，
　　　　鳳尾屬申屈井酉，丹腎俱在戌時位，
　　　　六宮直等亥時來，不教亂縛斯為貴。

　　原書「血頭行走穴道歌」無注。據陳照瑞老師傳授：子時（23 點～1 點）心窩穴，即：鳩尾穴，位於劍突下，臍上 7 寸；丑時（1 點～3 點）泉井穴，即：膻中穴，位於前正中線，平第四肋間隙；寅時（3 點～5 點）井口穴，即

廉泉穴，位於舌骨體上緣之中點處；卯時（5點～7點）山根穴，即：王宮穴，位於印堂穴下1寸；辰時（7點～9點）天心穴，即：百會穴，位於後髮際正中直上7寸；巳時（9點～11點）鳳頭穴，即：風府穴，位於後髮際正中直上1寸；午時（11點～13點）中原穴，即：脊中穴，位於第十一胸椎棘突下；未時（13點～15點）蟾宮穴，即：腎俞穴，位於第二腰椎棘突下，旁開1.5寸；申時（15點～17點）鳳尾穴，即：長強穴，位於尾骨尖下0.5寸；酉時（17點～19點）屈井穴，即：會陰穴，位於前後二陰中間；戌時（19點～21點）丹腎穴，即：關元穴，位於臍下3寸；亥時（21點～23點）六宮穴，即：神闕穴，位於臍中。

神闕穴即肚臍，又名氣舍，乃生命之根柢。元代俞琰在《周易參同契發揮》中說：「蓋嬰兒之在母胎也，母呼亦呼，母吸亦吸，口鼻既閉，而以臍達，故臍者生之根，氣之蒂也。」氣為血帥，血為氣母，血頭行走，由神闕出入，任督循環，明矣。此穴受傷，最忌拳腳逆血頭行走方向之倒插，有「汗下如雨，四肢麻木，腹痛吐瀉，兩氣不接，不可亂」之險候。緣由「血隨氣轉，氣逆血凝固也。」

穴位點打尚有「早不打龍頭，晚不打鳳尾」之律誡。日出卯時，打不得龍頭穴，日晡申時，打不得鳳尾穴。此二時，此二穴，遇時遇穴受傷，傷重一籌。雖有手法方藥，亦恐不救。龍頭者，王宮穴，又名下極。《靈樞·五色》云：「王宮在於下極，下極者心也。」古人認為，此處可作望診心的參考。卯時點打此穴，傷重者「頦內血流

不止，神氣昏迷，飲食不進，氣虛目閉面黃者，八日死。」鳳尾者，長強穴，又名氣郄。申時點打此穴，「傷重者，立時癱軟，不痛者凶，痛者次之。」

遇時遇穴救治有「打人截血頭，救人補血尾」之要訣。血頭已如上述種種。血尾者，即右膕之委中穴。委中又名血郄，郄者退卻，去也，即血尾。凡血頭受傷，除傷重必佐以方藥外，手法均以委中穴（右）為救治主穴。試舉一案說明。

賀某，女，12 歲，原平人。於 1998 年 4 月 27 日初診。患者班主任崔老師訴：課間操，同學們爭先恐後下樓。賀某失足從樓梯上滾下，雙膝跪地，良久不能站起，急抱患者前來求治。

查：患者面色蒼白，兩目直視，表情呆滯，雙臂雙腿痙攣、冰涼，摸、叩四肢無骨錯症候。印象：巳時受傷，氣阻鳳頭穴。急用師傳救傷手法：先點右腿足三里穴，三十呼，以補胃氣；次彈右側背筋三下，以舒督脈：然後扶患者俯臥，以左手食、中二指拿患者右足內庭穴，拇指按其湧泉穴合力為之，三十呼，以充腎氣，繼以右手聚指為猿爪，叩打患者右膕委中穴三十六下，導氣歸元。術畢，患者面色泛紅，手足回陽，痙攣解除。令患者下地，即可行走，雙腿漸次有力，諸症消失。

以上手法為救傷定法。余在臨床上常用於治療骨傷病人疼痛暈厥，不問時限，隨證施治。

武術傷科之血頭行走，與針灸學之子午流注有別。血頭仗氣從神闕出走，十二時辰後，復注於神闕。任升督降，陰陽相應。若將六宮穴注釋在恥骨聯合處，血頭酉時

由會陰穴過恥骨聯合，戌時入注關元，至亥時豈不又要回落到恥骨聯合處？況且，異遠真人在《跌損妙方・身中門第三》六宮穴傷條下有三字注：即肚臍。請垂正。

（《中醫外治雜誌》，2000 年 8 月第 9 卷第 4 期）

《點穴救治遇時遇穴淺說》審閱意見

——兼談營氣的時間運行規律

——高樹中

　　《靈樞‧營氣》篇專門論述了營氣在經脈中的運行次序，後世據此發展為十二時辰配屬十二經脈的子午流注納支法（又稱納子法），即營氣寅時（3時～5時）從肺經開始—大腸經（卯時）—胃經（辰時）—脾經（巳時）—心經（午時）—小腸經（未時）—膀胱經（申時）—腎經（酉時）—心包經（戌時）—三焦經（亥時）—膽經（子時）—肝經（丑時）—肺經（寅時）……如此日復一日如環無端的運行規律。據我個人的多年研究和臨床經驗，十二經脈分屬十二時辰的規律是客觀存在的，這一點經得起臨床實踐的檢驗，是確定無疑的，對指導針灸臨床尤其是對時間性病症的治療有實用價值，常針灸1～3次即獲佳效（我曾分別在《中國針灸》、《針灸臨床雜誌》、《山東中醫雜誌》撰文發表）。

　　但《靈樞‧營氣》篇還提到了除十二經脈外，任、督二脈也參與上述循環，即：「從肝上注肺，上循喉嚨，入頏顙之竅，究於畜門。其支別者，上額循巔下項中，循脊入骶，是督脈也，絡陰器，上過毛中，入臍中，上循腹里，入缺盆，下注肺中，復出太陰。此營氣之所行也，逆順之常也。」但督、任二脈如何與十二時辰相配屬，即營

氣何時流注於督、任二脈？則一直是令許多針灸研究者困惑的難題。

而《點穴救治遇時遇穴淺說》一文中（下稱該文）所言及的「血頭行走穴道歌」我認為實際上就是對這個問題進一步詮注與發揮，因為該文內容歸屬骨傷科，所以從事針灸者甚少有人涉及。

我認為：營氣每日按次序循環十二經脈一週可稱為「大周天」，此外營氣每日還沿督、任脈，即沿人體前後正中線循行一週可稱之為「小周天」（詳見附圖：營氣一日運行圖解）。本文將六宮穴解釋為神闕穴是正確的，此文古為今用，對針灸子午流注的研究及臨床應用均有啟發意義。

作者高樹中（1963—），男，教授，碩士研究生導師，山東中醫藥大學針灸推拿學院副院長，本刊編委（《中醫外治雜誌》，2000 年 8 月第 9 卷第 4 期）

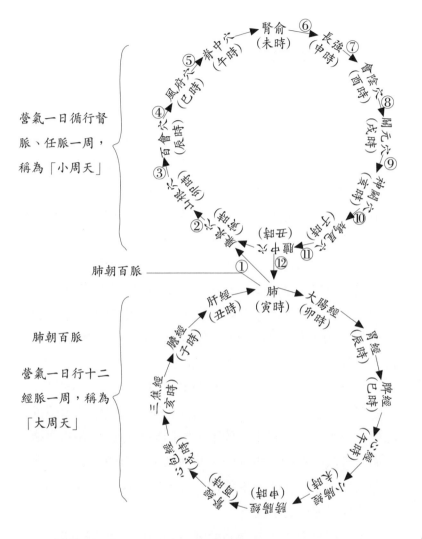

營氣一日循行督脈、任脈一周，稱為「小周天」

肺朝百脈

肺朝百脈

營氣一日行十二經脈一周，稱為「大周天」

①上循喉嚨　②其支別者、上額　③循巔　④下項中　⑤循脊　⑥入骶　⑦絡陰器　⑧上過毛中　⑨入臍中　⑩上循腹里　⑪入缺盆地　⑫下注肺中

營氣一日運行圖

傳統中華武術與養生

中華武術，源遠流長，博大精深。僅山西省就有武術
拳種65種，武術套路753個（《山西武術拳械錄》）。作
為一名業餘武術愛好者，在京華中醫最高學府，演講《傳
統中華武術與養生》這樣一個大命題，實實在在，心有餘
而力不足。

值得慶幸的是，喜逢北京中醫藥大學五十華誕。海內
外賢達，同聚一堂。這是一個十分難得的向大師們請教的
機會。所以，我才不顧淺陋，拋磚引玉，借我多年來習武
學醫的甘苦歷程，談談對傳統中華武術與養生的膚淺體
會。不當之處，懇請各位師長斧正。

1962年9月，在武漢，我剛上初中，就被副傷寒送進
了醫院。治癒後，班主任老師建議休學，因已落下兩個月
課程，怕跟不上。我不想休學，經過努力終以良好的成績
通過了考試。但因身體羸弱，又病倒了。暑假期間，行武
出身的父親說：「不想進藥鋪，就得學武術。」於是，開
始了我拜師習武的生涯。

第一次見老師，就遇到老師給人治病。被人攙扶著走
進來的患者，腿痛的不敢著地，經老師在她膝關節上搬捏
幾下，患者居然自己能走出門去。我暗下決心，一定要把
老師神奇的本領學到手。

我的師傅叫陳照瑞，回族。後來我才知道，他老人家

原來是河南派心意拳傳人袁鳳儀師祖晚年的親傳弟子。習武之餘，我最喜歡聽陳老師講往事：袁鳳儀師祖晚年，歇了鏢業，在家以教親戚晚輩心意拳娛日。一年秋天早晨，師祖正帶徒弟們練功，突感腹中內急，連忙走進灌木叢中方便。剛一蹲下，就覺知兩肩被重重壓住，腦後熱氣襲人。袁師祖無暇思索，一記地炮肘打出去，竟將一隻金錢豹打翻在地。因發力過猛，褲縫迸裂，不能遮體。當年，跑回家替袁師祖取褲子的，就是我的師傅。袁師祖早期弟子尚學禮老師，以 66 歲高齡，在 1931 年開封舉行的華北五省運動會上打擂獲勝，得龍泉寶劍一口（《中州武術·馬學禮與心意六合拳》）。當時，我老師就隨同前往，親眼目睹了這場龍爭虎鬥。我真羨慕，先輩們精湛的拳藝和他們那鋼鐵般的身體。

1969 年 2 月，下鄉插隊前，我向老師辭行。老師讓我抄錄了拳譜，並將他使用多年的跌打驗方送我、叮囑我：武為立世之本，醫為入世之媒，不可懈怠。記得當年，老師曾讓我背誦《心意十二把歸經歌》：虎形手太陰，雙把清肺金。鷹形手陽明，展翅腸導引；雞形足陽明，顛腿胃納靈。猴形足太陰，登撲健脾行……

那時年少，不知經絡，不知養生。滿腦子分筋錯骨，穴位點打。真正上心的是《十大真形功用歌》：龍有搜骨法，雲中九現身，不怕人手稠，看我裹截橫；虎有搏戰勇，勢勢擊撲中，長嘯傳空谷，三絕自古雄；雞有踩撲妙，步步要純功，羽扇揮槳去，堪稱捲地風；猴有縱身靈，蹬撲體自輕，足進插襠去，退寄掃邊風……

插隊後，有一件事讓我刻骨銘心，終生難忘。剛到農

村，生產隊派我去看田。看田本來是打草驚蛇的事兒，鄉里鄉親的，低頭不見抬頭見。我卻年輕氣盛，不諳人情。一日中午，我發現一個鄰村偷穀人，被我抓個人贓俱獲。誰知他不服，還打了我一拳。「偷了東西，還敢打人！」我右手順勢挑起對方的右臂，左掌到、右拳也到，一個龍形搜骨，打中他脊背。他隨聲倒在田埂上，掙扎了幾下，爬不起來。我原想扭送他回生產隊，卻見他四肢癱軟，表情呆滯，面無人色。不好！我頓時一身冷汗，意識到，他被我截了血頭。正午時，中原穴，人命關天！第一次用師傅救傷手法，心中忐忑不安：先點三里（右足）補胃氣，次彈背筋（右）舒督脈，再拿內庭（右）合湧泉（右），叩打委中（右）補血尾。好一會兒，他終於慢慢緩過勁來。我鬆了一口氣，救傷手法還靈。

平素練功，師傅在跟前，我曾專找血頭打，也沒見有事兒。今天怎麼啦？無心插柳，歪打正著！我忙把他攙回家。天下竟有這麼巧的事兒，鄰村偷穀人原來是我房東的女婿。經過幾天暗自觀察，見他真的沒事了，我那顆懸在嗓子眼裏的心，才放下來。這是我生平第一次遇時遇穴點打與救治全過程。

明‧異遠真人在《血頭行走穴道歌》（《跌損妙方》）中寫道：周身之血有一頭，日夜行走不停留。遇時遇穴若傷損，一七不治命要休。子時走往心窩穴，丑時卻向泉井求，井口是寅山根卯，辰到天心巳鳳頭，午時卻與中原會，左右蟾宮分在未，鳳尾屬申屈井酉，丹腎俱在戌時位，六宮直等亥時來，不教亂縛斯為貴。

古代武術家與傷科醫家，為了防止這種擊人術誤傳匪

人，傷及無辜，故在寫作時，用了許多行話切口，而不用正統的針灸穴道名稱。這就免不了後來的醫家作者，對《血頭歌》中的穴道定位和名稱，雜以己斷。由於這種現象已進入中醫高校教材，於是，2000 年 8 月，我以《點穴救治遇時遇穴淺說》為題，對《血頭歌》中穴道，根據師傳進行了定位，撰文發表在《中醫外治雜誌》上。同期發表的還有該刊編委、山東中醫藥大學高樹中教授對拙文的《審閱意見》。

高樹中教授秉承《靈樞‧營氣》篇，從針灸子午流注的角度，分析了營氣的運行規律，明確了任督二脈與十二筋脈氣血流注的時間配屬關係，肯定了我對《血頭歌》中穴道和稱謂的正確認識。拙文發表後，一時間，我收到全國各地眾多的讀者來信。其間，尤以廣東紫金縣葉先生的來信最具代表。

葉先生在信中寫道：「近日，由於我親眼目睹一人，被人用鉛筆頭檢查腰椎痛點時，於當天下午北京時間 1 點 25 分，鉛筆頭點探 2 腰椎棘突下旁開 1 寸處時，不到 10 秒鐘，該患者低頭不語，手足軟癱、痙攣，口唇、臉面黃白，失去知覺，雙目直視。經急按人中，口咬雙足跟筋，揉推腰椎兩側後，將近 1 小時，才出聲呻吟，恢復知覺，會喝白糖水，滿頭冒汗，口唇、面頰逐漸恢復原色。時前，我沒有意識到，時值未時點腎俞穴（雙）所致。後來突然想到曾讀過你的血頭歌和對典型病例救治方法……」接著他又寫到：「現在請允許我，在親身經歷此事後，深感自己一知半解，無法救人的情況下，請求你接收我為徒弟」云。

實際上，傳承了三百餘年的心意拳功法，就是按《血頭行走穴道歌》中，血頭沿任升督降的營氣運行規律而構建的。就是以中醫學特有的經絡學說指導救治和養生的。陳照瑞老師說：「心意丹田功，周天謂潛龍。元陽會陰地，血頭出六宮。原來通真路，還在動靜中」（《心意拳丹田功法歌》），就是此義。《心意拳譜》也說：精養靈根氣養神，元陽不走得其真。丹田養就千日寶，萬兩黃金不予人。馬琳璋先生在其著作《心意拳》一書中寫到：「現舉幾位心意拳大師為例。他們由於常精練心意拳術，不但是技擊名家，而且還是長壽之人。」

姬龍峰（1602—1683）享年 82 歲；馬學禮（1713—1789）享受 76 歲；戴龍邦（1713—1802）享年 89 歲；馬興（1755—1845）享年 90 歲；馬梅虎（1805——1925）享年 119 歲⋯⋯從先師門當時的社會環境，當時的物質條件和當時的醫療技術來看，能如此高壽，心意拳養生法肯定是一流的養生法。

1994 年 10 月，一向身體健康的我，被一次有驚無險的車禍傷了腰。腰痛二週後，痛移左腿，呈坐骨神經走向。麻木一直到大拇趾。我堅信心意拳丹田功能治療腰椎間盤突出症。每天堅持練功。直到 1996 年 10 月，我參加在太原舉行的《全國中醫外治學術研討會》時，每天還需用 10 粒去痛片止痛。會後，我對《股骨頭無菌壞死治驗》的總結告一段落。檢查自己兩年來的練功結果，患腿周徑（髕上 20 公分處）較健腿周徑竟萎縮了 3 公分。原因何在？不得而知。但忍痛練功，於治療腰椎間盤突出症無益，這是肯定的。我決定，珍惜這次患病機會，對這個常

見病，以身試藥。於是，在已發表的治療腰椎間盤突出症的方劑中，精心挑選了6個方劑。逐一服用。每個方劑，堅持半月，春節也不例外。結果，三個多月下來，有效嗎？有效。行不行？不行。左腿還痛，腳趾還麻。治療心煩，我有兩個方法。一是打拳，二是翻書。現在拳不能打了，只能翻書。

師傅當年送我的方劑中，有一個治陳年傷寒腿痛方，一直未用。這個治療陳舊性骨傷的方子，對腰椎間盤突出症管用嗎？不得而知。翻看《運動解剖學》有一段文字讓我眼前一亮：「人的骨骼肌每平方毫米約有毛細血管3000條。在安靜時，肌肉中毛細血管並不是全部都開放（即充滿血液）。一般每平方毫米只有100條毛細血管開放。在運動時每平方毫米可以有3000條毛細血管開放。」哦，這就是癥結所在！我扭傷腰，局部有破裂、滲透和黏連。我每日練功，骨骼肌中毛細血管全部開放。損傷局部存在著新的滲透和黏連。正所謂，舊傷痕上又添新傷痕。不是心意拳丹田功有問題，而是我練功的時機選擇的不對。

腰椎間盤突出症絕不能依靠運動鍛鍊來治療，必須以休息減少滲透，必須以藥物促進吸收。這對損傷性的脊柱病是一條通用的定律。為什麼不試試師傅的治療陳年傷寒腿痛方呢？擊鼓再進。半月後，疼痛麻木減輕。再半月，疼痛麻木殆盡。鞏固半月後，左腿唯有痠困無力之感覺，這是肌肉廢用性萎縮之故，不足為慮。我以為可以恢復練功了。二年後，兩腿周徑等粗，至今未見復發。我也因病得福，對腰椎間盤突出症的中藥治療有了切身體會。

1997年3月，在太原某藥房工作的表弟來訪，說患了

腰椎間盤突出症。CT 報告，L_{4-5}、L_5-S_1 都有問題。醫生建議手術。

經檢查，骨盆分離試驗陽性、胸廓周徑擴張度為 2.5 公分。尚有強直性脊柱炎家族史，我考慮患強直性脊柱炎的可能性大一些。經山醫二院確診後，我們先用中藥控制病痛，然後再教授心意拳丹田功。每日最少練一次，每次 15 分鐘。多練不限，多勞多得。我告訴他，此功堅持鍛鍊，對強直性脊柱炎早期患者，療效可觀。我已有三十餘例臨床體會。表弟依法鍛鍊十年，自我感覺良好，十年間未再出現病痛。脊柱挺拔，關節靈動。他告訴我準備終生練下去。1998 年 12 月，原平市電視臺以《弘揚武醫濟眾生》為題，對我進行了 15 分鐘的專訪。從而更加堅定了我對傳統武術養生和中醫骨病診療的不懈追求。

可以告訴大家，迄今為止，在已出版的心意拳著作中，心意拳丹田功尚屬首次和盤托出。

大家慧眼，一目了然。心意拳丹田功關鍵在於運動脊柱，尤其是由骨盆的前後、上下和左右旋轉，來增強骨盆，特別是脊柱的肌肉彈性，促進脊柱的生理三維平衡，預防由於脊柱力學紊亂帶來的各種問題。

骨盆，男子精室、女子胞宮，人身丹田之重地。日本‧西園寺正幸先生以他源於中國少林拳整復術的「骨盆矯正壓揉法」（《圖解骨盆矯正壓揉法》）為患者解除病痛。而心意拳丹田功則以簡單的骨盆運動，給我們帶來健康與長壽。用心意門的話講，叫做：通調任督，九轉成丹。

（《中華中醫藥雜誌》，2006 年第 21 卷增刊）

後 記

　　《武醫心要》的面世，恰如一株根植於野塘中的蓮蓬，隨風搖曳著翠綠，頷首沉浸在秋水長天、落霞孤鶩的金色中。

　　在《武醫心要》的撰寫過程中，時時銘記在心的是陳照瑞老師無私地將他畢生之心血傳授於吾，伴吾一步步走來，並依此支撐著吾中年以後的安身立命。令吾時時不敢忘懷的，有原平市衛生局馬天祥老局長，為弘揚武醫療法，竟不顧身染絕症，為吾搭建紅十字會原平筋骨病專科門診。還有原平市電視臺邢建國總編，十餘年來，為弘揚武醫療法仍繼續著鼓與呼。

　　在《武醫心要》的撰寫過程中，承蒙內蒙古醫學院的張述文教授和《中醫外治雜誌》常務副主編朱慶文博士為吾書初稿守關把脈。遠在異國加拿大的胡剛道友，以越洋電話傾述著他對吾書初稿的肺腑之言。特別是忻州市諶長瑞副市長對傳統武術情結依舊，以百忙之身為拙作寫序。還有山西科技出版社的王躍平編輯和意源書社的王占偉先生，她（他）們甘為人梯的敬業精神和為搶救、整理傳統中華武醫文化的縝密工作態度，鑿實給吾留下了極為深刻的印象。

　　在《武醫心要》的撰寫過程中，吾大女兒雪麗負責資

料的篩集，小女兒雨丹負責拳照的拍攝，吾學生尚建禮則包攬了初搞的整理、校對和列印的全部工作。另外，「愛你‧寶貝」原平工作室的李俊彥經理為拳照拍攝提供了場地，吾在此也一併致以由衷的謝意。

當吾品吸著《武醫心要》書中散發出的頁頁墨香，突然愧覺：以吾之學力，不知是否能將陳照瑞老師的武醫真要，為讀者講清楚、說明白？不禁渾身燥熱，心動顏汗。好在吾歲初逢花甲，吾心依在千里。藝無止境兮學無涯，油然以詩言志云：

心意拳養浩然氣，岐黃術療筋骨傷。

保龍欲善身前事，再隨青主讀晉陽。

郭　揚

戊子年桂月　跋於原平醫寓

彩色圖解太極武術

1 太極功夫扇
定價220元

2 武當太極劍
定價220元

3 楊式太極劍
定價220元

4 楊式太極刀
定價220元

5 二十四式太極拳+VCD
定價350元

6 三十二式太極劍+VCD
定價350元

7 四十二式太極劍+VCD
定價350元

8 四十二式太極拳+VCD
定價350元

9 楊式十六式太極劍拳
定價350元

10 楊氏二十八式太極拳+VCD
定價350元

11 楊式太極拳四十式+VCD
定價350元

12 陳式太極拳五十六式+VCD
定價350元

13 吳式太極拳五十四式+VCD
定價350元

14 精簡陳式太極拳八式十六式
定價220元

15 精簡吳式太極拳三十六式 拳架‧推手
定價220元

16 夕陽美功夫扇
定價220元

17 綜合四十八式太極拳+VCD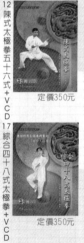
定價350元

18 三十二式太極拳 四段
定價220元

19 楊式三十七式太極拳+VCD
定價350元

20 楊氏五十一式太極劍+VCD
定價350元

21 嫡傳楊家太極拳精練二十八式
定價220元

22 嫡傳楊家太極劍五十一式
定價220元

23 嫡傳楊家太極刀十三式
定價220元

養生保健　古今養生保健法　強身健體增加身體免疫力

1 醫療養生氣功　醫療養生氣功　定價250元

2 中國氣功圖譜　中國氣功圖譜　定價250元

3 少林醫療氣功精粹　少林醫療氣功精粹　定價250元

4 龍形實用氣功　龍形實用氣功　定價220元

5 魚戲增視強身氣功　魚戲增視強身氣功　定價220元

7 道家玄牝氣功　道家玄牝氣功　定價200元

8 仙家秘傳袪病功　仙家秘傳袪病功　定價160元

9 少林十大健身功　少林十大健身功　定價180元

10 中國自控氣功　少林十大健身功　定價250元

11 醫療防癌氣功　中國自控氣功　定價250元

12 醫療強身氣功　醫療防癌氣功　定價250元

13 醫療點穴氣功　醫療強身氣功　定價250元

14 中國八卦如意功　中國八卦如意功　定價180元

15 正宗馬禮堂養氣功　正宗馬禮堂養氣功　定價420元

16 秘傳道家筋經內丹功　道家筋經內丹功　定價300元

17 三元開慧功　三元開慧功　定價250元

18 防癌治癌新氣功　防癌治癌　新氣功　定價180元

19 禪定與佛家氣功修煉　禪定與佛家氣功修煉　定價200元

20 顛倒之術　顛倒之術　定價360元

21 簡明氣功辭典　簡明氣功辭典　定價360元

22 八卦三合功　八卦三合功　定價230元

23 朱砂掌健身養生功　朱砂掌健身養生功　定價250元

24 抗老功　抗老功　定價230元

25 意氣按穴排濁自療法　意氣按穴排濁自療法　定價250元

27 健身袪病小功法　健身袪病小功法　定價200元

28 張氏太極混元功　張氏太極混元功　定價250元

30 中國少林禪密功　中國少林禪密功　定價200元

31 郭林新氣功　郭林新氣功　定價400元

32 八卦之源與健身養生　八卦之源與健身養生　定價280元

33 現代原始氣功1　現代原始氣功　定價400元

34 養生開脈太極　養生開脈太極　定價300元

35 通靈功一養生袪病及入門功法　定價300元

37 太極內功養生法　太極內功養生法　定價180元

38 無極養生氣功　無極養生氣功　定價200元

39 氣的實踐小周天健康法　小周天健康法　定價200元

40 達摩易筋經+DVD　達摩易筋經　定價350元

41 達摩洗髓經+DVD　洗髓經　定價400元

42 精功易筋經　精功易筋經　定價200元

健康加油站

糖尿病 預防與治療
定價200元

2 胃部機能與強健

胃部
定價180元

3 不孕症治療

不孕症治療
定價200元

4 簡易醫學急救法

簡易醫學急救法
定價200元

5 肥胖健康診療

肥胖健康診療
定價200元

6 肝功能健康診療
肝功能健康診療
定價200元

7

高血壓健康診療
定價200元

8 高血糖值健康診療

高血糖值健康診療
定價200元

9 尿酸值健康診療

尿酸值健康診療
定價200元

10 膽固醇中性脂肪健康診療

膽固醇中性脂肪健康診療
定價200元

11 痛風劇痛消除法

痛風劇痛消除法
定價180元

12 三溫暖健康法

三溫暖健康法
定價180元

13

手腳調理按摩
定價180元

14 B型肝炎預防與治療
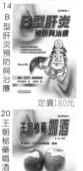
B型肝炎預防與治療
定價180元

15 吃得更漂亮、健康

吃得更漂亮健康
定價180元

16 茶使您更健康

茶使您更健康
定價180元

17 圖解常見疾病運動療法

圖解常見疾病運動療法
定價180元

18 科學健身改變亞健康

科學健身改變亞健康
定價180元

19

簡易萬病自療保健
定價220元

20 王朝秘藥媚酒

王朝秘藥媚酒
定價180元

21 立見實效保健操

立見實效保健操
定價180元

22 越吃越幸福

越吃越性福
定價200元

23 荷爾蒙與健康

荷爾蒙與健康
定價180元

24 越吃越長壽

越吃越長壽
定價200元

25

自我保健鍛鍊
定價180元

26 斷食促進健康

斷食促進健康
定價180元

27 蔬菜健康法

蔬菜健康法 Vegetable
定價200元

28 水果健康法

水果健康法 Fruit
定價200元

29 越吃越苗條

越吃越苗條
定價200元

30 越吃越聰明

越吃越聰明 EAT & SMART
定價200元

31

全方位健康藥草
定價200元

32 人體記憶地圖

人體記憶地圖
定價350元

33 提升免疫力戰勝癌症
提升免疫力戰勝癌症 CANCER
定價280元

34 腎臟病預防與治療

腎臟病預防與治療
定價230元

35 怎樣配吃最健康
怎樣配吃最健康
定價200元

36 心臟病腦中風預防與治療
心臟病腦中風預防與治療
定價180元

37
科學養生細節
定價350元

38 由人相診斷健康

由人相診斷健康
定價180元

39 青春期智慧
青春期智慧
定價200元

40 前列腺健康診療

前列腺健康診療
定價200元

41 下半身鍛鍊法

下半身鍛鍊法
定價180元

42 四高健康診療

四高健康診療
定價300元

導引養生功

全系列為彩色圖解附教學光碟

張廣德養生著作　每冊定價 350 元

1 疏筋壯骨功+VCD

定價350元

2 導引保健功+VCD

定價350元

3 頤身九段錦+VCD

定價350元

4 九九還童功+VCD

定價350元

5 舒心平血功+VCD

定價350元

6 益氣養肺功+VCD

定價350元

7 養生太極扇+VCD

定價350元

8 養生太極棒+VCD

定價350元

9 導引養生形體詩韻+VCD

定價350元

10 四十九式經絡動功+VCD

定價350元

輕鬆學武術

1 二十四式太極拳+VCD

定價250元

2 四十二式太極拳+VCD

定價250元

3 八式十六式太極拳+VCD

定價250元

4 三十二式太極劍+VCD

定價250元

5 四十二式太極劍+VCD

定價250元

6 二十八式木蘭拳+VCD

定價250元

7 三十八式木蘭扇+VCD

定價250元

8 四十八式太極劍+VCD

定價250元

太極跤

1 太極防身術

定價300元

2 擒拿術

定價280元

3 中國式摔角

定價350元

運動精進叢書

1 怎樣跑得快
定價200元

2 怎樣投得遠
定價180元

3 怎樣跳得遠
定價180元

4 怎樣跳的高
定價180元

5 高爾夫揮桿原理
定價220元

6 網球技巧圖解
定價220元

7 排球技巧圖解
定價230元

8 沙灘排球技巧圖解
定價230元

9 撞球技巧圖解
定價230元

10 籃球技巧圖解
定價220元

11 足球技巧圖解
定價230元

12 羽毛球技巧圖解
定價220元

13 乒乓球技巧圖解
定價220元

14 曲線球與飛碟球
定價300元

15 街頭花式籃球
定價280元

16 精彩高爾夫 超越顛峰 突破90桿
定價330元

17 巴西青少年足球訓練方法
定價230元

18 籃球個人技術全圖解+VCD
定價300元

19 門球（槌球）入門與提升180問
定價230元

20 美國青少年籃球訓練方式250例
定價280元

21 單板滑雪技巧圖解
定價350元

22 籃球教學訓練遊戲
定價280元

23 羽毛球技・戰術訓練與運用
定價280元

國家圖書館出版品預行編目資料

武醫心要／郭　揚　著
　　　　——初版，——臺北市，大展，2011〔民100.06〕
　　　　面；21公分 ——（武術特輯；126）
　　　　ISBN　978－957－468－813－5（平裝；附影音光碟）

1.拳術　2.中醫治療學

528.972　　　　　　　　　　　　　　　　100006402

武 醫 心 要 (附VCD)

著　　　者／郭　揚

責任編輯／王 躍 平

發 行 人／蔡 森 明

出 版 者／大展出版社有限公司

社　　　址／台北市北投區（石牌）致遠一路2段12巷1號

電　　　話／（02）28236031・28236033・28233123

傳　　　眞／（02）28272069

郵政劃撥／01669551

網　　　址／www.dah-jaan.com.tw

E - mail／service@dah-jaan.com.tw

登 記 證／局版臺業字第2171號

承 印 者／傳興印刷有限公司

裝　　　訂／建鑫裝訂有限公司

排 版 者／弘益電腦排版有限公司

授 權 者／山西科學技術出版社

初版1刷／2011年（民100年）6月

定　價／400元